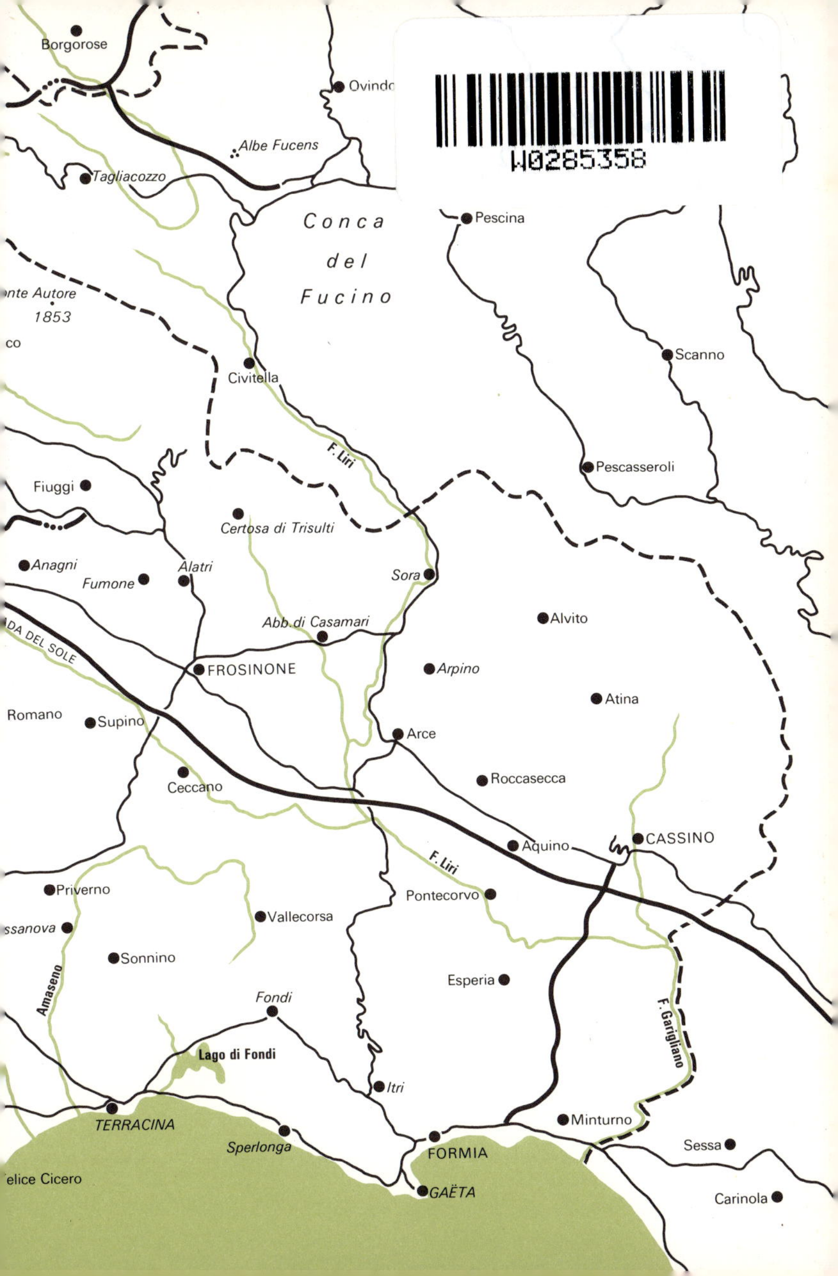
Borgorose
Ovindo
Albe Fucens
Tagliacozzo
Conca
del
Fucino
Pescina
nte Autore
1853
co
Scanno
Civitella
F. Liri
Pescasseroli
Fiuggi
Certosa di Trisulti
Anagni
Fumone
Alatri
Sora
Alvito
Abb.di Casamari
DA DEL SOLE
FROSINONE
Arpino
Atina
Romano
Supino
Arce
Ceccano
Roccasecca
Aquino
CASSINO
F. Liri
Pontecorvo
Priverno
Vallecorsa
ssanova
Sonnino
Esperia
Amaseno
Fondi
F. Garigliano
Lago di Fondi
Itri
TERRACINA
Minturno
Sperlonga
FORMIA
Sessa
elice Cicero
GAËTA
Carinola

KÜHNER / MERISIO · LATIUM

WALTER-REISEFÜHRER

HANS KÜHNER

PEPI MERISIO

LATIUM

LAND UM ROM

WALTER-VERLAG

OLTEN UND FREIBURG IM BREISGAU

TEXT: HANS KÜHNER

PHOTOS: PEPI MERISIO

KARTEN: WERNER STUCKI

MCMLXXIV

GESAMTHERSTELLUNG IN DEN WERKSTÄTTEN

DES WALTER-VERLAGS

PRINTED IN SWITZERLAND

ISBN 3-530-49170-5

Charlotte
in der Erinnerung an unsere reichen Jahre der Forschung
in Latium

Und die volle Erinnerung schweifte manchmal
In mein Latium hin, das ewig teure...

WILHELM WAIBLINGER

Latiums Händen halfen die Götter...

PROPERZ

Ein Gott hat uns hier Frieden bereitet.

VERGIL

So viele auf jähen Felsen aufgetürmte Städte.

VERGIL

INHALT

Zweiter Teil

Praktischer Hinweis

Von der Anlage des Buches her war es verständlicherweise nicht möglich und auch nicht beabsichtigt, die Form der in Reiseführern üblichen «Ausflüge» zu berücksichtigen. Doch sind die geographischen Richtungen und Komplexe stets zusammengehalten.

Die meisten Itinerarien ermöglichen es, jeweils am Abend nach Rom zurückzukehren. Auf der anderen Seite soll aber gerade dazu angeregt werden, sich in bestimmten Gebieten etwas länger aufzuhalten.

Itinerarium amoris

Weder eine Geschichte Latiums noch einen Führer durch Latium im üblichen Sinne zu schreiben, war meine Absicht. Und doch soll dieses Buch durch Latium leiten und versuchen, den Geist seiner Geschichte lebendig, seine rätselhafte Landschaft gegenwärtig werden zu lassen. Ich habe das Beispielhafte gesucht, nicht die Wiederholungen.

Latium ist unbekannt geblieben, weil der bannende Magnet Rom alles an sich und in sich zieht, und der Tourismus sich damit begnügt, einige Orte der Albanerberge und Tivoli, vielleicht noch die Villa Adriana, zu überschwemmen. Das weite Land um Rom, von der umbrischen Grenze bei Orvieto bis nach Gaëta, von den Abruzzen Sulmonas bis an die Küsten der Tyrrhenis, wo die alten Könige der Etrusker herrschten, erschließt sich erst dann, wenn man sich müht, die Schichten seiner Geschichte aufzublättern, die Zusammenhänge seiner Gestalt und seiner Gestalten aus zweieinhalb Jahrtausenden und länger zu ahnen, seine Gesichter zu erkennen und – in glücklichen Augenblicken – seine wortlose Sprache zu hören und zu verstehen. Überallhin hat mich

das Wort Hugo von Hofmannsthals verfolgt und gedrängt: «Einmal offenbart sich jedes Lebende, einmal jede Landschaft, und völlig – aber nur einem erschütterten Herzen.»
In Jahren habe ich Latium zu ergründen versucht. Es war ein Wandern zu den Denkmälern der Antike, den noch in Resten stehenden wie den verschwundenen und dennoch fortlebenden; zu den Dichtern, die den Schönheiten des Landes erlegen sind und ihnen eine Wort-Form gegeben haben; zu den Malern, die sich von seinen Farben und Umrissen nicht mehr loszureißen vermochten; zu Mythen und Legenden; zu Päpsten und Kaisern in der harten Gegenständlichkeit ihres Seins, ihrer Politik und ihrer Kriege; zu Mönchen und Heiligen, den Bildnern der Menschheit; zu Tragödien und Komödien; zu Romanik und Romantik; zu Klöstern und Krypten; zu den Orten auf Höhen und Bergen über jenen weit sich entfaltenden Straßen, die mir immer als die schönsten Italiens erschienen sind; aber auch zu dem Unheimlichen und Dämonischen, das zu Latium ebenso gehört wie die unaussprechliche *pax terrestris* so vieler seiner Bereiche; zu den Verdammten und Erlösten Dantes; zu den Göttern Latiums, die Augustinus im *Gottesstaat* verhöhnt hat, und zu Gott.

ERSTER TEIL

I

Äneas hat gelebt – Pratica di Mare und Ardea

Die Nachmittagssonne wirft rötliche Strahlen durch die vereinzelten Pinien auf dem Hügel von Pratica di Mare im südlichen Ager Romanus, nur wenige Kilometer von der Küste. Wir stehen auf einem leeren Acker mit rostbrauner Erde vor den Mauerresten der alten Stadt Lavinium, wo Claude Lorrain seine Landung des Äneas gemalt und mit den fließenden Lichtskalen, den Farbströmungen des Meeres umkleidet hat; wo die Geschichte Latiums begonnen hat, sich vom Mythos zu scheiden und Vergil seinen Gesang von der Größe Roms anheben läßt:

«Kampf und den Helden besing ich, den einst von den
  Ufern von Troja
Nach Italien flüchtig sein Los an Laviniums Küsten trieb ...»

Der Dichter redet nicht von einer Sagengestalt, sondern von einer geschichtlichen Persönlichkeit, die nach langen Fährnissen an der Tyrrhenischen Küste landete und blieb

«... bis die Stadt er gegründet und seine
  Götter nach Latium führte: daher das Geschlecht der Latiner
Und die albanischen Väter und Roms hochragende Mauern.»

Daß Äneas Lavinium gegründet hat, weiß man, seit in den fünfziger Jahren die Ausgrabungen ihren Anfang nahmen. Die Stadt nannte er nach Lavinia, der Tochter des Königs Latinus, dem das kleine Gebiet gehörte, wo er italischen Boden betrat. Latinus re-

gierte in Laurentum, dessen Reste am Meer südlich vom Lido Ostias man gleichfalls ausgegraben hat.
Als das große Werk der Gründung der ersten Hauptstadt Latiums vollendet war, führte Äneas die zur Festigung der neuen Herrschaft noch notwendigen Kriege mit den benachbarten Rutulern, die im befestigten Ardea am Fosso dell'Incastro südlich von Lavinium saßen und deren König Turnus mit Recht empört darüber war, den Fremdling die bereits ihm selber versprochene schöne Lavinia heiraten zu sehen. Äneas blieb Sieger. Eines Tages verschwand er in dem nahen Flüßchen Rio Torto, der im Altertum Numicius hieß, und wurde auf diese etwas ungewöhnliche Weise als Gott zu den Göttern entrückt.
Was von Lavinium bisher ans Licht gebracht worden ist, sind dreizehn gleiche quadratische Altäre aus Tuff in einer Form, die noch einige Male in Rom selber erscheint. Haben so die Altäre von Troja ausgesehen? Sind diese Altäre, die in regelmäßigen Abständen genau von Süden nach Norden in einer Reihe liegen, die letzte Erinnerung der Flüchtlinge an die verlorene, verbrannte Königsstadt am Skamandros? Einer dieser Altarsteine ist der erste, den Äneas den rettenden Göttern erbaut hat.
Wir wissen nicht, wie lange Lavinium, seit Kaiser Vespasian es in der Erinnerung an das bereits verfallene Laurentum Laurolavinium genannt, die erste Hauptstadt des kommenden Imperiums, noch Wallfahrtsort für das römische Volk gewesen ist, das seine Sorgen hierher trug und in unzähligen Votivbildern verkörperte. Zerstört haben Lavinium erst die Sarazenen – sehr wahrscheinlich in den Augusttagen des Jahres 846, als sie zum erstenmal an der Tibermündung landeten, flußaufwärts fuhren und Rom selber bedrohten. Im Mittelalter erbauten die Massimi sich einen Feudalsitz an der Stelle, wo Äneas den Penaten, die Troja nicht hatten retten können, neue Stätten der Verehrung gegründet hat. Votivtafeln und Bronzen, die nach Troja weisen, sind in Pratica

di Mare gefunden worden. 1972 wurde zudem ein Grab aus der Epoche um 700 v. Chr. unter Resten eines Tempels aus dem 4. Jahrhundert entdeckt, mit bronzenen und eisernen Gegenständen; darunter befand sich ein Lituus, der Krummstab des Auguren, des Propheten und Sehers. Der Tempel ist bezeichnenderweise in dem Jahrhundert errichtet worden, als Rom die italischen Stämme zu unterwerfen begann, und offenkundig, weil das Grab als Ruhestätte eines Gott-Heroen verehrt wurde, der für den Aufstieg der römischen Vormacht von unmittelbarer Bedeutung war. Ist es das Grab des Äneas? Wird einmal eine Inschrift bezeugen, wann Äneas gelebt und in Latium geherrscht hat?

Einsame, möglichst zwischen Flüssen liegende steile Tuffelsen haben schon die vorrömischen Stämme Latiums für ihre Städtegründungen bevorzugt. Ardea ist die erste so gebaute Stadt gewesen. Ihre architektonischen Grundsätze haben das ganze mittelalterliche Bauen Latiums mitbestimmt. Nach der Sage ist Ardea eine Gründung des Perseus, des Sohnes der Danae und des Zeus. Danae gebar jedoch von dem ländlichen Dämon Pilumnus in Latium noch einen Sohn, Turnus, den Rutulerkönig von Ardea und Gegner des Äneas. Gräber bei Ardea lassen darauf schließen, daß die Rutuler den Etruskern verwandt waren. Das Archaische ist Ardea und seinen Mauern aus fernen Anfängen geblieben. Vor diesen Mauern vollzog sich auch das Ende der altrömischen Königszeit im Jahre 509 v. Chr., als Sextus Tarquinius, der Sohn des letzten Königs Tarquinius Superbus, die Frau seines Vetters Tarquinius Collatinus zu entehren versuchte, worauf sie sich selber erdolchte – die erste Heroin altrömischer Tugend.

«Dieser ganze Küstenstrich», erkannte der zeichnend nach Anzio wandernde Ludwig Richter, «gleicht einem uralten, vergilbten Pergamentblatt aus dem Buche der Geschichte. Der Text ist verwischt. Aber die Namen und Worte aus dem fabelhaften Altertum bis in die glänzende römische Kaiserzeit; von der Zerstörung

Trojas und von Ascanius, dem Sohne des Äneas, dem ersten sagenhaften Könige Roms, bis zu Claudius und Nero; von der Gründung des ersten christlichen Bistums in Ostia durch die Apostel bis zu den mächtigen Päpsten des Mittelalters» sind unaustilgbar in die Zeitalter Latiums eingegangen, seit die Landschaft ihren Namen trägt und auf ihrer vielfarbigen Erde eine Weltstunde ihre ersten Spuren eingrub.

Der heilige Urban und die Nymphe – Die Grotte der Egeria

Der Tempel mit den gut erhaltenen korinthischen Säulen, in den die verlassene und vergessene Kirche Sant'Urbano an der Via Appia Pignatelli eingebaut ist, soll dem Bacchus geweiht gewesen sein. Zur Zeit Marc Aurels gehörte er zu der Villa des griechischen Philosophen und Literaten Herodes Atticus, dessen vielgerühmtes Mäzenatentum dem Wunsche entsprang, den auf ihm lastenden schweren, doch ganz ungerechtfertigten Verdacht des Mordes an seiner Frau Annia Regilla zu zerstreuen. Er war Lehrer Marc Aurels und der reichste Mann der römischen Antike.

Wir steigen in die katakombenartige Krypta, wo wir in einem winzigen Kapellchen ein frühes Fresko des heiligen Papstes finden, der im 3. Jahrhundert als erster den Namen Urban getragen und von dem die Geschichte nichts überliefert, obwohl er acht Jahre regiert hat. Aber seit tausend Jahren lebt er als Patron des Weines und der Winzer, bewahrt er vor Trunkenheit, Blitz und Gewitter. Sein Name als himmlischer Beschützer währt länger als sein bedeutungsloser Pontifikat auf Erden.

Wieder im Freien atmen wir den starken Duft der wild wachsenden Rughetta, mit deren Blätter die Römer den Salat würzten; die an den Raps erinnernde Blüte wirft Tausende gelber Tupfen über die fruchtbare rote Ackererde, durch die ein Pfad in die waldige Senke führt, den «bosco sacro», den heiligen Hain. Das Glück einer nur von Vogelstimmen und leisem Rauschen durchbrochenen Einsamkeit umschließt uns. Hier ist die Campagna geblieben wie zur Zeit der Romwanderer und Romdichter vor anderthalb und zwei Jahrhunderten. Keine Vorstadt, keines der häßlichen Bauwerke, die seit Jahren immer unerbittlicher den Zauber der Campagna zerstören, ist von hier aus zu sehen. Mitten im Astgewirr öffnet sich unvermutet die Grotte, die Goethe gern gezeichnet hat, die Romantiker oft gemalt haben. In ihr hat nach der Sage die wissende, heiligende, heilende, Begeisterung weckende Nymphe Egeria gelebt, deren Ratschläge ihr heimlicher Gemahl, der weise König und Gesetzgeber Numa Pompilius, suchte, um den römischen Staat sinnvoll zu lenken. Auch Vergil weiß Denkwürdiges über die Nymphe zu berichten: Hippolytos, der Sohn des Theseus, durch die Ränke seiner Stiefmutter Phädra ums Leben gekommen, wurde auf Bitten Dianas, die seine Keuschheit liebte, von Asklepios zu neuem Leben erweckt und «an heimlicher Stätte bei der Egeria-Nymphe» verborgen, bis er Aricia heiratete, nach der noch heute das Städtchen Ariccia in den Albaner Bergen heißt. Beider Sohn, Virbius, wurde «aufgezogen im Hain Egerias an den betauten Ufern, wo gnadenvoll und reich der Altar der Diana» stand. Die staatsmännischen und erzieherischen Fähigkeiten der vielbegehrten Nymphe müssen groß gewesen sein. Wilhelm Waiblinger, der «Hölderlin» der deutsch-römischen Romantik, der Latium gründlicher und dichterischer als alle deutschen Dichter vor und nach ihm durchwandert hat und jung in Rom gestorben ist, sah in der Egeria das Leibliche und das Geistige vereint.

Nach dem Tode des Numa Pompilius verwandelte sich die Nymphe selber in eine Quelle in Nemi, wo Waiblinger noch zahlreiche Mädchen traf, die Egeria hießen.

In der Grotte entspringt ein Arm des Almone, in dessen Wellen eine mit Blumen übergossene silberne Statue der Kybele getaucht wurde, wenn das alte Rom zur Tagundnachtgleiche des Frühlings das Fest der Auferstehung zu Ehren des schönen Phrygiers Attis, des Geliebten der Göttin, feierte, dessen Blutstropfen sich in Veilchen verwandelten.
Von der Höhe des Gewölbes hängen die Schleier des Efeus herab wie das zur Pflanze gewordene faltenreiche Gewand der Nymphe. Seltsam verschmelzen in der abendlichen Lautlosigkeit der Campagna die Nymphe Egeria und Urban, der Papst im Dunkel des alten Bacchus-Heiligtums, der Schutzpatron der Rebe, der heilige Helfer gegen den tödlichen Blitz und die verderbliche Trunkenheit; vereinigen sich geschwisterlich Efeu und Rebe; bildet der dionysische Rausch des Heidnischen keinen Gegensatz mehr zur Verwandlung des Weines im Christusopfer, denn der heilige Urban wacht darüber, daß er keine Zerstörung bringt. Die Waagschalen von Tod und Leben stehen still.

Friede über Untergängen – Tusculum

Das wellige Hochplateau von Tusculum über den Kastanienwäldern Frascatis ist der schönste Punkt der Albaner Berge – sobald man nicht mit der Menschenmenge an Sonntagen oder Festen kommt, die Cicero kaum angeregt hätten, seine betrachtenden Gespräche, die *Tusculanae Disputationes,* niederzuschreiben. Aber es ist ohnedies sehr zweifelhaft, ob sie überhaupt in der Villa entstanden sind, deren Reste Villa di Cicerone heißen.
Wie bei so vielen Orten Latiums reichen auch die Ursprünge Tusculums in die Welt der Sage zurück. Der Gründer Telegonos, der Sohn des Odysseus und der Heliostochter Circe, hatte keinen weiten Weg zu wandern vom Capo Circeo, wo seine schöne Mutter

und ihr listenreicher Gast die Idylle ihrer Liebe genossen. Zur Zeit der römischen Könige scheint Tusculum gleichfalls ein Fürstentum gewesen zu sein. Viel später wurde hier der gestrenge Marcus Porcius Cato geboren, dessen Name das nahe Dorf Porzio Catone sich gewählt hat. In Tusculum standen die prächtigen Villen reicher Römer, deren Schönheit so unvergleichlich gewesen sein muß, daß dreiundvierzig von ihnen in den Schriften antiker Autoren gerühmt werden.

Im frühen Mittelalter gehörte Tusculum den Grafen von Tusculum, die im 10. Jahrhundert, vor allem in der Gestalt der berüchtigten Senatrix Marozia, Rom beherrschten, Päpste einsetzten, absetzten, einkerkerten und mordeten. Noch in der zweiten Hälfte des 11. Jahrhunderts versuchten die Tusculaner Grafen, die inzwischen nicht weniger als sieben Päpste ihres Hauses inthronisiert hatten, die Macht in Rom wieder an sich zu reißen. Die Römer, deren Haß nur noch an Vernichtung dachte, fanden ein seltsames Mittel, zum Ziele zu gelangen. Sie verweigerten Heinrich VI., dem Sohne Friedrich Barbarossas, die Kaiserkrönung, wenn er nicht für sie Tusculum zerstöre. Heinrich VI. versprach es, und zwei Tage nach seiner Krönung im Jahre 1191 erfüllte sich das Schicksal der Bergstadt. Die deutschen Chronisten berichten, die Grausamkeit der Deutschen gegen die Bevölkerung Tusculums habe alles bisher Gesehene übertroffen. Die wenigen Überlebenden wanderten hinunter nach Frascati. Tusculum wurde nie wieder aufgebaut, und am Galienusbogen des Kapitols hing man die Schlüssel der ausgelöschten Stadt auf.

Aus den Föhnwolken fallen breite, monstranzartige Sonnenstrahlen auf das Meer. Schatten und Licht wechseln wie himmlische

22/23 Das Amphitheater von Tusculum – Unschuld der Natur vor vergangener Pracht

Szenerien. Sollte Cicero seine Gespräche über das Glück der Menschen, die Überwindung von Schmerz und Tod, doch auf dieser Höhe geschrieben haben, die soviel Unheil gesehen hat? Die Erinnerung daran ist in der Natur versunken, die sich über die Zerstörung gebreitet hat; und als Petrarca meditierend über die Hochfläche ging, sah er nichts als die «umbrosi colles Tusculi», die ihn erquickenden schattigen Hügel von Tusculum, so als hätten nie das bewegte Treiben einer Stadt, nie der Glanz weißer Marmorvillen diese Hochfläche belebt.
Von der Höhe, auf der ein unschönes Kreuz steht, ist deutlich zu erkennen, was in Tusculum noch alles auszugraben ist, seit Napoleons zweiter Bruder, Lucien, Fürst von Canino, dem die Villa Falconieri in Frascati gehörte und der ein besonders begabter Liebhaber-Archäologe war, die ersten Ausgrabungen vorgenommen hat. Doch außer wenigem Gemäuer der Burg der Grafen von Tusculum ist nur das kleine römische Theater, ein Halbrund mit Bühnenhaus, an den Tag gelangt und läßt die einstige Schönheit eines luxuriösen Privattheaters mitten in der antiken Villenstadt erkennen. Unter undurchdringlichem Gebüsch liegt noch ein Amphitheater für dreitausend Zuschauer vergraben, und überall zeichnen sich unter dem Velour des Grases Mauergevierte deutlich ab.

Kulte der Frühe – Nemisee und Lanuvio

Noch immer gibt es einsame Tage in den Albaner Bergen, an denen die um den See kreisenden Straßen fast leer und die Erscheinungen der Mythik deutlicher wahrnehmbar sind, denn aus dem Mythischen ist Latium erst zur Kulturlandschaft geworden.
Der Humanist Enea Silvio Piccolomini, dem wir in Latium häufig begegnen, empfand den Nemisee, den Lacus Nemorensis, als

eine «Wohnstätte der Musen und Nymphen», und wer an einem Tag ohne Menschen dorthin kommt, könnte glauben, die musische Ruhe um den See sei noch niemals gestört worden.
Vom Kranz dunkelgrüner Waldberge geschützt, liegt der See eisblau in der Tiefe – der klare «Spiegel der Diana», wie die Römer ihn nannten. Alles lebt aus dem Namen der Diana. Dianalegenden sind bis in die jüngere Zeit in Ariccia und Nemi lebendig geblieben, und im 13. Jahrhundert hieß eine Kirche am See San Nicola in Valle Lunae, Nikolaus vom Tal der Mondsichel Dianas. Der Monte Artemisio östlich vom See – es ist der einzig griechische Name eines Berges in Latium – erinnert noch an die jungfräuliche Göttin, unter deren Schutz der wiedererstandene Hippolytos stand; weil Pferde ihn zu Tode geschleift hatten, durfte nie ein Pferd den heiligen Hain betreten. Vom Tempel der Göttin, ihrem größten Heiligtum in Latium, stehen noch versteckte Reste im Garten eines Gutshofes etwas abseits vom See.
So wohltätig Diana war, ihr Priester zu sein war lebensgefährlich, denn jeder Priester wurde von seinem Nachfolger umgebracht. «Das nötigte ihn, dauernd ein Schwert in der Hand zu halten und ununterbrochen vor Angriffen auf der Hut zu sein», schreibt Strabo, der weitgereiste griechische Geograph des augusteischen Zeitalters. Der perverse Kaiser Caligula zwang einen sehr alten, ihm zu langlebigen Dianapriester, sich mit einem viel stärkeren Gladiator zu duellieren, was sein Ende bedeutete; daraufhin wurde der Gladiator Priester.
Die Haine der Diana in Latium müssen von zauberischer Schönheit und reich an Quellen gewesen sein. In einem dieser Haine bei Tusculum stand eine Buche von so vollkommener Schönheit, daß ein adeliger Römer sich in sie wie in die Göttin selber verliebte. – Obwohl Lanuvio, wo ungewöhnlich zahlreiche archäologische Funde gemacht worden sind, nicht das geringste mit Lavinium zu tun hat und vom 11. Jahrhundert an bis 1914 fälschlicherweise

Civita Lavinia hieß, hält die Bevölkerung an den Namen der *Äneis* fest und nennt ihre Kinder mit Vorliebe Enea, Creusa, Ascanio.

Die Reste des mächtigen Tempels der Juno Sospita, der großen Götterkönigin, liegen im Garten des Salesianerkollegs. Zwischen blühendem Akanthus, blühenden Disteln und Orangenbäumen oberhalb einer langen Weinlaube im Angesicht der Ebene des Ager Romanus, deren Grenzen im silbrig gleißenden Lichte mit dem Meer verfließen, sind die Quadern geschichtet, auf denen der Tempel stand. Hier wurde die überlebensgroße Statue der Juno gefunden, die heute im Vatikan steht, bekleidet mit der *lana*, der Wolle des Ziegenfells, mit Speer und Schild und der aus dem Gewand zu ihren Füßen kriechenden zischenden Schlange. Der Kult der Juno Lanuvina mit seinen Menschenopfern, mit Schlangen- und Drachenkult ist schon frühgeschichtlich und dauerte bis in das Frühchristentum.

Die Priester hielten im Tempel eine heilige Schlange verborgen – noch im 19. Jahrhundert war Lanuvio besonders reich an Schlangen – und ließen die Mädchen, die ihre Jungfernschaft verloren hatten, durch ihren Biß töten. Der grausige Ritus sollte dem Akkerbau Fruchtbarkeit schenken. Der magische Kult bedeutete für Priester und Tempel eine reiche Verdienstquelle, artete jedoch, wie alle Kulte dieser Art, später in Betrügereien aus; die Priester benutzten schließlich statt der Schlangen zuschnappende Fangeisen. Ein Mönch namens Prospero setzte im 4. Jahrhundert durch einen kräftigen Stoß den Mechanismus in Gang, so daß der Betrug bewiesen war. Prospero schreibt darüber in einem Traktat. Aber der seit Urzeiten herrschende Schlangenglaube war damit nicht ausgerottet, so sehr die Kirche sich bemühte, den Schlangenkult durch den Kult des heiligen Georg – des Drachentöters! – zu ersetzen. Zahllose Quellen des Mittelalters, sogar noch der Renaissance, berichten, oft mit dem Namen Drache, von den Schlangen in Lanuvio. Güter bei Lanuvio hießen nicht selten Dragone oder Dragoncelli, und noch vor hundert Jahren nannten die Bauern am Westhang der Albaner Berge in halb unbewußter, halb überlieferter Erinnerung die Schlangen «serpenti della regina», Schlangen der Königin.

Cicero erzählt von dem in Lanuvio geborenen größten Schauspieler Roms, Roscius, daß seine Amme das Kind einmal nachts von einer Schlange umwunden fand. Und Azia, die Mutter des Augustus, wurde beim Nähren des Kindes in ihrer Villa bei Lanuvio von einer Schlange so erschreckt, daß deren Gestalt auf ihrer Haut eingeprägt blieb. Augustus, den Götter kaum interessierten, rächte sich später und plünderte den Tempelschatz für seinen Bürgerkrieg – das Gegenteil der Römer zur Zeit des Zweiten Punischen Krieges, die der Juno Sospita vierzig Pfund Gold opferten, damit die Dea Mater Regina sie von Hannibal befreie.

In Lanuvio wurde Mommsen zum Geschichtsschreiber Roms, als er nach dem Fund der Gesetzestafeln der Priesterkollegien sein erstes erkenntnisvolles Werk über altrömische Kollegien schrieb.

Ganz nahe bei Lanuvio liegt der Colle Montegiove, der Jupiterberg, auf welchem einst das alte Corioli, die früheste Hauptstadt der Volsker, sich erhob. Der römische Held Gaius Marcius aus dem 5. Jahrhundert v. Chr. verdankt Corioli seinen Beinamen Coriolanus, mit dem er unserem Bewußtsein gegenwärtig ist – nicht, weil er einmal die Stadt für Rom erobert hat, um sich dann später aus gekränktem Ehrgeiz mit den Volskern und ihrem König Tullus Attius gegen Rom zu verbünden, sondern weil Shakespeare ihn in der Tragödie, Beethoven ihn in der Musik haben überleben lassen.

Auf dem Montegiove befand sich eine heilige Höhle der Juno. Sollte nicht ein verstümmeltes Lateinisch an Stelle von Jupiter viel näherliegend einen *Juno*berg bezeichnet haben? Über der Höhle wurde später eine kleine Kirche errichtet, in deren Nähe die Inschrift mit dem Namen eines Priesters «Junoni Sospitei Matri Reginae» gefunden wurde, dazu fünfundzwanzig Skarabäen mit Hieroglyphen phönizischer Herkunft, die sich auf Juno bezogen, tausend Jahre vor unserer Zeitrechnung.

Älter als Troja – Cori

Die Monti Lepini, die Berge der alten Volsker, eingefaßt von der pontinischen Ebene und dem langen Tal, durch welches die Via Casilina und die Autostrada del Sole nach Süden laufen, gehören zu den an Reizen unerschöpflichen Bergen Latiums. Der Monte Semprevisa, zu dessen baumlosem Gipfel man von Carpineto Romano, dem Geburtsort Papst Leos XIII., aus durch einen der schönsten Buchenwälder Latiums fährt, gewährt nach Südwesten einen fast weltbeherrschenden Blick über den Archipel des Golfes von Neapel bis nach Sorrent.

Von Cisterna aus gelangt man schnell nach Cori, dem in zwei Ringen gebauten Pyramidenstädtchen, einer der ältesten und interessantesten Siedlungen Italiens. Es erhebt sich stolz aus der es rings umschließenden Fruchtbarkeit und erklärt sich für siebenhundert Jahre älter als Rom; über seinem Stadttor prangt, ungeachtet der nicht einmal zehntausend Einwohner, das selbstbewußte *senatus populusque* der Ewigen Stadt, und es besaß einst ein Forum und einen Fortuna-Tempel.

Cori führt seine Gründung auf den gewaltigen Zeus-Sohn Dardanos, den Urahnen aller Könige Trojas, zurück, der auch seinem Zeitgenossen Herakles in Latium, sogar in Cori selber, wiederbegegnet ist. Angesichts der hochdramatischen Wirren und seiner

29 Der Heraklestempel in Cori – Reste heroischer Mythik

Triumphe in Kleinasien war Dardanos ein friedliches Alter in der Stille der Monti Lepini und im Schutze der dreifachen Zyklopenmauern Coris zu gönnen, die etwa ein halbes Jahrtausend vor unserer Zeitrechnung, wenn nicht noch früher, geschichtet worden sind.

In der nicht sehr bedeutenden Kathedrale Santa Maria della Pietà steht der wohl älteste Osterleuchter, den wir kennen. Er stammt aus dem Anfang des 12. Jahrhunderts und leitet eine für Latium äußerst bezeichnende Kunstentwicklung ein, die schließlich in Terracina, Gaëta und Anagni zu höchsten Gestaltungen führt. Vor der auf dem Rücken einer vierfüßigen, zweiköpfigen, zähnefletschenden Chimäre sich erhebenden, aus vier Säulen gebildeten Leuchter-Säule gewinnt die mittelalterliche Anschauung vom Lichte Christi als dem Beginn des Osterwunders, ganz ins Überzeitliche, Überweltliche erhoben, eine Dimension von fast bestürzender Eindringlichkeit: die Chimäre, das Teuflische selbst muß das Licht des Auferstandenen tragen, ist hineingezwungen in die göttliche Heilstat der Auferstehung, aus der und in der die Menschheit leben soll. Grenzen und Gegensätze von Glaubenswelten werden an dieser Stelle, wo vor Zeiten der Göttin des Glücks geopfert worden ist, zum ganz unmittelbaren Erlebnis.

Die Kinder des Göttervaters Zeus genossen in Cori anscheinend besondere Verehrung. Noch stehen große Reste eines Tempels des Castor und Pollux, dessen Säulen und Mauern eine Vorstellung von der baulichen Pracht vermitteln, die das vermutlich reiche Cori den Söhnen der Leda, den hilfreichen Dioskuren, zu Ehren entfaltet hat. Und erhalten ist der Portikus des einzigen Tempels des Herakles. Die Front mit dem Giebelfeld ist von der Höhe Coris zu den Bergen hingewandt.

Wilhelm Waiblinger schrieb in Cori Verse, die Grundtonart der Dardanos-Stadt in den Monti Lepini sind:

Mittelalterliche Straße in Cori – Alltag unter alten Arkaden

«Deine Berge, sie blühn in parthenopäischer Fülle,
südliche Lüfte, wie froh grüßt euch mein Auge, mein Herz!
Ja, hier bin ich bezaubert, und wärs auch ein Wunder,
vom Meere
lockt ja die griechische Fee mich in ihr magisches Netz.»

Und nicht anders als wir selber empfand er die Schönheit des Herakles-Tempels fern von allem Heroischen:

«Bist du des Helden Tempel, der hier dem blumigen Felsen,
einem Elysium hier, Myrthen und Rosen entragt,

wahrlich dann bauten die Grazien dich, zum lieblichsten
Denkmal,
daß dir die Göttin den Trank ewiger Jugend gereicht.»

Die Frauen von Cori galten als schön – so schön, daß ihr Lobpreis die eigenartigsten Formen annehmen konnte: die halbwilden schwarzen Büffel der Pontina, die man heute nur noch selten sieht, wurden von ihren Hirten nach einem der sonderbaren alten Bräuche mit langen zitathaften Namen bis hinauf zur Höhe Dantes bedacht, und die Tiere, denen außer ihrem Hirten kein Mensch sich nähern konnte, hörten auf diese Namen. Um die Jahrhundertwende noch hieß ein solcher Büffel «Belle-sono-le-donne-di-Cori», schön sind die Frauen von Cori.

Schlaf der Geschichte – Ninfa und Norba

Kaiser Augustus nannte es Hare, das Traumland. In der Antike standen hier mehrere Nymphentempel, deren Reste 1908 gefunden wurden, und so heißt der Fluß, der oben am Berg von Norma und Norba entspringt, Nymphaeus, Ninfa. Der naturforschende alte Plinius berichtet, die Bewohner Norbas hätten sich Märchen über den kleinen See vor Ninfas Mauern erzählt: Inseln fingen an, sich zum Klang von Musik zu bewegen und zu schwimmen; aus Felsblöcken schossen Flammen; im See lebte eine Fee. – Die Märchenwelt Ninfas ist bis in das 19. Jahrhundert hinein lebendig gewesen. Das hat, wohl als letzter, Wilhelm Müller überliefert, der Griechenmüller und Liederdichter von Franz Schubert, Ver-

33 Der Festungsturm von Ninfa – Verblaßte Macht im Spiegel der Märchenquelle

fasser eines der an kulturgeschichtlichen Einzelheiten reichsten und reizvollsten Werke über Rom und seine Campagna mit dem Titel *Rom, Römer, Römerinnen;* «In Cori hörte ich folgende Sage von einem nahegelegenen Ort Cività la Penna» – das alte Norba – «erzählen: eine schöne Nymphe wurde von einem heidnischen Mohrenkönig verfolgt, der einstmals über die Gebirge von Cori und Norba herrschte. Sie rannte von Cori bis an den steilen Hang von Cività la Penna, und als sie den Heiden hinter sich rufen hörte, sprang sie von der Höhe hinab und ward im Tale zu einem See, der bis heute den Namen La Ninfa führt. Es ist der See, aus dem ein Fluß quillt, der sich durch die Pontinischen Sümpfe schlängelt und den die Alten Nymphäus nannten.» So hat das griechische Sagenmotiv von Apollo und Daphne in den Monti Lepini seine letzte Verwandlung erfahren in der Erinnerung an die dunkelhäutigen Sarazenen, die im Jahre 846 zum erstenmal Ostia plünderten.

Ninfa ist der einzige wirkliche Märchenort Italiens. Aber die wohlgesinnte Fee hat sich im Laufe der Zeit in eine boshafte Fee verwandelt, je verhängnisvoller das im Altertum gesunde und regulierte pontinische Land versumpfte und die Lüfte den Tod hauchten. Im Märchen lauert die Fee jungen Leuten auf und läßt sie umgehend altern – das dichterische Bild für die Malaria.

Ferdinand Gregorovius hat die Ruinenstadt Ninfa «ein Pompeji des Christentums» genannt. Ein im Frühling von Kaskaden von Rosen gesäumter Weg führt von der Straße zwischen Schilf und Eukalyptusbäumen in den Bezirk. Das einzige wiederhergestellte Bauwerk der gestorbenen Stadt ist das ehemalige Rathaus, wo bis zu seinem Tode 1961 der Herzog Caëtani-Sermoneta lebte, der letzte aus der großen Familie Papst Bonifaz' VIII., die sechshun-

dert Jahre lang das pontinische Land beherrscht hat. Links neben dem Festungsturm ragt noch die hohe Fassade des gotischen Caëtani-Palastes. Durch eine Gartentür betritt man die eigentliche Stadt, deren Mauerring noch gut erhalten ist und ein Stadtgebiet etwa von der Größe des Petersplatzes in Rom einschließt.
Wir hören zum ersten Male von Ninfa, als um die Mitte des 8. Jahrhunderts Kaiser Konstantin v. von Byzanz, Herrscher des Ostens und des Westens, Ninfa dem Papste Zacharias zum Geschenk machte. Erst zu Beginn jenes Jahrhunderts war Ninfa überhaupt gebaut und bewohnt – wurde im Märchenland eine Festungsstadt gegründet, übrigens die einzige als solche programmierte Gründung in Latium. Als im 9. Jahrhundert die räuberischen Sarazenen, wie wir sahen, in Latium landeten, war Ninfa die bedeutendste Festung, die sich ihnen in den Weg stellte. Das dauerte, bis die Papst-Feldherren Leo iv., Johann viii. und Johann x. die Sarazenen in See- und Landschlachten bei Ostia, am Capo Circeo und am Liri schlugen. Nach dem Verschwinden der Muslime blieb die Festung weiter bestehen – nun gegen die Normannen, die zu Beginn des 11. Jahrhunderts das reiche Latium plünderten. Absolute Herrscher Latiums waren damals die Grafen von Tusculum in den Albanerbergen. Sie schufen aus Ninfa, dem Capo Circeo, wo ihre eigene Flotte ankerte, und Astura, dem Meerschloß südlich von Anzio, ein strategisches Festungsdreieck, das kaum seinesgleichen hatte. Als Gregor vii. endlich die Macht der Tusculaner brach, traten die kaisertreuen Frangipani an ihre Stelle und besetzten die drei Festungen. Aber im Jahre 1110 ließ Papst Paschalis ii. die Mauern schleifen, um zu verhindern, daß sich je wieder ein Campagna-Baron dieser päpstlichen Herrschaft für egoistische Zwecke bemächtige. Darauf verwandelten sich die Frangipani aus Ghibellinen in Guelfen, also aus Kaiserlichen in Anhänger des Papstes, und konnten bleiben.
Mit welchem Gewicht an Geschichte betreten wir den stillen

Park von Ninfa. Zeiten, Jahre, Ereignisse – eingehüllt in einen Zaubergarten. Die Stadt ist tot, aber die Pflanze hat sie zu einem neuen, höheren Leben erweckt. Die fast erdrückende Üppigkeit der Natur, durch die in meisterhafter Unauffälligkeit gestaltende Hand der letzten Herzogin, Donna Margherita, daran gehindert, alles zu überwuchern, ist an die Stelle längst entschwundener Menschen getreten. Rosen ranken an den Mauern der neun leeren Kirchenwände empor; Pinien, Zypressen, Granatapfelbäume, Feigenbäume stehen zwischen den Trümmern der Häuser und werfen Schatten auf Freskenreste des 13. Jahrhunderts.
Im Wandern und Betrachten durch die vollkommene Ruhe drängen erneut die Stimmen der Geschichte heran. Hier stehen die immer mehr verfallenden Ruinen der Kirche Santa Maria Maggiore, wo am 20. September 1159 Alexander III., der größte Papst seines Jahrhunderts, gekrönt wurde, nachdem er vor einem kaiserlichen Gegenpapst aus Rom hatte fliehen müssen und ehe er sich, zu rastlosem Leben im Exil gezwungen, zweiundzwanzig Jahre lang gegen Kaiser Friedrich Barbarossa, vier Gegenpäpste und die rebellischen Römer zur Wehr setzen mußte. Ninfa hat die Gastlichkeit der Frangipani für den Papst bitter büßen müssen, denn der Kaiser zerstörte es zur Strafe. Der Reichtum der Blumen hat die Ereignisse und Tragödien der Stadt zugedeckt, und es sind kaum noch Urkunden vorhanden.
Unter der Apsis, an der Stelle, wo Alexander III. gekrönt wurde, ist ein Fresko von immenser Bedeutung ganz schwach erkennbar: die einzige bekannte Darstellung des heiligen Cäsarius, des Schutzheiligen von Terracina. Er war seit dem 4. Jahrhundert, seines Namens wegen, Schutzpatron der Kaiserpaläste auf dem Palatin, wo er ein Oratorium besaß, in welchem vom Stadtpräfekten das Bild jedes Kaisers, der in Konstantinopel den Thron bestieg, aufgestellt wurde, sobald die Nachricht in Rom eintraf. Auf dem Fresko in Ninfa hält Cäsarius in der Tat das Bild zweier

byzantinischer Kaiser in Händen. Es muß gemalt sein, kurz bevor das Westkaisertum mit der Krönung Karls des Großen das Ostkaisertum verdrängte. Der gemalte Heilige mit dem abgewandten Blick hat alle Kaiserdynastien der Erde überlebt und durch tausend Jahre die beiden ihm anvertrauten Imperatoren in Händen gehalten – Bild im Bilde. Man sollte das Fresko von Ninfa niemals restaurieren, sollte die Zeit an ihm weiter ihr Werk tun lassen. Eines Tages wird eine der Rosen es mit ihrem quellenden Blütengehänge für immer zudecken.

Da steht eine andere Kirche mit einer der merkwürdigsten, heute vergessenen Weiheformen, welche die Kirche überhaupt kennt. Sie hieß griechisch Santa Parasceve, und man beging dort den byzantinischen Kult des Karfreitages.

Eine neue Blüte Ninfas begann unter Benedetto Caëtani, Papst Bonifaz VIII., der, als Kardinal oft im nahen Schloß Sermoneta residierend, einen Riesenbesitz zusammenbrachte, nicht durch Krieg und offene Gewalt, sondern durch die für die Zeit exorbitante Summe von hundertvierzig Millionen Lire nach der Währung vor dem Ersten Weltkrieg; allein zwanzig Millionen hat er für Ninfa bezahlt. Mit Transaktionen weit mehr als mit den christlichen Forderungen des Papsttums beschäftigt, hat er als Besitzer des damals größten Privatvermögens von Italien den Glanz seines Hauses begründet, seinen Nepoten Herrschaften und Titel gekauft und Ninfa zum Mittelpunkt des Caëtani-Reiches gemacht.

Es ist noch immer nicht endgültig geklärt, wann und warum die Bewohner schließlich Ninfa verlassen und oben auf dem Plateau des Berges in Norma, das schon im 8. Jahrhundert bestand, sich angesiedelt haben. War es als Folge der Pest vor der Mitte des 14. Jahrhunderts? War es nach einer Zerstörung durch die Leute von Sermoneta im Jahre 1381? War es vor 1681 die Malaria, welche die Menschen vertrieben hat?

In dem kleinen See der Nymphe vor den Mauern entspringt die klare Ninfa, durchzogen von den langen, wogenden Schleppen schöner Wasserpflanzen, unter denen sich die Forellen verbergen, deren hier im Jahre etwa dreißigtausend gefangen werden. Ein alter Baumstamm ist vom einen Ufer auf das andere gestürzt. Um die so entstandene Brücke hat sich eine mächtige Glyzinie gewunden. Im Mai hängen die schweren lila Dolden in den kristallenen, fließenden Spiegel. Die steinerne Brücke, die sich etwas unterhalb über die Ninfa wölbt, trägt den wenig blumenhaften Namen Ponte del Macello, Schlächterei-Brücke; von ihr wurden die Köpfe der Hingerichteten in die unschuldige Flut geworfen.
Durch das Blühen und Wachsen hindurch sind über der Erde, die in ferner Vorzeit einmal einer Nymphe heilig gewesen, die wilden Gegensätze der Geschichte spürbar – nur einen Augenblick lang –, dann verwandelt sich die tote Stadt wieder in einen Zaubergarten.
Die nach Norma sich hinaufwindende Straße ist wie ein Sich-Entfernen aus der Gewalt geschichtlichen Daseins in die vollkommene Ruhe der Höhe, in der alle Bilder sich klären, alles Geschehen sich ordnet. Wir fahren durch Norma hinauf bis zu den uralten Zyklopenmauern Norbas, die nach der Sage Herakles aufzutürmen begonnen hat und die von den Volskern vierhundert Jahre v. Chr. zur fast uneinnehmbaren Bergfestung in pentagonischer Anlage ausgebaut worden sind. Alles atmet mythische Vorzeit bis zum noch wenig deutlichen Beginn des geschichtlich Faßbaren der Anfänge Latiums. Versucht man, sich diese monumentale Akropolis der Volsker in der Phantasie zu einem Ganzen zu fügen, so wird verständlich, warum die Römer lange Zeit brauchten, um der Volsker Herr zu werden. Noch im mörderischen Bürgerkrieg Sullas gegen Marius, der dem Aufstieg Cäsars vorausging, spielte Norba als Anhängerin des Marius und als dessen zuletzt eroberte Festung eine große Rolle. Mit dem Stolze der

Unabhängigen ließen die Norbaner ihre Stadt mit prachtvollen Tempeln selber in Flammen untergehen – ein lepinisches Troja. Jetzt haben sich scheue, stumme Hirten in eigenartigen Hütten dort oben niedergelassen, Nachkommen der wilden Banditen, die vor hundert Jahren zwischen Cori und Norma saßen und die Reisenden der Via Appia nicht weniger bedrängten, als die Fieberdünste der Sümpfe es taten.
Von Norba aus führt auf halber Höhe des steil zur pontinischen Ebene abfallenden Monte Arrestino ein Spazierweg in drei Stunden nach Cori. Er schenkt den Eindruck, als gingen wir über eine Terrasse und genössen die Grenzenlosigkeit von Land und Meer aus einer Höhe, deren Wirklichkeit wir selber nicht kennen. Es ist einer der unvergleichlichen Spaziergänge Latiums.

Dämonie der Macht – Sermoneta

Sermoneta wirkt auf seinem Plateau auf der halben Höhe des Berghanges wenige Kilometer südlich von Ninfa wie der königliche Altan der Monti Lepini. Wie oft in Latium wiederholt sich in Sermoneta, das sein mittelalterliches Gesicht ganz bewahrt hat, der Eindruck, als ruhe es zwar aus von seiner an oft furchtbaren Gegensätzen reichen Geschichte, aber als sei es nie ein «verschlafenes Städtchen» gewesen. Seine Zeit hat schon unter den altrömischen Königen zwischen Legende und Geschichte begonnen, und es ist wohl die einzige Stadt des römischen Altertums, die, außer Rom selber, einen Tempel der phrygischen Kybele besaß, auf dessen Fundamenten heute der Dom Santa Maria Assunta steht, ein Zisterzienserbau des 13. Jahrhunderts, auf dessen Wie-

41 Ansicht von Sermoneta – Bergstadt dunkler Tragödien

derherstellung in der alten Form und die Befreiung von späteren Zutaten man wartet. Benozzo Gozzoli hat für den Dom die Madonna degli Angeli gemalt, die Sermoneta schützend in Händen trägt.

Die Auferstehung des Frühlings im orgiastischen Kult der sich entmannenden Kybele-Priester – eine schaurige Erinnerung an den schönen Jüngling Attis, den Geliebten der Göttin, der sich im Wahnsinn entmannte – ist der Verehrung der zum Himmel auffahrenden Maria gewichen. Das Mittelalter wußte, welche Namen neuer Weihe den alten Tempelplätzen zu geben waren, denn die Kybele wurde Gottesmutter genannt. Kybele hat wohl nicht zufällig gerade in Sermoneta einen Tempel besessen: das Kultbild der Mutter des Zeus in Form eines Meteorsteines gelangte im Zweiten Punischen Krieg im 3. Jahrhundert v. Chr. nach Italien. In Terracina berührte das Schiff mit dem heiligen Stein zum erstenmal italienischen Boden, dort am Capo Circeo, wohin das Auge von Sermoneta aus schaut. Aber Kybele, die Geliebte des Attis, deren Frühlingsfest am Almone bei der Egeriagrotte vor Rom begangen wurde, fand von jeher – wie alle Göttermütter – ihre Verehrung in waldigem Bergland, und die Monti Lepini waren noch bis in unser Jahrhundert hinein bewaldeter als alle anderen Berggruppen Latiums. Haben sich hier im Altertum mänadisch-dionysische Umzüge der Zeus-Mutter abgespielt?

«Alles, was ich erblicke, ist mein!» Vom alten Kastell von Sermoneta aus umfaßte der Mann, der diese Worte in einem sein ganzes Leben bestimmenden Stolz gesprochen hat, das weite Land bis zum Meer. Hier oben hat Kardinal Benedetto Caëtani, dessen Spur uns schon in Ninfa begegnet ist, angefangen, das größte Territorialreich Mittelitaliens, Landstrich um Landstrich, zusammenzukaufen und die gewaltige Herrschaft der Caëtani auf so festen Grund zu stellen, daß sie noch heute bestünde, hätte der Chef des Hauses Caëtani-Sermoneta die unermeßlichen Latifundien nicht vor einigen Jahrzehnten verkauft, mit Ausnahme von Ninfa und dem Kastell von Sermoneta, wo der Glanz des Hauses einmal seinen Anfang genommen hat.

Es ist, als würde die irdische Spur dieses eisigen Rechners immer deutlicher. Heute wäre er nicht Papst geworden, als der er unter dem Namen Bonifaz VIII. seine Zeitgenossen erstaunt und entsetzt hat, sondern ein Finanzmagnat, denn nichts an seiner Gestalt trägt Andeutungen geistlicher Wesenheit. In Sermoneta hat er begonnen. Wir werden ihm wiederbegegnen und ihn erkennen als das tragische Ende eines Zeitalters der Weltgeschichte – selber ein Teil dieser rätselvollen Landschaft.

Die Caëtani von Sermoneta waren nicht besser und nicht schlechter als alle anderen Adelshäuser in und um Rom auf ihren heute meist zerstörten Schlössern und Festungen in den Bergen und Ebenen Latiums. In den unterirdischen Kerkern von Sermoneta gingen auch ihre Opfer zugrunde, kratzten ihr Leid an die undurchdringlichen Steinwände; einer, der dreißig Jahre lang in diesen Totengrüften lag, kritzelte es hin, man solle den Namen Caëtani fliehen und verfluchen wie den Satans.

Die Geschichte hat auch dieser Familie ihr Doppelgesicht gezeigt; hat sie aufgestört aus dem Bewußtsein ungetrübten Besitzes, als im Jahre 1499 die Borgia mit ihren Eroberungen Latiums begannen und Papst Alexander VI., der dem Caëtani-Papst charakterlich erschreckend ähnlich war, durch seinen Sohn Cesare in Sermoneta die Vernichtung aller Grundherren einleitete, die der Bildung eines Reiches für seinen Sohn im Wege standen. Giacomo, das Haupt der Familie, wurde nach Rom gelockt; er verschwand und endete in den Verliesen der Engelsburg. Den fünfjährigen Erben Bernardino brachte die Soldateska Cesare Borgias in tierischer Weise um. Andere Caëtani wurden gleichfalls ermordet, einigen gelang die Flucht, so daß die Familie fortbestand. In Sermoneta erschien der furchtbare Papst mit Cesare

und seiner Tochter Lucrezia, deren zweijährigen Sohn er, zusammen mit der Mutter, zu Herzögen von Sermoneta erhob, was er mit dem längst üblichen Mißbrauch kirchlicher Verdammungen aller Unterlegenen und in «kirchliche Interessen» einkleidete, an die doch keiner glaubte.
Antonio da Sangallo der Ältere begann das Kastell umzubauen und ihm seine heutige Form zu geben. Im Staatshofe erbaute der große Meister die sogenannte Casa del Cardinale. In diesem neuen Palastteil wohnten Cesare und Lucrezia, wenn sie zu kurzen Aufenthalten hierherkamen und der Papstsohn das Schloß zum wichtigsten Stützpunkt für seine Eroberungszüge im Neapolitanischen ausbaute. Drei Jahre später jedoch zerfielen diese Pläne mit dem Tode des Papstes und dem Sturz der verhaßten Familie. Die Caëtani kehrten zurück und vergaßen das blutige Zwischenspiel in ihrer jahrhundertealten Geschichte.
In die Fensternische eines dieser Säle ist ein eigentümlicher Spruch gemalt: «Unrecht hat, wer allzu schnell vergißt!» Hat ihn ein Caëtani – hat ihn Lucrezia Borgia dort anbringen lassen? Wir wissen es nicht, können nur ahnen, daß es jemand war, der tief in die Zusammenhänge des Lebens und die Tragik des Daseins blickte.

Die letzte Zelle des heiligen Thomas und die beiden Häupter – Fossanova

Unser letztes Ziel in den Monti Lepini ist die Abtei Fossanova, die erste gotische Kirche in Latium. Die Rosette über dem Portal wird vom Licht, das den ockerfarbenen Stein der Pfeiler und Wölbungen mit neuem Leben und Wachstum erfüllt, in eine blühen-

44 Aufgang zum Schloß von Sermoneta – Anfänge finsterer Herrschaft

de Blume verwandelt. In der Reinheit seiner Urformen, ohne alle Zutaten späterer Jahrhunderte, redet der Stein die verhaltene Sprache des Zisterzienserordens und seines zweiten Gründers, des heiligen Bernhard von Clairvaux. Alles, was das Auge umgreift, erscheint wie ein Hymnus auf die evangelische Einfachheit, als eine göttliche Ur-Gegebenheit, die Auge und Geist zwingt, nur das Eine und Wesenhafte zu sehen – Hinlenken, nicht Ablenken.
Im pontinischen Sumpfgebiet, dem damals südlichsten Punkt ihrer europäischen Gründungen, entfalteten die Zisterzienser, die 1133 hierhergekommen waren, den vollen Reichtum ihrer Kultur und ihres Geistes, ihres Gebetes und ihrer Arbeit. Sie begannen damit, daß sie eine *fossam novam,* einen «neuen Graben» aushoben, damit das Sumpfwasser abfließen konnte: eine Vorstellung, die den Übergang vom Ungestalteten zur Geisteskultur in der gleichnishaften Scheidung von Altem und Neuem symbolisiert. So hat die Abtei den Namen des Beginns angenommen, als die Mönche anfingen, dem hier in der Dumpfheit magischer Vorstellungen lebenden Volk das Licht Christi zu verkünden. Im Jahre 1187 wurde der Grundstein der Kirche gelegt, und am 19. Juni 1208 vollzog Papst Innozenz III., die hieratische Verkörperung des hochmittelalterlichen geistlichen Imperiums, die Weihe des vollendeten Werkes. Die Jahrhunderte hat die in der Senke, welche die Monti Lepini von den Monti Ausoni trennt, unter Eukalyptusbäumen und Eichen liegende Abtei überlebt und ohne spürbare bauliche Veränderungen überstanden – wenn auch nicht immer im Geiste ihrer ursprünglichen Bestimmung.
In Fossanova beginnt eine Epoche der Baukunst. Die Zisterzienser, die mit dem «neuen Graben» auch ein neues Leben brachten,

47 Die Zisterzienserabtei Fossanova – Früheste Kultur im pontinischen Sumpfland

waren Franzosen. Sie kamen nach Latium, als sich in Frankreich gerade der neue architektonische Stil ihres Ordens zu entwickeln anschickte, in Citeaux, in Fontenay, in Pontigny; ein Stil, der zugleich Ausdruck eines Glaubensvorbildes wurde.

Größe durch Verzicht ist das Programm, das wir aus der Architektur von Fossanova ablesen. Jedes Element des Steines ist gebunden an ein höheres Gesetz, so wie die Liturgie Bindung ist. Die zurückhaltende Ornamentik der Kapitelle entspricht dem musikalischen Melisma des gregorianischen Halleluja-Gesanges, der Gott preisen, aber kein Genuß für die Ohren sein soll.

Die Gotik von Fossanova ist die für Italien vorbildliche Bauweise des Ordens geworden, die wohl Variationen, doch keine Verfälschung des Ur-Charakters zuließ. Überall wurde das Chorviereck statt des Chorrundes beibehalten und auf die Seitenkapellen verzichtet, weil sie vom Hauptaltar ablenken. Auch das Tiburium, der achteckige Vierungsturm mit der ebenfalls achteckigen Laterne, stellt ein neues archetypisches, weiterwirkendes Element dar. Die Zisterzienserkirche hat das liturgische Fundament im Jahrhundert der Blütezeit ihres Stiles nicht verändert und ist niemals Opfer von Verfallserscheinungen geworden; davon zeugen die großartigen Abteien von Casamari zwischen Frosinone und Sora sowie Valvisciolo zu Füßen von Norma in den Monti Lepini, der Dom Santa Maria Assunta in Sermoneta, der Dom Santa Maria in Sora, endlich die herrliche Kirche San Martino al Cimino zwischen Viterbo und dem Lago di Vico.

Der helle Kapitelsaal in Fossanova verbindet eine reicher entfaltete Gotik mit romanischem Mauerwerk zu einer vollkommenen

48 Inneres der Abteikirche von Fossanova – Schlichter Ausdruck des Gotteslobes

50/51 Büffel in der pontinischen Ebene – Aussterbende Tierwelt

Harmonie der Elemente. Aber längst versammelt hier kein Abt mehr die Brüder zum Klosterrat. Mit fünf Mitbrüdern zusammen leitet heute ein Pater ein bescheidenes Seminar, wo einst tausend Mönche Gott Hymnen gesungen, das Land urbar gemacht, dem Nächsten gedient, die Gläubigen gelehrt haben.
Ein Dokument aus der Frühzeit des Klosters, so erzählt der Pater, berichtet von der Bitte des Bischofs vom nahen Priverno, der Abt möge ihm für eine große Prozession Mönche schicken; der Abt habe sich jedoch in seiner Antwort entschuldigt, er könne leider nur vierhundert Mönche für das Fest beurlauben, die übrigen sechshundert müßten arbeiten.
Die Sträucher und Blumen des Klostergartens bilden einen klangvollen Kontrapunkt zum Grundthema des ockerfarbenen Steines. Über den grünen Lack der Zitronen legt sich leise der goldene Schimmer kommender Reife: ein da capo der Natur, wie es sich in der Stille des Klosterhofes seit über siebenhundert Jahren ereignet. Von der Südseite des Kreuzganges her ist ein luftiger Bau, eine romanisch-gotische Säulenlaube in den Garten hereingerückt. Sie umschließt eine Brunnenschale von der Größe eines Taufbeckens: das für den Zisterzienserorden kennzeichnende Lavabo, in das die Mönche die Hände tauchten, ehe sie, zwei zu zwei, in das jenseits liegende Refektorium hinabstiegen. Welcher Gedanke! Die liturgische Reinigung vom Staub der Welt, ehe die Speise, das Geschenk Gottes, berührt werden darf.
Fossanova hat im Laufe seiner langen Geschichte keine überragenden Geister hervorgebracht. Es hat keine Rolle in theologischen Auseinandersetzungen und in den politischen Wirren Italiens gespielt, wie etwa die Abteien von Farfa, Subiaco und Montecassino. Seine Geschichte ist Aufgabe und Werk des Alltags gewesen, seine Größe die stetige Bewahrung und Erfüllung des ursprünglichen klösterlichen Gedankens. Und doch ist es vor allen anderen Abteien des Landes ausgezeichnet gewesen, denn in

seinen Mauern hat einer der Väter des Abendlandes sein Leben beschlossen – nicht, weil er hier zu Hause, sondern weil er, wie fast immer, unterwegs war.
Im alten Gästehaus öffnet der Pater ein mäßig großes Gemach, das heute in eine Kapelle verwandelt ist. Hier starb am 7. März 1274 der *Doctor comunis et angelicus,* der heilige Thomas von Aquino. Auf der Reise nach Lyon, zum vierzehnten Allgemeinen Konzil unter Papst Gregor x., war er bei seiner Nichte, der Gräfin Francesca di Ceccano, auf dem nahen Schloß von Maënza erkrankt. Er ließ sich nach Fossanova bringen und starb nach vierzig Tagen. Als man ihm die letzte Wegzehrung reichen wollte, ließ der Sterbende sich vom Lager heben und auf den Boden in ausgestreute Asche legen, ehe er seine letzten Worte sprach: «Ich empfange dich, Lösepreis meiner Seele – ich empfange dich, Wegzehrung meiner Pilgerreise. Um deiner Liebe willen habe ich studiert, gewacht, gearbeitet, gepredigt und gelehrt.»
Gegen seinen Willen aber fing der Sterbende noch einmal zu schreiben an, um für die gastlichen Mönche des Klosters, seiner letzten irdischen Bleibe, einen Kommentar zum Hohenlied zu verfassen. Es sollte der Versuch sein, in das Wort zu bannen, was er in seiner Seele an Gottesliebe erfahren hatte. Thomas hat das Werk unvollendet zurückgelassen.
Hier in der Zelle bleibt nur die kurze Zeit, das Universum des Lebenswerkes, das Thomas der Nachwelt übergeben hat und das wohl nie restlos ausgeschöpft werden kann, sprunghaft zu überdenken und dabei zu begreifen versuchen, daß der Aquinate, der nur achtundvierzig Jahre alt geworden ist, es in knapp zwanzig Jahren geschrieben hat: eine allzu kleine Spanne Zeit für einen Denker, der niederschreiben wollte, «nicht was andere gedacht haben, sondern wie die Wahrheit der Dinge sich verhält».
Der lebhafte Pater unterbricht die einander ablösenden stürmischen Gedankengänge mit der gesunden Diesseitigkeit des Süd-

länders und erzählt den dokumentarisch wohlbelegten postumen Roman von den beiden Häuptern des Heiligen, denn in der Kirche ist Raum für das Erhabene wie für die sakrale Buffonerie, und in realistischer Unmittelbarkeit berührt sich das Göttliche mit der frommen List der Menschen. Thomas von Aquino, so holt der Pater mit weiter Geste aus, ruhte über neunzig Jahre im Frieden der Klosterkirche, als Urban v., der sechste Papst des Exils von Avignon, bei Strafe der Exkommunikation befahl, den Leib des inzwischen Kanonisierten nach Toulouse zu überführen. Die Mönche von Fossanova waren empört und verzweifelt. «Wissen Sie, Mönche sind immer gerissen», erklärt der Pater in einem jeden Zweifel an seiner Überzeugung ausschließenden Ton. So kam ein Mitbruder, Johannes von Presenzano, auf einen ungewöhnlichen Gedanken. «Ich schnitt», so berichtet Bruder Johannes, «das Haupt des göttlichen Thomas von Aquino von seinem echten Körper ab und legte es vorsichtig in die Mauer, wo es über dem marmornen Grab an der Evangelienseite ruht. Und ich legte ein anderes Haupt in das Grab wegen der feindlich gesinnten Dominikaner, des Königs von Frankreich und der Macht Urbans v., im Jahre des Herrn 1363, am siebenten März.» Johannes von Presenzano war vorsichtig und weitschauend. Um zu vermeiden, daß seine Tat später als Legende abgetan würde, gravierte er den Bericht über seine Tat auf eine tellergroße Bleiplatte, die erhalten geblieben ist und heute in Casamari, der südlicheren Tochterabtei von Fossanova, unter Glas gezeigt wird. Der Leib des Heiligen kam, nachdem er noch bis 1367 in einer Kapelle von San Domenico in Fondi, wo Thomas einmal gelehrt und gepredigt hatte, gehütet worden war, mit dem falschen Haupt nach Toulouse. Das Haupt wird in der Kirche Saint-Sernin als echt ausgegeben, während das wirkliche Haupt heute im Dom von Priverno verehrt wird. «Glauben Sie mir», so dekretiert der Pater freundlich-gedämpft, halb ex cathedra verkündend, halb verschmitzt lächelnd, «ein so großer Heiliger kann natürlich ohne weiteres zwei Häupter haben!» Im Bewußtsein seines gesicherten Besitzes läßt er dem geprellten gläubigen Volk von Toulouse die Freude an dem als echt vermuteten Haupt. Widerspruchslos beugen wir uns dieser so ungewöhnlichen Ansicht hagiographischer Anatomie und verlassen mit dem Pater die Sterbezelle des Heiligen.

Die Schritte hallen durch den Kreuzgang, die Kirche erscheint im Zwielicht des Abends noch höher und weiter, als öffne sie sich in den dunkelnden Himmel hinauf. Da und dort brennt eine Kerze auf einem Altar, und man glaubt zu sehen, wie die Figuren der wenigen noch erhaltenen Fresken aus der Schule Giottos sich langsam bewegen. Eine Vertiefung im Boden soll, wie die Legende überliefert, vom Hufschlag des Maultieres herrühren, das Thomas nach Fossanova getragen hat.

Welche Schicksale sind in der unentwirrbaren Mischung von Heiligem und Profanem über das Kloster hinweggegangen. 1812, als Papst Pius VII. gefangen im Exil lebte und Murat als König in Neapel herrschte, wurde Fossanova säkularisiert, und die Zisterzienser mußten gehen, um nicht mehr zurückzukehren. Nach dem Sturz Napoleons bot man die Bauwerke zum Verkauf, sie gingen in Privatbesitz über, bis Papst Leo XII. sie 1826 zurückkaufte und den Kartäusern der Abtei Trisulti überließ. An den Pfeilerbasen der Kirche ist der Stein geschwärzt, noch aus der Zeit, als die Hirten der Maremma das verlassene Gotteshaus als Stall für die – auch heute noch auf den Höfen um Fossanova gezüchteten – Wasserbüffel verwendeten und nachts dort ihre Feuer unterhielten, wo die Feuer des Geistes nach siebenhundert Jahren erloschen waren. Doch überdeutlich gleiten noch immer die Antiphonen und Responsorien über die hohen Wände, tönt das Gotteslob der Horen in den Gewölben fort, und die Wechselgesänge der Geschichte bleiben in Ohr und Geist haften.

II

Regina Viarum – Zu den Städten der Via Appia

Im Kapitolinischen Museum Roms ist das altrömische Relief zu sehen, das einmal am Anfang der Via Appia an der Porta San Sebastiano stand: zu Füßen eines Meilensteines sitzt, an ein Rad gelehnt, die nackte, gekrönte Göttin Roma. Die Inschrift des Reliefs besteht aus vier Worten. Der Reisende, der Rom in südlicher Richtung verließ, las den Gruß: *Salvos ire,* reist glücklich. Kehrte er zurück, nach Wochen, nach Jahren, aus Italien, vielleicht aus Persien oder Ägypten, begegnete er dem Relief wieder, nun von der anderen Seite, wo er die Worte las: *Salvos venire,* kehrt glücklich heim. Keine andere Straße der Welt hat je einen solchen Gruß aus Stein reden lassen – zu den die Hauptstadt der Welt Verlassenden, zu den in die Hauptstadt der Welt Zurückkehrenden.

Von Velletri im Süden der Albanerberge aus gleitet der Blick zum ersten Male über die im Osten von den Monti Lepini begrenzte und beschützte pontinische Ebene. Die Via Appia senkt sich langsam nach Cisterna hinunter, dem alten Tres Tabernae, wo die ersten Christen Roms dem vom Süden kommenden Apostel und Staatsgefangenen Paulus entgegengingen. Kurz nach Cisterna wird die Via Appia zur schnurgeraden Linie, die erst in Terracina endet. Nicht weniger als zweiundzwanzig Städte lagen im Altertum über die Ebene hin verstreut, bis Erdbeben sie vernichtet haben sollen. Man fragt sich, was hier, ungeachtet aller Funde in den Museen Europas und Amerikas, noch unter der Erde liegen, deutlicher, was in den Sümpfen versunken sein mag, die erst in unserem Jahrhundert trockengelegt worden sind.

Der so neu aussehende, neben der Straße herlaufende Kanal ist in

Wirklichkeit sehr alt. Als der blinde Censor Appius Claudius, eine fesselnde Gestalt seiner Zeit, gleichbedeutend als Feldherr, Bauherr, Staatsmann, Jurist, Redner und Dichter, die berühmteste Straße Alt-Roms im Jahre 312 v. Chr. zu bauen begann und bis nach Capua fortführte, legte er auch den Kanal an, der bis zum großen Tempel der Dea Feronia nördlich von Terracina führte und schiffbar war.

Zweihundertfünfundfünfzig Jahre nach der Erbauung reiste Mäzenas als Sonderbotschafter Oktavians, des späteren Kaisers Augustus, nach Brindisi, wo die Via Appia damals endete. Er nahm Horaz mit, der die Reise auf dem Kanal in einer seiner lebendigsten Satiren beschrieben hat, untröstlich über Schiffer und geldgierige Wirte, froh, sich in der Quelle der Feronia vor Terracina endlich waschen zu können.

Johann VII., der unternehmende Bauherr Roms, nannte sich, als er im Jahre 705 Papst wurde, *Rector Appiae,* also eine Art hierarchischer Straßenbaudirektor, dem die Sorge um die in weitem Umkreis verstreuten Monumente der frühen Christenheit oblag. Die kaiserliche Straße war Glaubensstraße geworden.

Papst Pius VI. hat den Kanal, der nach ihm *Linea Pia* heißt, wiederherstellen und bis nach Terracina fortführen lassen. Und Goethes Freund, der Italien durchwandernde Dichter Friedrich Leopold Graf Stolberg, begegnete einem Schiff, das nicht, wie zu Zeiten des Horaz, von Mauleseln, sondern von Menschen getreidelt wurde.

Die Pontinischen Sümpfe, die auszutrocknen seit dem ersten Versuch Cäsars viele unternommen haben, sind heute in fruchtbarstes Pflanzland verwandelt, wofür die italienische Sprache den schönen Begriff *bonifica* kennt, der die bleibende Wohltat des Gutes-Tun in technische oder hydrologische Vorgänge einschließt. Noch vor hundertfünfzig Jahren waren die Bewohner der Sümpfe wandelnde Fieberleichen. Ein einmaliges Übernachten in Cister-

na konnte den Tod des Reisenden bedeuten. Alle, die im Wagen von Rom nach Süden fuhren oder die bei Terracina, zurückkehrend, wieder in das Sumpfgebiet kamen, wurden gewarnt, während der Fahrt einzuschlafen oder zu übernachten, weil Anstekkung und Tod als unvermeidbar galten.
Unverändert sind nur die wunderbaren Tönungen der Volskerberge und der aus ihnen herauswachsenden Monti Ausoni, deren das Meer berührende Südspitze Terracina trägt; unverändert ist das seidige Blau des Capo Circeo in seinen gleitenden Linien.

Götterjüngling Jupiter – Terracina

Wir kommen nach Terracina, dem alten Anxur der Volsker. Der alte Kern ist fast ganz erhalten geblieben. Er lebt ein fernes Leben, als kümmere ihn der unwichtige, wenn auch größere Rest nicht, der sich, häßlich industrialisiert, am Meeresufer gegenüber dem Capo Circeo immer weiter ausdehnt.
Die Alten hielten Anxur für eine Gründung Jupiters oder Jasons oder der ausgewanderten Spartaner, die sich der Gesetzgebung des Lykurg entzogen haben, oder der Circe, die also neben ihrem Liebesglück mit Odysseus noch Zeit zum Erbauen einer Stadt gehabt haben muß, eine Begabung, die sie ihrem Sohn Telegonos vererbt hat.
Terracina, wie es die Römer nannten, ist eine Villenstadt von ausgesuchter Schönheit gewesen, und üppig lebten die Römer, wobei sie neben anderem den berühmten Steinbutt von Terracina, den Rhombus, genossen.

59 Der Tempel des Jupiter Anxur vom Meer aus – Beherrschender Götterberg

Der reiche Geizhals Galba, der Nachfolger Neros, ist hier geboren; die großen Kaiser Trajan und Antoninus Pius haben den alten Hafen der Volsker wieder aufgebaut. Das von dem Millionär und Patrizier Aemilius der Stadt gestiftete, heute in seinen Resten von den umstehenden Häusern und Gassen aufgesogene einstige Forum ist auch im Mittelalter Kern der Stadt geblieben, und man geht über mächtige frührömische Pflasterplatten auf den Dom zu. Der hinter einem unentwirrbaren Gespinst von Legenden kaum mehr erkennbare heilige Märtyrer Cäsarius aus dem ersten Jahrhundert hat dem Dom den Namen gegeben und Apoll abgelöst, dessen viel später vielleicht auf Augustus und die Göttin Roma übertragener Tempel an der gleichen Stelle stand; aber dem Nachdenkenden ist es eine beruhigende Vorstellung, Götter und Heilige wenigstens auf einigen hundert Quadratmetern brüderlich vereint zu wissen, seien sie es auch nur als Namen und Ideen; glauben zu können, daß an der Stelle des heutigen Altars mit dem Sanctissimum einmal die Cella jenes Tempels gewesen ist, wo man den heilenden Lichtgott anbetete, nicht anders, als der heilige Cäsarius seinen Erlösergott angebetet hat, als er im Martyrium das Licht der Ewigkeit erblickte. Und dennoch, im Atrium des Domes steht eine große Vase mit einer italienischen Inschrift, hier seien Christen gemartert worden, die sich weigerten, Apoll zu opfern. Möglich, daß die den herrlichen Portikus des Domes bildenden sechs korinthischen Säulen auf mittelalterlichen Basen noch vom Apollotempel stammen und daß Gregor VII. die über die ganze Domfront sich dehnenden achtzehn königlichen Stufen hinaufgeschritten ist, als er 1074 den Dom weihte.

60 Unterbauten des Tempels des Jupiter Anxur in Terracina – Stützbögen des Himmlischen

Am 12. März 1088 wurde der erste Franzose im Dom von Terracina zum Papst gewählt und geweiht. Es war Urban II., dessen Name mit dem zehn Jahre später eine sehr fragwürdige Epoche abendländischer Conquista einleitenden ersten Kreuzzug verbunden ist. An den Kreuzzug erinnert der eigenartige Tierfries in Mosaik über dem Portikus, mit einer Inschrift, die offenbar auf eine Ex-voto-Stiftung zweier Kreuzfahrer deutet.
Etwas über anderthalb Jahrhunderte nach dieser denkwürdigen Papstwahl schufen unbekannte Meister der Cosmatenschule die Kanzel und den Osterleuchter, die zu den kostbarsten Schätzen der ganzen Kunstrichtung in Latium gehören.
Die vernichtenden Bombardements der Stadt von 1944 haben die monumentalen Reste des Kapitolinischen Tempels aus dem ersten Jahrhundert v. Chr. zutage gefördert, der Jupiter, Juno und Minerva geweiht war und neben dem die alte Via Appia sichtbar wurde, die damals noch nicht am Meer entlang, sondern über den Berg führte. Das Unglück der Stadt hat sich zum Glück für die Archäologie gewendet, und es zeigt sich, daß das Forum von Terracina zu einem der imposantesten nächst dem Forum Romanum gehört hat.
Die Straße zur Höhe des Berges führt an den Resten eines Schlosses der Frangipani vorbei, die Terracina im Mittelalter lange Zeit beherrscht und unterdrückt haben. Durch duftenden Ginster, duftende Olivenblüten und römische Festungsmauern sowie Befestigungen, die Theoderich der Große im 6. Jahrhundert hat anlegen lassen, steigen wir langsam auf das Hochplateau des Berges. Hier oben wurde Jupiter Anxur verehrt, als bartloser Jüngling wie die frühesten Christusdarstellungen – und mit ihm zu-

63 Stadtbild Terracinas mit römischen Resten – Mittelalter in Resten des Cäsarenreiches

sammen verehrte man Juno unter dem Namen Dea Feronia, deren Heiligtum in der Ebene lag. Vom Tempel, der Meer und Ebene, ein Bild der Macht des jugendlichen Göttervaters, beherrscht hat, vermitteln nur noch die vollständig erhaltenen Unterbauten und die Grundrisse des eigentlichen Tempels eine Vorstellung. Überall zertrümmerte Majestät. Die Republik hat den Bau begonnen, im augusteischen Imperium ist er vollendet worden. Wann er unterging, ist unbekannt. Die Alten glaubten, hier oben befinde sich die Höhle, aus der die Himmlischen die Schicksale der Menschen in die Welt entsandten.
Von der äußeren Tempel-Terrasse aus macht der aus der Tiefe aufragende, sechsunddreißig Meter hohe gespaltene Fels mit dem eigentümlichen Namen Pisco Montano den stärksten Eindruck. Kaiser Trajan hat diesen Felsen, mit dem die Monti Ausoni das Meer berühren, der Länge nach durchsägen lassen und ein gigantisches Tor geschaffen, damit der Umweg der Via Appia über den Berg von Terracina vermieden werden konnte.
Selbst auf die Höhe des Tempels stiegen früher noch die Fieberdünste der Pontinischen Ebene, der Tod begleitete den unermeßlichen Rundblick. Ein Pater des nahen Klosters San Francesco sagte einmal zu dem Reiseschriftsteller Adolf Stahr: «è una bellezza velenata», eine vergiftete Schönheit.

Der Höhlenkaiser – Sperlonga

1957 hat man damit begonnen, die Höhle des Tiberius am Strand von Sperlonga, zwölf Kilometer südlich von Terracina, auszugraben. Für die eindrucksvollen Funde wurde ganz nahe an der Straße nach Gaëta ein kleines Museum gebaut, eines der modernsten, das Italien besitzt; es ist 1963 eröffnet worden.
In der tief in den Berg hinein sich wölbenden Höhlen-Apsis sind

noch die Nischen zu sehen, in denen Statuen und Amphoren standen. Auch das ebenmäßige Rund des vom Meer gespeisten künstlichen Brunnenbeckens ist erhalten geblieben. Aus dem fast abgründigen Schweigen gleitet das Auge über die Ruinen der antiken Bauten vor der Höhle hinweg bis zum Capo Circeo. Sehnte sich Tiberius, vielleicht gerade weil seine Seele ganz den Gewalten der Nacht ausgeliefert war, nach den alles erhellenden klaren Mächten der Sonne? Jahrelang hat er auf Rhodos, der dem Sonnengott Helios heiligen Insel, gelebt, und von der Höhle aus sah er nichts als den einsamen Berg der Heliostochter Circe, neben welchem die Sonne sinkend wiederum der Nacht den Weg freigab.
In jener Höhle entschied sich, wohl im Jahre 21 n. Chr., das Geschick des unseligen Kaisers. Tiberius hegte aus der tiefenpsychologisch folgerichtig beweisbaren Haßbindung an seine große, herrschsüchtige Mutter Livia Augusta, die Witwe des Augustus, eine krankhafte Neigung zu Höhlen, Abbildern des dunklen Mutterschoßes, der ihn auch als Imperator nie wirklich hat mündig werden lassen. Tiberius ist nie aus der Ur-Höhle des kreatürlichen Beginns zur Freiheit persönlichen Lebens erwacht. Sein Leben war Flucht, seine spätere Grausamkeit Angst. In Sperlonga, wo er um 21 n. Chr. ein Jahr lang in seiner Villa lebte, in versteckter Üppigkeit wie auf Capri, zog der seelisch Kranke sich zuzeiten in die Höhle am Meer zurück, veranstaltete, von Stein eingeschlossen, nur die eine Öffnung zum Wasser vor sich, Feste, deren Rausch und Schrecken aus den Überlieferungen nur zu ahnen sind; hier müssen sich Bacchanalien mit orphischen Opferkulten gemischt haben, deren Rätsel unlösbar bleiben werden. Beherrschend erhob sich mitten in der Höhle die – von Künstlern aus Rhodos geschaffene! – grausam-wilde Gruppe des einäugigen Riesen Polyphem, dem Odysseus mit seinen Gefährten das Stirnauge ausbohrt, das Organ magischer, natursichtiger Erkenntnis,

und ihn damit in die ewige Nacht der Welt hinabstößt. Die Sage berichtet von dem wilden Aufschrei des Riesen; auch Leben und Ende des Tiberius sind nichts anderes gewesen als ein stummer Aufschrei in das Antlitz des Daseins. Wäre die Polyphemgruppe vollständig erhalten, wir würden sie zu den größten Kunstwerken der Mittelmeerwelt zählen; die monumentalen Fragmente sprechen eine Sprache, die wir noch aus den Trümmern zu hören vermögen.

In Sperlonga geschah es, daß während eines solchen Festes Steinmassen von der Höhlendecke sich zu lösen begannen und Aelius Seianus, der Gardepräfekt, mit seinen riesigen Körperkräften das stürzende Gestein solange aufhielt, bis der Imperator die Höhle verlassen hatte, während einige Höflinge erschlagen wurden. Von dieser Stunde an wurde Seian der Günstling des Kaisers, der teuflische Jago des Imperiums, der hundertfache Mörder, dem auch der einzige Sohn des Tiberius zum Opfer fiel; der dämonische Beherrscher des Herrschers, den er für immer von Rom fernhielt. Seian ging erst unter, als er sich anschickte, selber Kaiser zu werden. Er wurde hingerichtet, seine Kinder wurden hingerichtet, seine Frau erhängte sich, seine Geliebte Livilla, die Schwiegertochter des Tiberius und Mitmörderin des Kaisersohnes Drusus, mußte den Hungertod sterben, und die Majestätsprozesse erschütterten und lähmten Rom. In der Höhle von Sperlonga hat der Verfall des römischen Imperiums seinen Anfang genommen, die stürzenden Steinmassen sind nur das Bild der Geschichte, die das scheinbar Gesicherte fallenläßt, auch wenn da und dort eine Kraft den Sturz noch aufhält.

In der Höhle ist das Epigramm des Dichters Faustinus Felix gefunden worden, das die Wunder der Kunstwerke der Höhle besingt. Was das Museum von Sperlonga an Plastiken bewahrt, die man oft mühsam wieder zusammengesetzt hat, läßt der Phantasie einen weiten Raum der Deutung. Plötzlich steht der Kaiser leibhaftig da; tritt er aus seiner Höhle, gerettet von Seian und doch gleichzeitig dessen Gefangener und von ihm zugrunde gerichtet. Am Ende seines liebearmen Lebens konnte nur ein eisiger Menschenverächter übrigbleiben, der haßte und gehaßt wurde und der in hochgelegenen Villen oder in Höhlen unten am Meer hilflos versuchte, der Dämonie seines Schicksals zu begegnen und zu vergessen.

Amme des Äneas – Gaëta

«Du auch hast im Tode, Äneas' Amme Cajeta,
Unvergänglichen Ruhm mit unserm Gestade verbunden.
Heut an dem Platze noch haftet dein Preis, und deine Gebeine
Rühmen so deinen Namen noch weit in Hesperiens Gauen.»

Von dem Loblied, das Vergil der erhabenen Milchspenderin des Äneas singt, könnten alle Ammen Italiens, die ohnehin wie in keinem anderen Land im Familienleben eine wichtige Rolle gespielt haben, wie von einem Privileg zehren. Kein Beruf kann darauf hinweisen, vom Ahn-Helden des Landes mit der Namengebung einer Stadt geehrt worden zu sein. Als Johann Gottfried Seume 1802 seinen unverändert lebendigen *Spaziergang nach Syrakus* schrieb, das witzigste Reisebuch der Romantik, meinte er, der Gaëta eine «magische Gegend» genannt hat, «die Amme ist durch dieses Etablissement ihres Namens fast berühmter geworden als ihr frommer Milchsohn, dessen Name in keiner Stadt fortlebt».

Man versteht, daß die Kräfte der hohen Amme nach den Schrekken der Zerstörung Trojas, den Erlebnissen ihres Pfleglings bei Dido in Karthago und nach seinem Besuch beim Vater Anchises in der Unterwelt erschöpft waren. Äneas begrub die teure Cajeta am Strande der Bucht und gründete Gaëta, die südlichste Stadt

Latiums. «Die Reize der Bucht von Gaëta, samt der Umgebungen und der Stadt Gaëta selbst, sind unbeschreiblich. Äneas hat hier seiner alten Amme einen hübschen Gedächtnisort ausgesucht», schreibt Grillparzer 1819 auf der Rückfahrt von Neapel nach Rom. Er läßt uns seinen Eindruck in der ganzen Fülle nacherleben vom Gipfel des Vorgebirges Monte Orlando mit dem Grabmal des Plancus; hier hat der Dichter zwei der schönsten aller Italiengedichte verfaßt. Weit geht der Blick über den ebenmäßig gerundeten mittäglichen Golf hinweg, um, fast geblendet, auf den Monti Aurunci und den Bergzügen Campaniens auszuruhen, die, in allen Abstufungen des Blaus schimmernd, der Tonkette einer Koloratur gleichen.

Das in seiner Größe und seinem Umfang von dreiundneunzig Metern an die etruskischen Kuppelgräber von Cerveteri erinnernde, auch mit seinen vier Kammern im Inneren vollständig erhaltene Grabmal barg einmal den Lucius Munatius Plancus, einen der eigenartigsten Männer Alt-Roms. Er hat an Cäsars Krieg in Gallien wie am Bürgerkrieg teilgenommen und war mit Cicero und Horaz befreundet, der ihm die siebente Ode seines ersten Buches gewidmet hat; er ist der Gründer von Lyon und Basel, wurde Konsul und Censor und legte in Alexandrien und Syrien durch rücksichtsloses Plündern den Grund zu seinem Reichtum – und er war es, der im Jahre 27 v. Chr., vielleicht um seine dunklen Taten im Orient vergessen zu machen, im Senat den Augustustitel für Cäsars siegreichen Adoptivsohn Octavian, den ersten Kaiser, durchsetzte; seinem *cursus honorum,* der in Stein

68 *Die sogenannte Grotta del Turco im Meer von Gaëta – Versteck der Seeräuber*

70/71 *Festung und Campanile von Gaëta – Stadt der trojanischen Amme*

gehauenen Aufzählung seiner sämtlichen Ehrungen über dem Portal seines Grabmales, stand nichts mehr im Wege.
Dem himmlischen Schutz des Stadtheiligen Erasmus, einem der Vierzehn Nothelfer, von dem man zwar nicht das geringste weiß, dessen Macht über die Gläubigen der Stadt jedoch groß ist, wird die Errettung des einem Minarett gleichenden Campanile, des in Italien ohne Analogie dastehenden bedeutendsten Monumentes der Stadt zugeschrieben. Ein Engel soll den wundertätigen Bischof von Antiochia irgendwann nach Westen entführt haben – und irgendwann ist er im nahen Formia den Märtyrertod gestorben. Die Formitaner retteten sodann im Jahre 842 seinen zerschundenen Leib vor den zum erstenmal in Italien vordringenden Sarazenen nach Gaëta und verbargen ihn in der heute längst verschwundenen Kirche Santa Maria del Parto an der Stelle des Campanile, wo er 917 wiedergefunden wurde – zwei Jahre nachdem der kriegerische Papst Johann x. die Sarazenen bei Traëtto am Garigliano geschlagen hatte. In der Krypta des Domes werden die Reliquien des Heiligen gehütet. Damit erst ist er wahrhaft der Patron der durch die Jahrhunderte von allen Mächten des Mittelmeeres umkämpften Hafenstadt geworden, deren oft verworrene Geschichte er wie ein stummer, unsichtbarer Herrscher über allen wechselnden Herzögen, Kaisern von Byzanz, deutschen Kaisern, Anjou-Königen und Bourbonen-Königen begleitet hat.
Ein unbekannter, toskanisch beeinflußter, naiv-veristischer Meister von überbordender Kraft der Schau und Gestaltung hat im 13. Jahrhundert den dreieinhalb Meter hohen marmornen Osterleuchter des Domes geschaffen, mit seinen achtundvierzig quadratischen Feldern in vier Reihen, von denen vierundzwanzig die Geschichte Christi, vierundzwanzig die Geschichte des heiligen Erasmus erzählen. Allein dieses Werkes wegen lohnt die Fahrt nach Gaëta.

Der mondäne Strand von Gaëta, die Spiaggia del Serapo, ist heute ein begehrtes Badeziel, sogar für die Römer. Wer weiß noch, daß hier einmal ein Serapistempel, zweifellos einer der frühesten in Italien, gestanden hat? Und eine Straße des modernen Stadtviertels heißt Via San Nilo. Auch diesen Zusammenhang wird kaum noch einer kennen. Im Jahre 1000 führte hier – der Strand hieß damals Serperi – der uralte griechische heilige Nilus aus dem kalabresischen Rossano mit seinen wenigen Jüngern ein Leben des Gebetes, der Buße und des guten Rates: einer der von der cluniazensischen Reform ergriffenen Eremiten, die auf ihre Zeitgenossen von größtem geistigem Einfluß gewesen sind. Der Kaiser-Jüngling Otto III., der wie so viele seiner heiligen Zeitgenossen auch Nilus von Rossano tief verehrte und von diesem bittere Wahrheiten zu hören bekam, besuchte ihn in Serperi, wo ihm der Greis seinen Segen gab und ihn aufforderte, mehr an seine Seele als an den Glanz seines an Träumen reichen Imperiums zu denken. Die Legende behauptet, Otto III. habe seine Krone zu Füßen des Heiligen niedergelegt. Es braucht nicht unbedingt eine Legende zu sein, denn die Extreme von Herrscherallmacht und demütiger Entsagung wechselten häufig im Leben und Handeln des schwärmerischen Kaisers.

1860 rückten die Truppen Garibaldis von Süden vor, der letzte Bourbone, Franz II., mußte Neapel verlassen und sich in die Festung Gaëta zurückziehen. Er überließ die Verteidigung Gaëtas seiner Gemahlin Maria Sophia von Bayern, der ebenso schönen Schwester der Kaiserin Elisabeth von Österreich, die alle Standesgenossinnen des Jahrhunderts an Charakterstärke überragte. Sie hielt die Stadt, schließlich die Festung auf dem Berg, und hat mit ihrem Namen mehr für den Königsnamen getan als alle Könige auf dem Thron beider Sizilien. Dreiundneunzig Tage hielt sie sich. Am 14. Februar 1861 mußte sie vor der Übermacht kapitulieren. Als sie mit ihrer Familie Festung und Stadt verließ, um zu Schiff zu gehen und Land und Krone hinter sich versinken zu sehen, neigten sich die Sieger vor ihr, der letzten wahren Königin – nicht aber vor dem zitternden Franz II. Bourbon.

Der Kardinal und Fra Diavolo – Itri

Am Meer hin läuft die Straße, vorbei am sogenannten Grabe Ciceros. Hier dachten sich die Alten die Quelle Artakia, an der die Gefährten des Odysseus der Königstochter der Lästrygonen begegnet sind. Und hier, nahe seinem Landgut von Formia, wurde Cicero am 7. Dezember des Jahres 43 v. Chr. von den Schergen seines Feindes Marc Anton überrascht. Er neigte sein Haupt aus der Sänfte, dem Schwert des Herennius aus dem Gefolge des Tribunen Pompilius Lenatus entgegen, dem er selber als Strafverteidiger einst Leben und Ehre gerettet hatte; einen Augenblick später war der Mund, der das schönste Latein aller Zeiten gesprochen, für immer verstummt. Den Spuren Ciceros begegnen wir in Latium häufig – aber nirgends empfinden wir sie so tief in die Erde des Landes geprägt wie an dieser Stelle des Golfes von Gaëta, wo eine der dramatischen Perioden der Geschichte Roms zu Ende ging. Auch die Hand, die mit ihrer weiten Gestik die machtvollsten Reden der Epoche begleitet hatte, hieben sie ab, um sie mit dem Haupt zusammen auf der Rostra, der Rednertribüne auf dem Forum Romanum in Rom, aufzustellen, der Stätte seines Ruhmes – doch nicht, ehe Fulvia, die furienhafte Frau des Marc Anton, selber die Zunge herausgeschnitten, die nicht nach dem Willen Marc Antons geredet und ihr Feuer der alten Staatsform geliehen hatte.

75 Die Burg von Itri – Musenhof und Räubernest

Als August von Platen 1829 die Stätte sah, schrieb er ein Epigramm:

«Hier an dem schönen Orangengestad' trank selige Muße
Cicero, doch hier auch traf den Gerechten der Mord.»

Auch der wandernde Seume stand hier, durchdachte das Ereignis und fand die wohl besten Gedanken dazu: «Es ist mir der ehrwürdigste Moment in Ciceros Leben; der einzige vielleicht, wo er wirklich ganz rein als selbständiger Mann gehandelt hat. Als er gegen Verres sprach, war es vielleicht Ruhmsucht, von der Rednertribüne zu glänzen – Gefahr war nicht dabei; als er gegen Catilina donnerte, stand seine Existenz auf dem Spiel, und er hatte keine andere Wahl, als zu handeln oder mit zugrunde zu gehen; als er gegen Antonius wütete, trieben ihn wahrscheinlich Haß und Parteisucht. Im Glück prahlte er, im Unglück jammerte er. Er zeigte in seinem ganzen Leben oft viel Ehrlichkeit und Wohlwollen, aber nur im Tode den Mut, der dem Manne ziemt. Sein Tod hat mich mit seinem Leben ausgesöhnt.»
Wir fahren nach Norden in die Monti Aurunci, in deren Namen die Auruncer weiterleben, eines der Bergvölker wie die Volsker und Ausonier, die von Rom unterworfen wurden. Auf einem Hügel zur Linken der weltenfernen waldigen Bergzüge liegt Itri. Kleine Häuser kleben an den Ruinen der alten Festung. Im Altertum war Itri, das Mamurra des Horaz, eine der wichtigsten Ortschaften zum Schutze der Via Appia gewesen. Die Deutschen haben es bei ihrem Rückzug 1944 fast ganz zerstört.
Auf der Burg starb 1535, erst sechsundzwanzigjährig, Ippolito de' Medici, dessen Leben und Tod eine für die Hochrenaissance bezeichnende Tragödie gewesen ist – persönlich, dynastisch, politisch. Er war der Neffe Leos x., des ersten Papstes aus dem Hause Medici; hochgebildet und ideenreich, leutselig und hilfsbereit,

wurde Ippolito von allen Menschen geliebt. Er war zum Herrscher geboren. Doch sein listenreicher Verwandter, Klemens VII., der zweite Medicipapst, erhob seinen eigenen Bastard, Alessandro, zum ersten Herzog von Florenz – einen ebenso niedrigen Verbrecher, wie Ippolito, ohne ein Heiliger zu sein, die lichten Seiten der Familie in sich vereint hat. Der Papst enterbte ihn und zwang ihn, den Kardinalspurpur anzuziehen, den der zu anderem berufene Jüngling haßte.

Damals lernte Ippolito die schönste Frau Italiens kennen, Giulia Gonzaga, die Witwe des Feldherrn Vespasiano Colonna, die im Schloß ihrer Herrschaft Fondi zwischen Terracina und Itri einen der interessantesten Musenhöfe der Zeit pflegte. So begann eine wechselseitige Liebe und Freundschaft, die jedoch an der unantastbaren Hoheit der neunzehnjährigen Giulia ihre körperliche Grenze fand. Ippolito schrieb Dichtungen, übersetzte in freien Versen den zweiten Gesang der Äneis, eine häufig gepriesene literarische Leistung, und machte die Werke des Hippokrates für die Heeresmedizin zugänglich – ein Unikum in seiner Zeit. Klemens VII. warf ihm seinen Hofstaat und die hohe Zahl der von ihm bezahlten Leute vor und erhielt die ritterliche Antwort: «Ich unterhalte sie nicht, weil ich ihre Dienste benötige, sondern weil sie meine Dienste brauchen.»

Die unzähligen Vertriebenen und Opfer der Bluthertschaft Alessandros flehten schließlich Ippolito, der auf Schloß Itri lebte, in ihrer Verzweiflung an, bei Karl V., überdies dem Schwiegervater Alessandros, Fürsprecher des geknechteten Florenz zu werden. Ippolito war bereit; aber sein Vorhaben wurde Alessandro verraten, und während Ippolito in Itri wartete, bis der Kaiser, der damals auf dem Wege nach Rom war, in Gaëta an Land ging, fiel er dem Giftmord Alessandros zum Opfer.

Er spürte, daß er vergiftet war, und rief Giulia zu sich, die während der letzten vier qualvollen Tage bei ihm blieb. Neger und

Mauren seines Gefolges, das Angehörige aus zwanzig Völkern und Sprachen umfaßte, trugen ihren toten Herrn auf den Schultern nach Rom, um ihn zu bestatten.
Im Palazzo Pitti von Florenz hängt eines der großen Meisterwerke der Porträtkunst Tizians. Es zeigt Ippolito in der gedämpft roten Tracht eines Edelmannes; er trägt einen agraffenverzierten Hut mit großer Straußenfeder, unter welchem der dunkel-traurige Blick aus dem schwarzbärtigen jugendlichen, doch bleichen Gesicht ein Geschick zu berichten scheint, das der Beschauer nur ahnt. Keine Erdenspur ist von ihm geblieben außer diesem Bild. Auch sein Grab ist verschwunden.
Wir steigen etwas mühselig an den weitgestreckten Außenmauern des verfallenen Schlosses über die Felsen. Hier haben Ippolito und Giulia, die wie lebendig gewordene Dichtung aus ihrer Zeit heraustreten, die letzten Worte gewechselt.
Nur wenige Schritte weiter zur Höhe des Nestes steht über einem Torbogen ein altes Haus mit einem schöngeformten gotischen Fenster. Es ist das Geburtshaus des Michele Pezza, des in ganz Europa berühmten romantischen Räubers, Helden und Franzosenhassers. Alexandre Dumas d. Ä. hat ihn im Roman, Auber in seiner in Terracina spielenden bekanntesten Oper *Fra Diavolo* behandelt, deren Titelrolle der Traum aller lyrischen Tenöre des 19. Jahrhunderts gewesen ist.
Pezza, der 1771 geboren ist, wuchs in Itri in einer Welt der Blutrache und Räuberei auf. Es war wohl nicht viel anders, als es Grillparzer erlebt und geschildert hat: «In Itri dauert der hübsche Menschenschlag fort. Aber, o weh! Diese so keltisch aussehenden Menschen sind gerade als die größten Spitzbuben verschrien, und nirgends geschehen so viele Räubereien als gerade auf der Straße zwischen Mola, Fondi und Itri, so zwar, daß man selbst in Neapel versicherte, besonders die zwei letzten Orte seien durchaus von Räubern bewohnt, von solchen nämlich, die die Wegelagerung

nur als Nebenbeschäftigung bei ihrer Wirtschaftsarbeit treiben.»
Wirklich nur als Nebenbeschäftigung?

Nachdem Pezza den Mann seiner Geliebten, der ihn verprügelt, und dessen zur Rache ausziehenden Bruder ermordet hatte, mußte er fliehen und wurde Räuber in den Abruzzen, wohin ihn der Volksglaube, zwischen Stolz und Schauder schwankend, begleitete. Man hielt ihn für unverwundbar, weil er sich selber in die Schulter geschnitten und dann in der Kirche eine geweihte Hostie auf die Wunde gelegt haben soll. Als die Heere des revolutionären Frankreich 1798 gegen Neapel zogen, erschlugen sie in Itri seinen Vater. Ganz von süditalienischer Familienrachsucht erfüllt, trat Pezza, der Fra Diavolo, der Bruder Teufel – weil er mit einer unerwarteten Plötzlichkeit irgendwo zu erscheinen und ebenso plötzlich wieder zu verschwinden pflegte –, mit einer eigenen Truppe in den Dienst Ferdinands I. von Neapel. Bei Fondi und Itri kam es zu furchtbaren Kämpfen und Gemetzeln an Franzosen. Noch vor hundert Jahren lag zwischen Itri und Fondi der Wachtposten Sant'Andrea, den das Volk Fortezza di Fra Diavolo nannte. Die Bourbonen wurden verjagt, kehrten aber 1802 zurück. Königin Karolina, die Tochter Maria Theresias, auch sie die Seele des Widerstandes, wie später die Gemahlin ihres Urenkels in Gaëta, fand in Fra Diavolo den wirksamsten Helfer ihrer antifranzösischen Politik. 1805, nach Austerlitz, mußte die Bourbonen-Dynastie erneut ins Exil gehen; ihr Heer war nur noch ein unfähiger, demoralisierter Haufen, und vergebens zog Fra Diavolo durch die Abruzzen, um, glühend vor Haß, Truppen für seinen König zu werben. Es nützte ihm nichts, daß der König ihn, den Räuber, zum Herzog von Cassano erhoben hatte. Fra Diavolo führte von Kalabrien aus allein den wilden Krieg des Rebellen weiter, während Napoleons Marschall Massena das Land verwüstete, bis er den flüchtigen Fra Diavolo endlich in seine Gewalt bekam. Am 11. November 1806 hing der einunddreißigjährige

Herzog in Neapel am Galgen, nachdem er ein Angebot Joseph Bonapartes, in französische Dienste zu treten, voller Empörung abgelehnt hatte.

Viele Orte Latiums erinnern noch an die «klassische» Zeit des *brigantaggio,* das mit der Landschaft Latium eng verbundene Räuberwesen, das gerne mit einem verklärenden Schimmer der Romantik umhüllt wird. Es war etwas anderes, war der grausame Krieg der Ausgestoßenen gegen die Gesellschaft. Die stets veraltete päpstliche Verwaltung, die herausfordernde Pracht der Kirchenfürsten, die allgemeine Korruption, eine durch Einfluß und Reichtum langsam erdrosselte Rechtsprechung bildeten den Nährboden für den *brigantaggio,* der zum Alltagsleben gehörte wie heute die Mafia Siziliens.

Itri ist schon im 16. Jahrhundert Hauptquartier von Räubern gewesen, deren einer, Marco Sciarra, immerhin die Höflichkeit besaß, Torquato Tasso unbehelligten Durchzug zu gewähren, wobei sogar Liebe zur Literatur eine Rolle gespielt haben könnte. In Terracina ist noch das Haus des Räubers Giuseppe Mastrilli zu sehen. Über ihn erschien 1750 eine Roman-Monographie, die zu den Bestsellern des Jahrhunderts gehörte. Am sonnigen Meereshang des Capo Circeo befand sich die düstere Stelle, an der gevierteilte Räuber hingen – und die Romreisenden seit Goethe sahen mit Entsetzen an den Bäumen der Straße von Montefiascone nach Rom die Gerichteten ein gespenstisches Willkommen im Kirchenstaat wedeln. In Italien, wo die ganze irdische Existenz von Schutzheiligen eingezäunt ist, wurde noch im späten 19. Jahrhundert am 29. August zu Ehren Johannes' des Täufers, des Patrons der Hingerichteten, das «Fest der Gehenkten» gefeiert.

Die Zustände arteten in völlige Anarchie aus, als der kriegführende grausame Kardinal Fabrizio Ruffo den Bourbonen 1799 für kurze Zeit Neapel zurückerobert hatte und zum mächtigen Pro-

tektor der Banditenhäuptlinge wurde, die von da an in Latium mehr und mehr allen den Krieg erklärten.
Seume wäre im Wirtshaus von Itri beinahe ermordet worden. Und der Märchendichter Hans Christian Andersen fuhr mit sehr gemischten Gefühlen an Itri vorbei, als ihm sein Kutscher sagte: «Alles wird Unkraut, was hier gepflanzt wird. Aber die Armen wollen ja auch leben.» Doch kaum ein Reisender hatte Lust, sich von der Lebensweise derer, die der pfiffige Kutscher als «Arme» bezeichnete, näher zu überzeugen, und jeder war froh, daß die Via Appia im Bergland von Itri noch bis lange in das 19. Jahrhundert hinein in Abständen von Militär bewacht wurde.

Vision der Zeiten – Die alte Via Appia

Zwischen Itri und Fondi, kurz ehe die Straße in die Ebene von Fondi hinabführt, erscheint zur Linken, von Gras und Ginster überwachsen, aber deutlich erkennbar, das letzte Stück der alten Via Appia vor uns. Am unteren Ende stehen noch Steintrümmer eines alten Wachtturmes oder Depots, nach oben hinter einer Biegung verliert sich die Straße im Buschwerk – im Dämmer der Zeit.
Es ist nicht die museal hergerichtete Via Appia, wie sie vor Rom am Grabmal der Cecilia Metella vorbeiführt, rechts und links von Millionärsvillen flankiert. Es ist die wahre Appia Antica, die in der Stille des Juninachmittages zwischen Itri und Fondi ein neues Leben gewinnt und etwas von dem enthüllt, was sie einmal gewesen ist. Das Schweigen zu dieser Stunde ist so lautlos, daß nichts die unendlich fortklingende Stimme der Geschichte störend unterbricht und die Nachtigall im Ginster nur wie eine ferne Begleitung tönt.
Die Römer nannten sie die *regina viarum,* die Königin aller Straßen; und in dem vor uns liegenden Stück glauben wir wirklich die

Reliquie einer Königin zu sehen. Die Geschichte des Imperiums ist zugleich die Geschichte der Straße, auf der sie gekommen und gegangen ist. Aus den Heeren, die hinauf nach Brindisi, hinunter nach Rom zogen, treten Gestalten, Tage und Stunden. Am 17. Januar des Jahres 49 v. Chr. galoppierte Pompeius Magnus auf kopfloser Flucht vor Cäsar, der sieben Tage zuvor den Rubikon überschritten und damit die Würfel seiner Zeit wie der Geschichte Europas geworfen hatte, von der Ebene hinauf, seinem Schicksal bei Pharsalos entgegen; am 25. Juli 46 zog Cäsar als Sieger-Imperator des Weltreiches oben um die Biegung herab nach Rom, um als Sieger in vier Weltteilen seine vier Triumphzüge zu feiern – und fast gleichzeitig mit ihm bewegte sich der erdrückende Pomp Kleopatras und ihres orientalischen Hofstaates mit dem Bruder-Gemahl Ptolomäos XIV. hinunter, um bis zur Ermordung Cäsars an den Iden des März Rom zu erstaunen, wo die Königin der Ägypter die von ihrem Geliebten erzwungenen Huldigungen des gedemütigten Senats entgegennahm; am 15. März 44 flohen die Mörder Cäsars, Brutus und Cassius, hinauf, um in Griechenland eine kurzlebige Macht zu begründen, ehe sie gegen Marc Anton und Octavian-Augustus, den neuen Romulus, bei Philippi unterlagen und Selbstmord begingen; an einem Nachmittag des Jahres 37 war Horaz auf seiner Reise mit Mäzenas bis hierher gekommen und sah seinem wenig einladenden Nachtquartier in Itri müde und verdrossen entgegen; an einem Spätsommertag des Jahres 29 v. Chr. kehrte Octavian als Alleinherrscher aus dem Orient zurück, zog die Straße hinunter im Bewußtsein, keine Gegner mehr zu finden; in einer Nacht des Jahres 8 zog Ovid, das Gegenteil eines Triumphators, der erste Emigrant unter den Dichtern unserer Zeitrechnung, hinauf, um sein Leben in der Verbannung am Schwarzen Meer zu enden; irgendwann im Jahre 60 n. Chr. wanderte der Völkerapostel Paulus gefesselt mit seinen Wärtern hinunter nach Rom, um hier das letzte Zeugnis für Christus und seine Kirche abzulegen; an einem Frühlingstage des Jahres 219 n. Chr. war es der vierzehnjährige gepuderte und geschminkte Syrer Elgabal, der Hohepriester des Baal von Emesa, der, von den Sänften seiner ihn beaufsichtigenden Großmutter, seiner Mutter und seiner Tante gefolgt, dem Senat entgegenzog, der ihn auf der Via Appia hinter Terracina erwartete, ihm als Kaiser huldigte und zugleich entsetzt hinnahm, daß er an Stelle der alten Götter nunmehr den steinernen Phallus des Baal zu verehren habe, den der kaiserliche Lustknabe mitgebracht hatte; soweit war es damals mit dem Imperium des Augustus gekommen.

Doch die Straße hat an dieser Stelle noch anderes, Furchtbareres gesehen: im Jahre 72 v. Chr. ließ der spätere Triumvir Crassus, der den Aufstand der Sklaven des Reiches gegen ihre Herren und Bedrücker niedergeworfen hatte, sechstausend Sklaven auf der Via Appia von Capua bis vor die Tore Roms kreuzigen.

Das Auf und Ab der alten Via Appia ist nichts anderes als das Bild der Größe und des Grauens, des Erhabenen und des Abstoßenden römischer Geschichte.

Die sinkende Sonne verwandelt die Farben über den Hügeln, der Wind legt sich, eine unsägliche Stille überdeckt das Vergangene, und wir blicken zurück, wie die Zeit hinter der Wegbiegung der Königin aller Straßen entschwindet.

Zerrissene Kirche – Vergötterte Fürstin – Fondi

Herakles hat eine besondere Vorliebe für Latium gehabt, denn man stößt immer wieder auf die Spuren seiner mythologischen Biographie. Zufrieden darüber, auf dem Palatin in Rom den Riesen Cacus getötet zu haben, gründete er die Gedenkstadt Fondi.

Etwas von der Dramatik der Gründung ist der Geschichte des Städtchens geblieben, das die Geschicke zwischen Sarazenen und Feudalherren, Kirchenstaat und Neapel miterlebt hat wie fast alle Städte Latiums, darüber hinaus aber doch einmal Schauplatz eines europäischen Ereignisses geworden ist.
Der Stadtpfarrer hat dreißig Jahre lang unter beträchtlichen Geldschwierigkeiten, aber mit sicherem kunstgeschichtlichem Instinkt alles getan, um den Dom San Pietro von ihrem späten rustikalen Kitsch-Barock zu befreien und eines der bemerkenswertesten Bauwerke zwischen Romanik und Gotik wieder ans Licht zu bringen. Viele folgen heute seinem Beispiel. Die in reicher Cosmatenarbeit gestaltete Kanzel von 1286 steht nun wieder in dem Raum, in den sie gehört. Die Kirche besitzt eines der schönsten Triptychen von Antoniazzo da Romano, ein byzantinisches Kruzifix mit einem Pantokrator, dem weltbeherrschenden, nicht dem leidenden Christus, ein altes Grabmal der Caëtani, der Nepoten Papst Bonifaz' VIII. und Feudalherren von Fondi vom Ende des 13. bis zum Anfang des 16. Jahrhunderts.
Und endlich besitzt die Kirche jenen kleinen, mosaikgeschmückten Marmorthron, auf dem sich am 20. September 1378 der soeben von zwölf abtrünnigen Kardinälen gegen den rechtmäßigen Papst Urban VI. zum Gegenpapst gewählte junge Kardinal Robert von Genf aus dem Hause Savoyen mit dem Namen Klemens VII. niederließ. Er war dem Volk von Italien nur als Soldbandenführer und als «Henker von Cesena» bekannt, weil er in beispielloser Grausamkeit anderthalb Jahre zuvor in Cesena in der Romagna, das sich gegen wilde französische Besatzungstruppen erhoben hatte, viertausend Bürger hatte ermorden lassen.

85 Das Schloß von Fondi – Stätte der Schönheit, Hülle des Geistes

Der so ungeistliche Gegenpapst lebte zunächst in Sperlonga und kehrte schließlich nach Avignon in jenes freiwillige Exil zurück, aus dem das Papsttum erst zwei Wochen vor dem Blutbad von Cesena wieder nach Rom gekommen war.
Keiner kann sich dem tiefen Eindruck dieses Thrones entziehen, aus welchem, überwältigender noch als aus dem Papstschloß von Avignon, über hundert Jahre dramatischer europäischer Geschichte reden, die erst bei der Papstwahl des Konstanzer Konzils von 1417 in ruhigere Bahnen gelenkt werden sollten. Der Thron im Dom von Fondi ist mit seiner abgebröckelten Cosmatenarbeit nichts anderes als ein Bild des Großen Abendländischen Schismas, das hier begonnen hat und die gebrochene Kirche zeigt.
In der heute leeren Burg von Fondi hat Giulia Gonzaga gelebt – den Künsten, der Literatur und ihrer Zuneigung zu Ippolito de' Medici. Und hier überraschte die Ahnungslose in der Nacht vom 5. zum 6. August 1534 der Überfall der türkischen Seeräuber: der Renegat Chaireddin Barbarossa, Beherrscher fast des ganzen Mittelmeeres und Günstling Solimans II., hatte sich für seinen Gebieter eine Überraschung ausgedacht, die in der Geschichte kaum ihresgleichen hat. Ganz Europa kannte den Ruhm der erst einundzwanzigjährigen Giulia Gonzaga als der schönsten Frau der Zeit, und so beschloß der an den tyrrhenischen Küsten plündernde Chaireddin Barbarossa, mit Hilfe eines Renegaten aus Sperlonga, seinem Herrn die Gonzaga-Fürstin zum Geschenk zu machen. Die türkische Flotte aus achtzig Schiffen ankerte in Sperlonga, das die Korsaren verwüsteten, ehe sie sich durch die Wälder am See von Fondi nach der Stadt führen ließen. Nur weil die beutegierigen Korsaren schon am Weichbild der Stadt mit geräuschvollem Plündern und Brennen anfingen, gelang es einem aufgestörten alten Diener, die erschreckte Fürstin über die nächstgelegenen Dächer zu retten, ehe Chaireddin Barbarossa selber am Schloß erschien. Seine wichtigste Beute war ver-

schwunden, und so nahm er an Fondi entsetzliche Rache. Am nächsten Tag schleppte er alle arbeitsfähigen Männer und Frauen mit sich in die Sklaverei, plünderte Itri und Terracina und warf sich wieder auf seine Schiffe, als der ihn verfolgende Ippolito de' Medici heranzog. Ippolito soll die vor Angst besinnungslose Giulia auf einer Waldlichtung wiedergefunden haben. Die Legende, die sich der Ereignisse bemächtigte, reicht vom Rhodope-Motiv der Frau, die jenen tötet, der sie nackt gesehen, wie es dem alten Diener geschehen sein soll, bis zur Selbstverstümmelung, um für den Sultan wertlos zu werden.
Der Glanz der kleinen Residenz war für immer dahin. Nach der Ermordung Ippolitos verließ Giulia Fondi und verbrachte die dreißig Jahre bis zu ihrem Tode im Klarissinnenkloster von Neapel, wo sie enge Beziehungen zu den Reformatoren anknüpfte, doch ohne ihre Kirche zu verlassen. Der Tod hat sie, die so viele Leidenschaften erweckt, selber aber in einer fast überirdischen Leidenschaftslosigkeit gelebt hat, gnädig hinweggenommen, ehe die Inquisition nach ihr griff. Der – heilige – Papst Pius v. bedauerte später, sie nicht mehr verbrannt haben zu können. Alles, was er erreichen konnte, war, die Tote aus der Ruhe ihrer Kirchengruft reißen und in ein Massengrab werfen zu lassen. Hier verging jene Frau zu Staub, die in ihrer Schönheit das Wesen einer rätselhaften Ur-Reinheit bewahrt hatte. Als Giulia noch in Fondi lebte, als Tizian und Sebastiano del Piombo sie malten, hat Ariost, der ein Jahr vor ihrer Katastrophe starb, sie im letzten Gesang seines Epos vom *Rasenden Roland* in Versen gefeiert, die uns in der leeren Burg von Fondi einfallen:

«Wohin auch, Giulia, du die Schritte lenkst,
Der Augen heitern Glanz: dir weichet nicht
Nur jede andre Schönheit, nein, bewundern
Als Göttin andrer Welten wird sie dich.»

Nahe beim Dom liegt das Krankenhaus der alten Kirche San Domenico. Die Zerstörungen des Zweiten Weltkrieges haben den Kapitelsaal verschont und damit die einzige Stätte, von der wir wissen, daß Thomas von Aquino hier gelehrt und das Evangelium verkündet hat. Welche Ereignisse übereinandergelagert hier im kleinen Fondi!

Die Zitronen- und Orangenplantagen, unterbrochen von silbergrünen, wie Sterne sich entfaltenden Artischocken auf rostroten Äckern zu beiden Seiten der Via Appia, die zurück nach Terracina führt, strömen ihren Blütenduft im sinkenden Abend immer stärker aus. Seume hat sich dem gleichen Entzücken so hingegeben, daß er darüber «die alten Stadtmauern, den See, den heiligen Thomas und alle anderen Merkwürdigkeiten» Fondis vergaß.

Je näher wir wieder dem Bereiche der Circe kommen, desto mehr glauben wir, die Verführerin müsse in ihr Zauberwerk auch diese lockend-berauschenden Düfte verwoben haben. Der weite Lago di Fondi mitten in der fruchtschweren Ebene – dem alten Reich der Pomona, der Göttin der Baumfrüchte –, der malerischste Küstensee Latiums, liegt im dunkel-aquamarinfarbenen Glanze einer Fata Morgana zur Linken; doch die von Plinius bewunderten schwimmenden Inseln sind verschwunden. Rechts ragt die Torre dell'Epitaffio aus einer Wiese auf, ein vollkommen erhaltenes römisches Grabmonument; auch seine Cella hat das Volk, wie bei zahlreichen anderen Monumenten Latiums, für die letzte Ruhestätte Tullias, der Tochter Ciceros, gehalten.

Grillparzer hat das gleiche Bild wie wir geschaut, als er sich dem Meer bei Terracina wieder näherte; «Es lag da in himmelblauer Herrlichkeit, als ob es mir das Herz recht schwer machen wollte. Ich nahm traurig Abschied von dem poetischen Element, das Furchbarkeit und Milde so zauberisch vereint.»

III

Glück des Horaz – Licenza und Roccagiovine

«... nichts mehr
Erfleh ich von den Göttern, dräng um mehr nicht
Mächt'ge Gönner, reich beglückt,
Zufrieden im Besitz des Guts Sabinum.»

Kurz nach Vicovaro verlassen wir die Via Valeria und biegen in die schmale Straße nach Orvinio ein. An der Stelle, wo es heißt «Villa di Orazio», schlängelt sich ein holperiger Maultierpfad durch einen Kastanienwald hinauf, dann wieder hinunter zu den auf einer weiten Lichtung gelegenen Ruinen der Zwölfzimmervilla mit Binnenhöfen, Thermen und Swimmingpool, die der Etrusker Mäzenas, der Kultusminister des Imperators Augustus, im Jahre 32 v. Chr. seinem Freund Horaz geschenkt hat.
Die Anlage ist erst zwischen 1911 und 1916 freigelegt worden. Nach langen Debatten der Forscher ist nun erwiesen, daß Horaz hier im Herzen des Sabinerlandes jenes höchsten irdischen Glückszustandes teilhaftig geworden ist, den er in seinen Dichtungen besungen, in Hymnen des Dankes an den großartigen Geber verherrlicht hat.

«Das war immer mein Wunsch: ein Stückchen Land,
   nicht so riesig,
Wo ein Garten und nahe dem Haus eine fließende Quelle
Und auf der Höhe darüber ein wenig Wald. Aber reicher
Meinten's die Götter und besser. Nun gut! Ich wünsche
   nichts weiter,
Sohn der Maja, als schaff', daß die Gabe mir dauernd verbleibe.

Es ist der Anfang des schönsten seiner *Sermones;* Hermes wird angeredet – Mäzenas ist gemeint.

Die sich unwillkürlich aufdrängende Vorstellung, ein reicher Verleger des 20. Jahrhunderts könnte sich plötzlich als Nachfolger des Mäzenas fühlen und auf den abwegigen Gedanken kommen, einem Autor eine Villa zu schenken, ihm ein sorgloses Schaffen zu ermöglichen, entbehrt gerade hier nicht des Pikanten. Horaz brauchte sich nicht um Vorschüsse und die einigermaßen pünktliche Auszahlung von Honoraren zu kümmern. Er konnte sich einige Sklaven halten, die er väterlich behandelte. Sein Verwalter – «mein lieber Hüter der Wälder und der Ackerscholle, wo ich mein rechtes Selbst erst wiederfinde» – wird in einer langen Epistel angedichtet wie wohl nie mehr ein Angestellter. Er trug Sorge, die Erzeugnisse seines Landbesitzes, die berühmt gewesen zu sein scheinen, in weitem Umkreis auf den Märkten zu verkaufen. Und dankerfüllt umgab er seinen Wohltäter mit dem nie verblassenden Rahmen seiner Verse.

Man begreift, daß eine Landschaft Weltliteratur zu werden vermag; daß die ganze Sabina ohne Horaz gar nicht zu verstehen ist. Er lebte und dichtete mit den Pflanzen, die heute die Mauern seiner Villa überwachsen. Die Tiere waren ihm vertraut, die Götter und Genien der Natur redeten zu ihm, der Faun verlor sein unheimliches Wesen und wurde zum helfenden Geist, der im dichten Wald des Lucretilis hauste, welcher sich hinter der Villa erhebt und heute Colle Rotondo heißt:

«Behend vertauscht oft mit des Lykaios Höhn
Faun den an Anmut reichen Lucretilis
Und wehrt mir dann von meinen Ziegen
Gluten des Sommers und Regenwinde.»

Selbst seine Sklaven und seine Klientel, mit denen er jährlich am 5. Dezember im nahen Mandela das Faunusfest feierte, sollten in den Götterschutz einbezogen werden.

«Der du gern um flüchtige Nymphen buhlst,
Faunus, huldvoll wandle durch meiner Feldermark
Sonnige Flur und scheid' von meinen jungen
Pfleglingen gnädig.»

Wie große Schlangen kriechen die Weinstöcke über das Gras und recken sich auf die Bäume hinauf. Die Pinie, «die mein Landhaus hoch umragt» und die der Diana heilig ist, steht noch da. Die Luft ist wie von Tönen erfüllt, und man könnte sich vorstellen, daß Debussy hier seine *Syrinx für Flötensolo* komponiert hat.
Als Horaz starb, vererbte er Augustus die Villa. Sie scheint noch sehr lange gestanden zu haben. Im 8. Jahrhundert nisteten sich neben der großen Piscine Mönche ein, zerstörten alles Heidnische und verbauten die Fragmente der Statuen in ihre Klostermauern. Ihre heute verschwundene Kirche errichteten sie über dem merkwürdigen großen, steinernen Aquarium mit Nischen zum Ablaichen in Form von Apsiden, die mit Glas gedeckt waren, durch das Horaz hinuntersehen und seine Fische beobachten konnte. Nein, nach Licenza paßten die Mönche nicht gut.
Die herrlichen Mosaikböden der Villa sind alle erhalten. Aber man war so klug, in jedem Zimmer nur ein kleines Stück freizulegen und den Rest unter dem schützenden Gras zu lassen. Von Raum zu Raum fragt man sich, wo Horaz gesessen und seine Sermones und Oden, seine Epoden und Carmina, die fast alle hier entstanden sind, niedergeschrieben haben könnte – jenes dichterische Werk, von welchem der nach Dichterlob gierende Augustus an Horaz schrieb, er hoffe, der Umfang dieses Werkes werde noch den Umfang seines, des Dichters, Bauch erreichen; ein

Werk, das Jahrhunderte beeinflußt und das bis heute nichts von seiner Ursprünglichkeit verloren hat, herausgewachsen aus dem verklärten Alltag geistigen Friedens, materieller Unabhängigkeit und einer Weltschau, die im Kleinen das Große, im Großen das Kleine zu erleben fähig war.

«Warum mit Pforten, denen der Neid nur gilt,
Im Prunk der Mode prachtvoll die Halle baun?
Warum für dieses Reichtums Mühe
Tauschen mein Glück im Sabinertal?»

Wir steigen ein Stück auf einem schmalen Ziegenpfad den Colle Rotondo hinauf zur Fons Bandusiae, dem unsterblichen Bandusia-Quell. Er ergießt sich wie ein kleiner Wasserfall von der Höhe alten und neuen Mauerwerks, verbreitet sich deltahaft und fließt in die nahe Licenza. Die Fassung der Quelle sollte von barocken Zutaten befreit werden und eine ursprünglichere Form wiedererhalten, eingefangen nur noch in das unvergängliche Dichterwort, durch das sie seit zweitausend Jahren lebt:

«O Bandusiaquell, glänzender als Kristall,
Wert des süßesten Weins, festlicher Blumen wert,
Morgen fällt dir ein Böcklein,
Das der keimende Schmuck der Stirn

Schon zu Kämpfen bestimmt, Kämpfen und Liebesglück.
Ach, das ist nun umsonst! Denn mit dem warmen Blut
Färbt der muntre Geselle
Bald dir purpurn dein kaltes Bett.

Machtlos bricht sich an dir sengenden Hundssterns Glut,
Reichst dem lechzenden Stier, wenn er vom Pfluge kehrt,

Reichst der schweifenden Herde
Ewig kühl deine Labung zu.

Zu den Bronnen des Ruhms zählt man auch dich einmal,
Da mein Lied dich besingt, Eiche und Felsenspalt,
Draus dein silberner Sprudel
Aus der Höhe geschwätzig springt.»

Unterhalb der Quelle steht unter Ölbäumen das bescheidene Haus eines englischen Admirals, der alle Meere der Erde kennt und hier in der Nähe des Horaz sich der Forellenzucht widmen und ein Dasein der Betrachtung leben will.

Wir fahren am Flüßchen Licenza dahin, das bei Mandela an der Via Valeria in den Aniene mündet. Einem Kammerherrn des Kaisers mit Namen Lollius schreibt Horaz, wie das Wandern am Fluß entlang ihn erneut mit dem Dank an die Götter für die Gaben der Erde, die Grenzen seines Daseins, das Ausruhen in den Geschenken des Geistes erfüllt: «Mir fließt heilkräftig mein kalter Bach Digentia, den die Bauernschaft Mandela trinkt, aufschauernd ob seiner Kühle. So oft ich hier mich erquicke – ahnst du, mein Freund, was ich empfinde, was ich betend erflehe? ‹Mein Wunsch ist, daß mir bleibe, was ich jetzt besitze; selbst kleiner darf es werden, nur möchte ich gerne mein übriges Leben mir selbst leben, falls die Götter mir ein übriges gönnen. Mein Wunsch ist ein guter Vorrat an Büchern, auch Brotkorn, das bis zur Ernte langt. Unrast und die schwebende Pein des ungewissen Wartens seien mir erspart.› – Doch zuviel schon! Jupiter ist Herr über Geben und Nehmen; ich bitte ihn nur, daß er Leben schenke und Mittel zum Leben: der Seele Gleichmaß will ich mir selbst sichern.»

Das Horaz-Museum im nahen Licenza besteht nur aus einem einzigen größeren Raum, der voll der interessantesten Funde aus

der Villa ist, die verstauben, weil sich niemand darum kümmert. Was wäre hier noch zu entdecken!
In seinen Episteln spricht Horaz von «Vacunas verfallenem Heiligtum». Wir verlassen Licenza, um in Roccagiovine, der Arx Junonis, Burg der Juno, zwischen Licenza und Mandela nach Spuren dieses Verfalls zu suchen. Roccagiovine, getürmt auf Felsvorsprüngen, ist eines jener Bergstädtchen der Sabina, die Friedrich Preller vor hundert Jahren mit Vorliebe gemalt und gezeichnet hat und die mit der römischen Götterwelt, sei es auch nur durch den Namen, im Zusammenhang geblieben sind. Die Dea Vacuna war die Göttermutter der alten Sabiner, deren größtes Heiligtum in einem Hain bei Piediluco im Norden der Ebene von Rieti lag – das zweite bei Roccagiovine, vielleicht auf dem Felsen, vielleicht am Ufer der Licenza; hier war der Kult möglicherweise schon identifiziert mit dem der Juno. Es sind Ruinen gefunden worden, die vom alten Vacunatempel stammen könnten, den noch Kaiser Vespasian, der Etrusker aus der Sabina in der Nähe von Rieti, erneuern ließ als Tempel der Victoria. Aber im Tal der Licenza glaubt man lieber an andere Gaben der Göttin, mit deren Kult Wasser und Fruchtbarkeit verbunden waren.
Die Piazza von Roccagiovine, hoch gelegen mitten in der Schönheit seiner Waldberge, heißt – natürlich – Piazza Vacuna. Ausgrabungen sind hier oben noch nicht gemacht worden. So bleiben die Rätsel der Vacuna bestehen, wenn nicht spätere Ausgrabungen eines Tages Klarheit bringen.

Zum Vater des Abendlandes – Subiaco

Wir sind aus der Welt des Horaz und der Dea Vacuna entlassen und stehen schon bald wieder auf der Via Valeria, unter den Zypressen des Klosterhofes von San Cosimato. In Augenblicken

lösen die Welten einander ab, als umgreife Latium alle Epochen der Menschheit.
In der Tiefe unter dem Kloster ist der Aniene – mehr noch als der Tiber der Ur-Fluß Latiums – zu einem Becken gestaut. Wir steigen hinunter zu den in wilde Vegetation gehüllten Stalaktiten-Grotten früher Eremiten des 5. Jahrhunderts. Steinwände und Gewölbe sind schwarz vom Rauch; die Bauern der Gegend sind 1944 hierher geflüchtet, als die Kämpfe von Süden her die Via Valeria erreichten. Jedesmal, wenn irgendwo Mönche uns von solchen Schutzflehenden erzählen, verändert sich ihre Stimme in der Rückerinnerung an gewesenes Entsetzen.
In die Grotten kam um das Jahr 510 der dreißigjährige Benedikt aus seiner Höhle in Subiaco, um die Einsiedler auf ihre Bitte hin für kurze Zeit als Abt zu leiten und zu versuchen, dem noch an kein Gesetz gebundenen halborientalischen Anachoretentum einen Weg christlicher Verwirklichung in einer heiligen Ordnung zu zeigen. In San Cosimato sammelte er seine frühesten Erfahrungen vom abendländischen Kloster, das, was Papst Gregor der Große fünfzig Jahre nach dem Tode des Heiligen in seiner Biographie «den Weg des geordneten Lebens» nannte, um «in alten Herzen neue Dinge zu erfassen». Den Anachoreten von San Cosimato paßte jedoch die Reform schon bald nicht mehr, und es wird berichtet, wie die frommen Büßer ihren Abt höchst unfromm zu vergiften versuchten, was ihnen mißlang, als der Heilige das Kreuz über dem Giftbecher zeichnete, worauf dieser zersprang. «Der Trank des Todes kann das Zeichen des Lebens nicht ertragen», schreibt Gregor der Große in dichterischer Einfachheit. Mit den dürren Worten: «Sucht euch einen Vater nach eurem Sinn, mich bekommt ihr nicht mehr», zog Benedikt sich wieder nach Subiaco zurück, um hier zum religiösen und sozialen Genie des ersten Jahrtausends unserer Zeitrechnung heranzureifen, zum Vater des Abendlandes.

Nach kurzer Fahrt durch das Bergland der altitalischen Äquer, deren Hauptstadt Varia – Vicovaro – gewesen ist, biegt die Via Sublacense von der Via Valeria ab. Der Aniene begleitet die Straße in die Berge von Subiaco, Ausläufer der Monti Simbruini, des einsamsten Bergmassivs von Latium.

Subiaco ist zur Zeit Neros entstanden, kein griechischer Mythos knüpft sich an die Gründung, wie sonst so oft in Latium. Selbst der Name «Sublaqueum», unter den Seen, erinnert noch an den wahnsinnigen Imperator, der den Aniene zu drei künstlichen Seen – sie sind noch heute im Wappen der Stadt zu sehen – aufstaute, um in goldenen Netzen Forellen zu fangen. Zwei dieser Seen, unterhalb des Klosters Santa Scolastica, waren noch im Jahre 1052 vorhanden. Sie sind in der Benedikts-Legende Schauplatz der Errettung des Bruders Placidus. Von der die Landschaft einst prunkend überstrahlenden Palastanlage Neros sind nur noch dürftige Mauerreste geblieben, und mit Nero verschwand auch für lange Zeit der Ort Subiaco wieder. Doch sind im Umkreis der Villa zahlreiche Funde gemacht worden.

Hoch über den Bereichen Neros liegt an der Felsschroffe der Ort Benedikts, der Sacro Speco, die heilige Höhle. Der Berg fällt so senkrecht, daß die um die Höhle errichtete Kirche nur als Ober- und Unterkirche, von Kapellen unterbrochen, zu bauen war; Schroffe von oben, Schroffe nach unten in das schmale Tal des Aniene. Die Gedankenwelt des Heiligen, die Europa umgestaltet, nein, erst gestaltet hat, konnte, um zu reifen, kaum eine verlassenere Stille finden als hier.

Ein Steineichenwald unbestimmbaren Alters führt zum Eingang des kleinen Klosters San Benedetto und der Kirche, die erst zwischen dem 13. und 14. Jahrhundert um den Sacro Speco selber errichtet worden ist. Bekannte und unbekannte Meister Sienas und Umbriens haben die Wände mit Fresken ausgemalt, Wundern und Offenbarungen, Spiegelbildern dessen, was hier Ereig-

nis geworden ist. Die heilige Grotte selber liegt in der Unterkirche. Auf die weichliche Barockstatue in der Grotte, in der dreizehn ewige Lampen brennen in der Erinnerung an die dreizehn Klostergründungen Benedikts, würden viele gern verzichten, die Sprache des Steines hätte genügt. Den Abschluß nach dem Kircheninneren bildet eine Mauer, deren Marmor aus der Villa Neros stammt – so hat cäsarischer Glanz im Dienste des Heiligen überdauert.
Nachdem Benedikt hier drei Jahre lang gebetet und gebüßt hatte, war er reif, um aus der Demut des Dienens und der Selbstentäußerung über seine Zeit, für deren christliche Formung er leben wollte, hinauszuwachsen. Er hat das Christentum neu durchdacht, hat den Dogmen und Lehren die Werte des Menschlichen, die Liebeserfüllung am Nächsten an die Seite gestellt, wie noch keiner vor ihm. Als er hier anfing, aus der *Contemplatio* die *Actio* zu entwickeln und von ihr in die *Contemplatio* zurückzukehren, waren in Rom gerade erst die Luperkalien, die letzten orgiastischen heidnischen Feste, verboten worden, lebte das Heidnische sogar noch im Isiskult fort, der sich am längsten von allen Kulten gehalten hat. Die Welt der Antike brach auseinander, und Benedikt mußte zunächst fliehen, um die Klarheit seines Denkens wiederzufinden und einer sich erneuernden Welt mitzuteilen. Aber es waren keine Heiden, die den Heiligen auch hier ermorden wollten, sondern Priester – mit dem Gift im Trank von San Cosimato, mit dem Gift im Brot des neidischen Florentius im Sacro Speco. Wie sah ein Christentum aus, das diesen Mann umbringen wollte? Das mußte die Weltsicht Benedikts beeinflussen, als er sich ergründend und formend den Eingebungen Gottes öffnete.

98/99 Die Oberkirche des Sacro Speco in Subiaco – Wiege abendländischer Geisteskultur

So verließ er den Sacro Speco und begann die höchsten Verwirklichungen in Cassino, wo er den noch stehenden Jupitertempel nicht etwa vernichtete, sondern zum Tempel des dreieinigen Gottes umschuf und die benediktinische Regel schrieb, das unerreichbare pädagogische Meisterwerk des Gott hingegebenen gesunden Menschenverstandes, das erste Werk nicht nur der Mönchserziehung, sondern der Völkererziehung, das Weltliteratur geworden ist in der vollkommenen Einheit von römischem Geist und christlichem Geist.

Und doch vermag Cassino, das für sich den Ruhm in Anspruch nehmen kann, die altrömische Geisteskultur gerettet zu haben, nicht den stillen Sacro Speco von Subiaco vergessen zu lassen, die Stätte des abendländischen *incipit vita nuova.*

Vor dem Kloster liegt ein uralter Olivenhain, durch den ein Weg zur Spitze des Berges, zu einem der unvergleichlichsten Punkte Latiums führt. Das Psalmwort von den Bergen, von deren Höhe die Hilfe kommt, wird hier zwingende Verheißung. Man muß diese Berglandschaft sehen, um Benedikt zu verstehen.

Unter uns, zwischen Subiaco und dem Sacro Speco, liegt, gleichfalls am steilen Hang, das Hauptkloster Santa Scolastica, das einzige noch erhaltene der dreizehn Klöster, die Benedikt in und um Subiaco gegründet hat, im Tal am Fluß, auf den Höhen der Berge. Es trägt den Namen seiner geliebten Zwillingsschwester und Gefährtin in Gott, die ihn überallhin begleitet hat, um schließlich, fünf Jahre vor seinem eigenen Tode, 547, nach dem berühmten letzten Gespräch in der Gewitternacht über die jenseitige Herrlichkeit, bei Monte Cassino zu sterben. Mit der ersten Blüte von Santa Scolastica im 7. Jahrhundert scheint auch der

101 Der Sacro Speco in Subiaco mit dem Rosengarten – Felsenburg des Glaubens

Ort neu erstanden zu sein. Bei den Wiederaufbauarbeiten nach den schweren Bombardements des Zweiten Weltkrieges kamen im dritten und schönsten der drei Klosterhöfe die Reste der frühesten Kirche aus dem 6. Jahrhundert zutage. Hier hat die Schwester des Heiligen gebetet, und so sind diese steinernen Fragmente das Bewegendste im Glanz des weiträumigen Klosters.
Nach Santa Scolastica kamen gerne deutsche Mönche, und ihnen ist es wohl zuzuschreiben, daß zwei deutsche Kleriker, Konrad Schweinheim und Arnold Pannartz, im Jahre 1464 die erste Buchdruckerei Italiens in Santa Scolastica eröffnen und so den Ruhm der «heiligen Kunst» in den Dienst der Kultur stellen konnten. In Santa Scolastica ist nicht nur der erste gedruckte *Gottesstaat* Augustins, sondern auch der erste gedruckte Cicero, *De Oratore,* erschienen.
Am Rande des weiter in der Tiefe liegenden Subiaco ragt auf einem hohen, steilen Bergkegel die Rocca Abbaziale, ursprünglich der Bau eines Abtes des 11. Jahrhunderts; eine Schutzburg angesichts der mit dem selbstherrlichen Regiment der Benediktiner unzufriedenen Bürger von Subiaco, zu einer Zeit, als der Geist des Heiligen für seine geistlichen Söhne durchaus nicht immer verbindliches Gesetz bedeutete. Wer die Geschichte des Klosters – und nicht nur dieses Klosters in Latium – bis ins Barockzeitalter hinein verfolgt, findet meist keinen Rest mehr von dem, was Benedikt gewollt hat. Seit dem 11. Jahrhundert gehörte dem Kloster bereits ein Territorialbesitz mit etwa fünfundzwanzig befestigten Burgen. Kriegführende Feudaläbte unterschieden sich in nichts mehr vom tyrannischen Adel Latiums. Das Volk wurde bedrückt, obwohl der heilige Stifter gekommen war, um ihm zu helfen und es aufzurichten. Kämpfe und blutige Gewalttaten innerhalb der Klostergemeinschaft verschlimmerten die Lage noch. Ein Hügel bei Subiaco heißt noch heute Colle delle forche, Galgenberg, weil ein Abt dort 1454 fünfzehn junge Männer hat

aufhängen lassen, worauf die Bevölkerung die Mönche von Santa Scolastica ermordete, eine Tat, die Papst Kalixt III. veranlaßte, die Souveränität der Äbte aufzuheben und Kardinälen als sogenannten Commendataräbten Subiaco als reiche Pfründe zu übergeben. 1471 ließ sich sein Nepot Kardinal Rodrigo Borgia, später Papst Alexander VI., in der Rocca Abbaziale nieder, deutlicher, er ließ seine Mätresse Vanozza Catanei dort wohnen, wo sie auch die bekanntesten ihrer Borgiakinder, Cesare und Lucrezia, gebar. Damit war ein Beispiel gegeben. Die Kardinäle, denen die Pfründe gehörte – über hundert Jahre lang vererbte sie sich von einem Colonna-Kardinal auf den anderen –, herrschten hier, meist mit ihren Mätressen; sie kamen und gingen nach wechselnden Päpsten und wechselnden Nepotenfamilien. Erst 1753, als das geplagte Volk wieder einmal einen Aufstand versuchte, hob der große Benedikt XIV., dem Nepotismus unbekannt war, alle Vorrechte der Mönche wie die Souveränitätsrechte der Kardinäle auf. Die von den Chronisten überlieferten dunklen Tragödien in der Rocca Abbaziale und vor ihren Mauern sind vergessen, und die Zöglinge, die heute dort von friedlichen Söhnen des heiligen Benedikt unterrichtet werden, wissen kaum etwas von der bewegten Vergangenheit der Burg, von dem noch immer zur Höhe ragenden Turm, den der Borgia errichtet hat in der Meinung, das Territorium von Subiaco werde seinem Hause für immer gehören, und lesen kaum seinen Namen über dem Haupttor.
Wir gehen unter den Oliven zum Kloster zurück, noch einmal zur Grotte des Heiligen. Im Sommer 999 kniete der zwanzigjährige Kaiser Otto III. vor der Grotte, um Buße zu tun – der einzige Herrscher, der sich dessen an dieser Stelle je für bedürftig gehalten hat. Das Kloster, das er beim Sacro Speco gegründet hat, ist verschwunden.
Vor der Unterkirche, nahe der Grotta dei pastori, in der Benedikt die Hirten der Gegend versammelte, um ihnen das Evangelium

zu verkünden und ihnen zu sagen, daß auch sie erlöst werden sollen, liegt das winzige Rosengärtchen. Den kahlen Dornen, in die Benedikt sich geworfen hat, um der Versuchung Herr zu werden, pfropfte der heilige Franziskus, als er 1223 dem Vorläufer seine Verehrung darbrachte, Rosen auf, die seither blühen – kein Wunder, sondern ein Werk der Gartenkunst, doch zugleich ein Denkmal der Bruderliebe gegenüber einem Heiligen, der ihm ähnlich war. Damals ist auch das Fresko in der Capella San Gregorio über der Grotte entstanden, das Franziskus nach dem Leben gemalt ohne Heiligenschein zeigt, das früheste nachweisbare Porträt der italienischen Kunst. PAX HUIC DOMUI – Friede diesem Haus, steht auf dem Blatt, das Franziskus in der Hand hält.
Die Natur des Tales hat sich, seit Benedikt hier oben lebte, nicht verändert, wohl aber erneuert, nicht anders als das Denken des Heiligen, nicht anders als das Wasser des Aniene, das durch keine Stauwerke mehr in seinem Lauf aufgehalten wird. Auch Flüsse haben ihre Geschichte, sind vielleicht deren tiefsinniges Abbild. Die Geschichte des Aniene endete im 16. Jahrhundert, als zwei Kardinäle des Hauses Este, Ippolito II. und Luigi, der Sohn und der Enkel Lucrezia Borgias aus Subiaco, in der nach ihnen benannten Villa von Tivoli den Fluß in hundert Wasserspielen, Fontänen und Kaskaden zu königlicher Selbstentfaltung zwangen und durch Scharen türkischer Sklaven zum Kunstwerk überhöhen ließen, dessen Wesenheit Franz Liszt später in Musik umgedeutet hat.

Wallfahrt der Rätsel – Der Monte Autore

Schon am Tage vor dem Trinitatissonntag sehen wir Züge singender, betender, psallierender Bauern durch Subiaco ziehen; es sind Gruppen aus unzähligen Dörfern Latiums. Einer geht mit

dem Kirchenbanner der Gemeinde voran. Die meisten laufen zu Fuß, selten reitet eine Frau auf dem Esel oder dem Maultier, und noch seltener fahren einzelne auf Motorrädern oder Gruppen in Autobussen.
Frauen, Männer und Kinder tragen bunte Strohhüte mit farbigen Papierrosen besteckt, von den Hüten der Männer hängen außerdem noch kleine Medaillen herab. Auch die groben Pilgerstäbe der Wandernden, ja selbst die Maultiere, die Vespas und Autos sind mit denselben bunten Papierrosen geschmückt. Schon hier fangen die Rätsel der ältesten christlichen Wallfahrt an – dreihundert Jahre älter sogar als die Wallfahrt nach Santiago di Compostela –, die selbst in Rom kaum einer kennt, auch jene nicht, die sie aus geistlichen Gründen kennen müßten. Die Blumen können wohl nur gedeutet werden als Rest uralten heidnischen Schmuckes für Götterbilder, Opfernde wie Opfertiere, längst herausgelöst aus den Kulten römischer Anfänge.
Unterhalb des Sacro Speco biegt von der Via Sublacense eine stetig sich zur Höhe windende Bergstraße ab, die in die Monti Simbruini hinaufführt – die mittlere der drei Straßen, die in dieses einsamste Bergland Latiums dringen und dort enden. Die Straße begleitet den in der Tiefe des schmalen Tales fließenden Aniene und verläßt ihn erst nach Jenne.
In Vallepietra ist die Fahrstraße zu Ende. Hier beginnt der drei Stunden währende, immer steilere Aufstieg zum ältesten Dreifaltigkeits-Heiligtum der Welt, der *Grotta della Santissima Trinità* in einer Höhe von 1337 Metern am Fuße des obersten Steilhanges des Monte Autore.
Ein steiniger Maultierpfad senkt sich von Vallepietra in das Tal des Tartaro, eines hellen Gebirgsflusses, der keine der düsteren Ahnungen erfüllt, die sein Name weckt. Pilger kommen uns entgegen, Pilger ziehen mit uns – und als der Aufstieg beginnt und wir unerreichbar hoch das Heiligtum, das wie ein tibetanisches

Felsenkloster an der Bergwand hängt, erblicken, sind wir – das ist das Seltsame – selber aus Besuchern einer glaubensgeschichtlich bedeutsamen Stätte zu Pilgern geworden. Wir ziehen hinauf durch ein ausgetrocknetes Flußbett, winden uns an Felsblöcken vorbei, als gäbe es nur noch Steine, keine Erde mehr.

Von der Höhe sind Gesänge zu hören, meist ein vierstrophiges kindliches Lied, das die hier geschehenen Wunder preist; die Töne regnen herab auf die letzten Steilen, die noch zu überwinden sind.

Nach wenig mehr als drei Stunden ist das Plateau endlich erreicht. Das Wachs der winzigen wie der riesigen Opferkerzen rings um den Platz ist im Laufe von Jahrzehnten oder länger über die Felswände geflossen und zu milchiger Lava erstarrt. Für welche Erwartungen haben diese Abertausende von Kerzen einmal gebrannt?

Auf dem Plateau am Fuße der Steilwand entsteht eine neue Kirche, rückt das 20. Jahrhundert an den Ort, wo die heilige Trinität seit dem 5. Jahrhundert auf den Grundmauern eines römischen Bauwerks, vermutlich des Tempels einer Flußgottheit, verehrt wird, denn aus den Tiefen des simbruinischen Bergmassivs drängen die Quellen des Aniene und anderer Flüsse. Glaubensepochen können nicht selten bruchlos ineinander übergehen, das Wasser war allen Zeiten heilig, ehe es zum Element der Taufe wurde.

Als die ersten Betenden hier knieten, war das Dogma von der Dreifaltigkeit aus Vater, Sohn und Geist erst wenige Jahrzehnte alt.

Die Urzeit des Heiligtums liegt im Dunkel, doch es ist leicht vorstellbar, daß der heidnische Kult an dieser fast unzugänglichen Stelle, der Grenze zwischen Latium und den Abruzzen, noch lange bis in unsere Zeitrechnung fortgelebt hat. Hat ein unbekannt gebliebener Heiliger, ein Einsiedler, ein Mönch des Orients, noch

ehe Benedikt Zuflucht im Sacro Speco gefunden, die halbwilden Menschen hierhergeführt und sie andere Mächte als die Gewalten der Natur anzubeten gelehrt, ihre Angst in Trost verwandelt? Wäre es denkbar, daß auch Benedikt selber hier gebetet hat?
Die Grotte liegt etwa zehn Meter tief im Felsen. Im Inneren brennen nur die wenigen Kerzen, die das Fresko der heiligen Gestalten an der Felswand beleuchten, ein Bild aus unbestimmter Frühzeit, doch nach dem zehnten Jahrhundert: drei völlig gleiche Figuren im Christus-Aspekt, alle in der gleichen Geste des Segnens, während jede Linke das geöffnete Evangelium hält. Was haben diese sechs Augen gesehen? – Das Konzil von Trient hat diese Form der Darstellung zwar verboten, doch das Sanktuarium des Monte Autore hat man nicht anzutasten gewagt. Es wäre ein Raub an dem Volk geworden, das in seiner äußeren Armut nur den Reichtum des Glaubens besitzt. Wir blicken auf das Bild und glauben plötzlich, es könnte einer hier ein Weniges von dem oft so oberflächlich dahingesprochenen «et in essentia Unitas» ahnen. Die Wände des Felsgesteins sind mit Votivbildern übersät: vierzehnhundert Jahre der Verehrung!
Da ist wieder der Platz. Hier lagern die Pilger in der Nacht vor dem Festtage; hier wird im ersten Morgengrauen vom Bischof von Anagni, zu dessen Bereich das Heiligtum gehört und der wie alle anderen den Aufstieg unternimmt, die erste Messe gelesen; hier ertönt der «canto delle zittelle», der Gesang der alten Frauen – auch er ein Brauch von unbestimmbarem Alter. Über die Bergpfade wandern Pilgergruppen singend zur Höhe des Monte Autore, um nach Osten in die Abruzzen zu ziehen. Gehen sie alle getröstet? Welche Hoffnungen nehmen sie mit? Welche Verzweiflungen sind geblieben? Stark empfindet man über allem die Wirklichkeit der Glaubenskraft in dem Geschehen, das Ereignis in sich, den unergründlichen Ernst im kaum Erklärbaren. Das sind keine organisierten «Pilgerfahrten» in Flugzeug, Schlafwa-

gen und Auto nach Rom, volle Pension und Papstaudienz inbegriffen. Es ist der Weg der wahrhaft Beladenen und Mühseligen über den fühllosen Stein ihres Lebens. Sie gehen den Weg, auch wenn sie die Trinität nicht begreifen können und die Dreiheit vielfach für drei heilige, wunderwirkende Schwestern halten, denn das Mütterliche als helfende Kraft ist diesem Volk leichter faßlich. Zweifellos leben hier archaische Vorstellungen weiter, in denen Äonen religiöser Ahnungen sich verbinden.

Der Weltherrscher in der Betrachtung – Trisulti

Nur wenige werden das Dreifaltigkeitsheiligtum des Monte Autore an dem Tage, der es mit der Welt verbindet, erleben. So wird, wer Subiaco gesehen, die alte Via Sublacense weiter nach Süden fahren. Die Monti Affiliani, eingeschlossen von der Straße nach Vallepietra und der Via Sublacense, gehören mit ihrem höchsten Berg, dem Monte Altuino, zu den schönsten Bergen Latiums. Das wußten bereits die Römer, als sie am Hang des Monte Altuino, im Angesicht der Altipiani di Arcinazzo, der Hochebene von Arcinazzo, der hier in die Monti Ernici, die Hernikerberge, überleitet, Thermen bauten, die jetzt wieder ausgegraben werden. Bei den Thermen sind Reste eines Palastes Neros erhalten geblieben. Bis hierher reichen die Spuren des irren Dämons, mit dem die Dynastie des Augustus endete.
Bald nach dem kleinen Guarcino, dessen mittelalterliches Stadtviertel nächst dem von Viterbo das besterhaltene von Latium ist,

108 Pilger beim Aufstieg zum Heiligtum der Santissima Trinità auf dem Monte Autore – Pfad der Mühseligen und Beladenen

mündet die Via Sublacense in die von Palestrina kommende Straße. Dann führt, neben einer tiefen Schlucht, eine Bergstraße nach Collepardo hinauf – eine der nach Kilometern nicht langen Straßen, die in ihren wie Tanzfiguren zur Höhe ungeahnter Freiheit schwebenden Linien, ihren sirenenhaft lockenden Formen und Farben soviel vom geheimen Leben der Landschaft Latiums erkennen lassen.

Collepardo ist vermutlich eine Gründung von Flüchtlingen aus Alatri, nachdem der Ostgotenkönig Totila im Jahre 543 die Stadt zerstört hatte, die das letzte Ziel dieser Fahrt sein wird. Auch Collepardo hat seine Legende, die natürlich einen vergessenen konkreten Vorgang voraussetzt. Die Bauern wollten am Tage von Mariä Himmelfahrt dreschen. Das Sakrileg wurde bitter bestraft, denn die eine Viertelstunde vom Ort entfernte natürliche Tenne zu Füßen des Collepardo beherrschenden höchsten Berges der Monti Ernici, des Monte La Monna, stürzte in einer Tiefe von hundertfünfundfünfzig Metern ein und begrub die lästerlichen Schänder des heiligen Tages. So entstand der Krater des Pozzo Santullo von Collepardo, eines Kraterrandes von hundertvierzig Metern Durchmesser, natürlich zu erklären dadurch, daß die Wölbung einer tiefgelegenen riesigen Höhle zusammenbrach.

Die anscheinend zur Sühne wenig bereiten Bauern von Collepardo verstanden es, den längst von reicher Vegetation überzogenen Krater zu nutzen und lassen seitdem im Frühling ihre Schafherden an Seilen hinunter, womit sie sich während der warmen Jahreszeit das Hüten ersparen.

Von Collepardo aus ist eine neue Straße hin in die völlige Stille der Kartause von Trisulti entstanden. Zisterzienser aus Casama-

111 Landschaft bei Collepardo – Fruchtschweres Land im Schutze der Berge

ri, der großen Mutter-Abtei des Ordens im Süden Latiums, leiten hier ein Institut.

Der Hof wird auf der einen Seite von dem außerordentlich geschmackvoll wiederhergestellten gotischen Sommerpalast eingenommen, den der junge Kardinal Lotario Graf von Segni sich in der Einsamkeit der hochgelegenen Eichenwälder errichtet hat, ehe er im Jahre 1198 als erst Siebenunddreißigjähriger Papst Innozenz III. wurde. Als er in Trisulti sein Buch über die Weltverachtung – *De contemptu mundi* – niederschrieb, was in dieser Einsamkeit zu schreiben sich beinahe aufzwingt, wußte er noch nicht, daß er einmal ein Weltherrscher werden und den Gang eines ganzen Zeitalters, sehr ferne von der Verachtung der Welt, sondern ihr in jedem Sinne tätig zugewandt, mitbestimmen würde. Nirgends wie in Trisulti ist man gedrängt, dem Menschen hinter diesem Papst nachzuspüren, diesem Langobarden, der auf Schloß Gavignano bei Segni in den Monti Lepini geboren und der an inneren Gegensätzen und Widersprüchen so reich ist wie die Landschaft, zu der er gehört, wie die Epoche der Kirche, der er seinen Namen gegeben hat. Was hat der junge grazile Kardinal, dessen Temperament von Melancholie wie von ungebundener Willenskraft bestimmt war, hinter den schön geformten gotischen Fenstern der Palast-Villa von Trisulti erwogen – als Christ wie als Fürst der Kirche, noch ehe er in die Verstrickungen der europäischen Geschichte geriet, machtvoll eingreifend und ebenso machtlos hinnehmend, was er an Verhängnis ausgelöst, die Zeit prägend und selber von ihr geprägt? Was hat er hier gedacht, noch ehe er, der Priester-König, Völker und Herrscher der Gnade und Ungnade Roms unterwarf?

Die Kirche von Trisulti, San Bartolomeo, ist in den ersten Jahren des 13. Jahrhunderts entstanden und wurde von Innozenz III. den Kartäusern übergeben. Auch hier würde eine der schönsten Kirchen der die Bauweise Latiums damals bestimmenden Zister-

Die Apotheke aus dem 17. Jahrhundert in der Abtei Trisulti – Stätte der Heilung im Klosterschutz

ziensergotik zutage treten, könnte man sich entschließen, das stillose Campagnabarock des 18. Jahrhunderts zu entfernen.
Die große Apotheke des 17. Jahrhunderts hat in ihrem unverändert alten Zustand nicht ihresgleichen. Die kostbare Bibliothek und das große Archiv harren noch der Erforschung. Wir gehen in den Eichenwald bis an eine Felswand. Dort lebte im Mittelalter ein heiligmäßiger Eremit aus den Abruzzen, Dominikus von Cocullo. Er pflegte seine Predigten auf einer Brücke über dem nahen Anullo zu halten, wobei die Benediktinerinnen, die auf der anderen Seite des Flusses ihr Kloster hatten, auf ihrem Ufer – die Kar-

täuser auf dem anderen Ufer zuhören mußten. Anscheinend verband der Einsiedler eine gründliche Kenntnis von der Versuchbarkeit der Menschen mit viel Humor, als er sich für seine Belehrungen die sonderbarste aller Kanzeln aussuchte und sich gleichzeitig Zeit sparte, seine Predigt zweimal halten zu müssen.

Italiens Akropolis – Alatri

Wir sind im Zentrum einer Landschaft, die ihren Namen – sicher als einzige auf der Welt – nach einer Schuhgattung erhalten hat, welche man, im Bewußtsein stolzen Ahnentums, sogar auf das Schuhwerk der altrömischen Legionäre zurückgeführt hat. Die *Ciocia* ist eine nach ganz bestimmter Weise um die Beine geschnürte Sandale. Der Mann, der sie trägt, ist der *Ciociaro,* und die Landschaft heißt, obwohl die Sandale seit einigen Jahrzehnten fast ganz verschwunden ist, die *Ciociaria.*

Alatri ist wohl im 6. Jahrhundert v. Chr. gegründet worden, als in Rom noch die halb sagenhaften Könige herrschten. Die wie von Giganten getürmten Zyklopenmauern der Akropolis beweisen, daß Alatri eine der Hauptstädte der Herniker gewesen ist.

Das Schauspiel, an einem jener leuchtenden Oktobertage, für welche die Römer einen eigenen Begriff kennen, die *ottobrate romane,* von der Akropolis von Alatri in das Land zu schauen, überwältigt in der Unvergleichlichkeit der Rundblicke. Der kleinste Umriß gerät in Bewegung. Die Berge skandieren sich in den vier Himmelsrichtungen gleichsam wie in Hexametern, und man spürt fast körperlich den weiten, langen Atem klassischer Epik in den

115 Die Porta di Cività auf der Akropolis von Alatri – Von Giganten geschichtete Monolithen

Formen ihrer Ketten, von denen doch jede ein merkwürdig eigenes Leben in Gestalt und Farbe lebt.

Ferdinand Gregorovius hat seine Erschütterung beim ersten Anblick des Zyklopenwerks in einen Satz gebannt, der heute in italienischer Übersetzung auf einer Marmortafel zu Beginn der langsam emporsteigenden Rampe zu lesen ist. «Ein erstaunliches Denkmal jener Kulturepoche, ohnegleichen unter allen Städten Latiums, so daß ein so wunderbares, ägyptischen Bauten völlig zu vergleichendes Werk gesehen zu haben, eine tagelange mühevolle Reise belohnt.»

Unter den Monolithen des Gigantentores zum Plateau hinaufzusteigen, ist ein homerisches Erleben, auch wenn keine mykenischen Atriden hier einander geschlachtet haben, Helios sich angesichts unaussprechlicher Greueltaten nicht verdunkelte und kein Götterfluch über dem Volk lastete, das die Akropolis von Alatri erbaut hat. Sie ist das einzige fast vollständig erhaltene Bauwerk eines der Völker Latiums, die Rom unterlegen sind, und von dem wir so wenig wie von Sabinern und Volskern, Latinern und Samniten wissen, wer sie waren, wie sie aussahen, ob sie eine Kunst und eine Literatur besessen haben. Rom hat ausgelöscht und aufgesogen, was sich ihm auf seiner steilen Bahn zur Herrschaft über Italien, zur Weltherrschaft in den Weg gestellt hat. Waren die Herniker ein Volk der Lebensfreude, der Schönheit, des Tanzes, des Festes, wie die Ciociaren? So wäre doch etwas von ihnen geblieben.

Noch während unserer Zeitrechnung hatte die Akropolis höchste strategische Bedeutung, und die Monolithe haben wie unverrückbares Urgestein die Verwüstungen des Königs Totila in dem auf dem Boden Italiens geführten achtzehnjährigen Krieg der Goten gegen Byzanz im 6. Jahrhundert, haben die Belagerungen der Staufer-Kaiser, Heinrichs VI. und Friedrichs II., überstanden. Sie werden bleiben, unverändert wie die Mauern von Mykene.

Die in sich geschlossene Stadtkultur Alatris hat erst mit der Gotik begonnen, und es entzücken uns noch gotische Paläste in der Ausgewogenheit ihrer Maße. Die Kirche Santa Maria Maggiore von 1394 zeigt eine jener Fensterrosen in der Fassade, die wie das Auge Gottes Licht über das Beten der Menschen gießen und gleichzeitig das von der Schöpferhand zu ewigem Kreisen bestimmte All im steinernen Spiel sichtbar, die unendliche Wiederkehr greifbar werden lassen.
Die Kirche besitzt auch, in der geschmackvollsten Weise aufgestellt, die zurückhaltend bemalte Madonna di Costantinopoli. Der Name ist nicht zufällig. Byzantinische und romanische Elemente verbinden sich hier zu einem reinen Klang. Die gekrönte Madonna hält den gekrönten Jesusknaben auf dem Schoß. Sie wird von zwei spätromanischen, sie um ein weniges überhöhenden polychromen geschnitzten Tafeln mit je sechs quadratischen Relief-Bildern aus dem Leben Jesu flankiert. Die Madonna und die Tafeln sind Meisterwerke zweier verschiedener Künstler eines ganz persönlichen Stiles, die eindrucksstärksten Schöpfungen ihrer Art und Epoche, die Latium besitzt.

Goldener Stein – Casamari

Die Abtei Casamari, die wichtigste Tochtergründung von Fossanova, ist mit großer Wahrscheinlichkeit an der Stelle erbaut worden, wo im Altertum Cereatae lag, das später, noch vor Christus, in Cereatae Marianae umbenannt wurde, zu Ehren des Bauern Gaius Marius, der sich zum römischen Feldherrn aufschwang, die Cimbern und Teutonen bei Aix-en-Provence besiegte, Rom rettete; der jedoch als ein ebenso blutrünstiger Diktator wie sein Gegner Lucius Cornelius Sulla gleich diesem das Grab der alten römischen Republik zu schaufeln begann, das dann sein Neffe Caesar

nur noch zuzuschütten brauchte. Marius' Lebensroman ist der Roman vom Ende Alt-Roms und seines republikanischen Geistes. In Latium haben Marius und Sulla tiefe Spuren hinterlassen, immer wieder stößt man auf ihre Namen und ihre Schlachtfelder.

Der Name des Marius geisterte, schon halb mythisiert, noch immer durch das weltferne Tal des Amaseno-Flusses, als die Zisterzienser im Jahre 1151 auf dem «Haus des Marius», der Casamari, ihre Abtei erbauten und, nicht anders als die Brüder von Fossanova, die guten Geister und Wohltäter der Ciociaria wurden. Papst Honorius III. weihte im Jahre 1217 die Abteikirche. Sie entspricht, wenn auch in etwas größeren Ausmaßen, ganz dem hohen Vorbild der Einfachheit von Fossanova.

Wir betreten, durch den langen Torbogen der gotischen Residenz der frühen Äbte vorbereitet, die Kirche über eine weite Freitreppe durch ein dreibögiges Atrium und ein nach Zisterzienserweise figurenloses, mit höchster Anmut gemeißeltes romanisches Mittelportal – ein steinernes *venite omnes.* Der goldene Stein des Kirchenraumes, dessen Tönung noch durch die an Stelle der Fenster eingelassenen, die Sonne brechenden dünnen, bräunlich geäderten Alabasterscheiben zu unbeschreiblicher Wirkung überhöht wird, läßt die volle Schönheit seiner Natur wirken. Es ist kurz vor der Abendprozession des Fronleichnamsfestes, und die Gläubigen wechseln zwischen dem Jahrmarkt draußen und dem Kirchenraum hin und her. Im Mittelschiff liegt, in einer Länge von etwa fünfzehn Metern, der herrlichste Blumenteppich, den wir je gesehen haben: der Fronleichnamsruhm von Casamari, das Werk einer tage- und nächtelangen Arbeit, doch so frisch und unver-

118 Fassade der Abtei Casamari – Kirchliche Majestät über altrömischer Vergangenheit welkt, als seien diese großen Bilder der sieben Sakramente, der Hirsche am Quell aus dem Psalm und der Kreuzigung im Augenblick erst durch einen unsichtbaren Bildner geschaffen worden. Rosmarinzweige bilden den Rahmen, in dem das Gelb duftender Ginsterblüten, weiße Margeriten, lilarote Distelblüten, blaue Wegwarten, rote Mohnblätter die Farben der Bilder sind: die volle blühende Natur selbst soll die Verherrlichung des Altarssakramentes mitbegehen.

Das Refektorium, der Kapitelsaal und der Klosterhof mit seinen Doppelbögen und Doppelsäulen vermitteln, neben Fossanova, andere Stilelemente aus der Epoche zwischen Romanik und Gotik. An einer der Säulen des Klosterhofes sind zwei Köpfe aus dem Stein der Kapitelle gemeißelt. Sie werden als Porträts Kaiser Friedrichs II. und seiner ersten Gemahlin, Konstanze von Aragon, bezeichnet. Die Bildnishaftigkeit überzeugt. Der Imperator in seiner leuchtenden Furchtbarkeit, den apokalyptische Vorstellungen und Sagen wie hinter Wolken verbergen, taucht geisterhaft auf, wie er das Papsttum in Latium umkreist, die Straßen der Ciociaria und der Monti Ernici dahin zieht, von Süden nach Norden und wieder zurück, verfolgt von den Flüchen der Kirche, sie zwingend und von ihr bezwungen, bis das Schicksal des Stauferhauses sich im Norden Latiums erfüllt. Nichts anderes kann den unbekannten Künstler bewogen haben, die Häupter unauffällig in den Säulenumgang von Casamari zu fügen, als die Kaiserkrönung des Paares im Jahre 1220 durch den gleichen Papst, der drei Jahre zuvor der Kirche ihre Weihe gespendet.

Die Patres haben eine äußerst wertvolle Bibliothek mit alten Kostbarkeiten aufgebaut; sie haben eifrig gesammelt und in ihrem Museum aufgestellt, was aus dem Boden von Cereatae Marianae wieder an den Tag gekommen und was aus dem Mittelalter erhalten geblieben ist. In diesem Museum haben wir die Bleiplatte gesehen und entziffert, auf welcher der gewandte Bruder Johannes von Presenzano seine Geschichte von den beiden Häuptern des heiligen Thomas zu Fossanova aufgezeichnet hat, in einer Sprache, die Latein und Vulgäritalienisch vergnüglich mischt.

Festung des Saturn – Arpino

Wir haben den Liri überquert, den Fluß mit dem klingenden Namen, den größten Fluß, der, nicht weit vom Aniene in den Monti Simbruini entspringend, das östliche Latium von Norden nach Süden durchströmt, um sich schließlich, schon nahe dem Neapolitanischen, in den Garigliano zu ergießen.

In Isola di Liri an der Kreuzung der Straße von Casamari und der neben dem Liri von Avezzano herabführenden, in die Via Casilina sich fortsetzenden Straße, bildet der Fluß unterhalb des verzauberten Parkes von Schloß Viscogliosi den imposantesten seiner Wasserfälle. Der junge Ernst Fries, der Apoll unter den deutschen Malern Roms in der Romantik, hat das ganz Persönliche seiner Kunst und seiner Auffassung von Farbe, Form und Wesen auf seinem Bilde mit dem Wasserfall von Isola di Liri in der Szenerie des besonnten Palastes und der schwarz-grünen Berge wiedergegeben – die Atmosphäre jener Stadt, wo Franzosen vor hundertfünfzig Jahren, das Wasser nutzend, die Papierindustrie eingeführt haben; jener Stadt, die schon da war, als Homer seine Epen schrieb und die Etrusker nach Italien kamen, etwa 800 v. Chr. Aber dieses Alter ist jung gegen das von Arpino.

Mit dem grenzenlosen Stolz, zu dem eine mythische Vergangenheit berechtigt, verkündet eine Tafel an der Festungsmauer Arpinos: «Tritt ein, Reisender, in Arpino. Saturn hat es gegründet, es war Stadt der Volsker, Munizipium Roms, Vaterstadt des Fürsten der Beredsamkeit Marcus Tullius Cicero und des Gaius Marius, der siebenmal Konsul war. Von hier zog er, ein triumphierender Adler, zum Imperium hin und unterwarf der URBS den ganzen Erdkreis. Erkenne seine Würde und sei glücklich.» Das ist der Ton einer Dogmenverkündigung, und die Arpinaten haben in ihrem Wappen den die Welt in seinen Krallen haltenden, Marius symbolisierenden Adler mit den Worten «Hinc ad Imperium» gekrönt. Sie erklären sogar, der göttliche, aber zweifellos ihnen zuliebe der Unsterblichkeit entsagende Gott Saturn sei in Arpino begraben. Ein Göttergrab hat selbst Rom niemals gehabt. Marius, der in der Tat als einziger Römer siebenmal das höchste Staatsamt eines Konsuls bekleidet hat, stammt jedoch aus Casamari, und Ciceros Geburtsstätte erwartet uns noch. Aber in Arpino sind beide Bürger gewesen. Möglich, daß auch Marcus Vipsanius Agrippa aus Arpino kommt, der Schwiegersohn des Augustus, Sieger in der das neue Imperium endgültig bestätigenden Seeschlacht von Actium und Erbauer des Pantheons in Rom. Die kleine Stadt mit ihren nicht einmal zehntausend Einwohnern wäre somit überreich an göttlicher und menschlicher Größe. Von solcher Vergangenheit läßt sich zehren.

Im Ort selber erinnert kein Monument mehr an diese Größe. Aber sie muß den Menschen durch alle Zeiten bewußt gewesen sein, denn die Ehrfurcht vor den Namen Cicero und Marius ließ päpstliche Eroberer wie napoleonische Revolutionstruppen, beide sonst nicht kleinlich im Verwüsten, Arpino verschonen. Zwei Namen sind die Schutzgötter der Stadt geblieben.

Auf einer kurzen Straße außerhalb der Stadt erreichen wir das Nest Civitavecchia, das den gleichen Namen wie die große Hafenstadt Latiums trägt. Es hieß im Mittelalter lange Civitas Ciceroniana, denn auch hier wollte man Cicero gerne für sich allein haben. Civitavecchia ist der höchstgelegene Ort des arpinati-

123 Das Tor der Festung von Arpino – Erinnerung an Mykene

schen Berglandes südlich von Sora zwischen dem Liri und der aus den Abruzzen kommenden, in den Liri mündenden Melfa.
Haben die Baumeister von Mykene auch hier gebaut? Die Frage wird laut angesichts des an das Schatzhaus des Atreus gemahnenden Spitzbogentores, durch das wir zur Hochfläche der megalithischen Festung gelangen. Das Dörfchen drängt seine wenigen Häuser eng an die Gigantenmauern, die wie ein prometheischer Urbeginn vor zwei- bis dreitausend Jahren hier aufgeschichtet worden sind. Die zwischen Sage und Geschichte sichtbaren Pelasger, die zuerst aus Arkadien in die Ebene des Fucino von Avezzano gekommen sein sollen, müssen auch diese Königsburg gebaut haben, von deren drei Kilometern ursprünglichen Umfanges noch ein Kilometer vollständig geblieben ist. Das übrige haben spätere Geschlechter für ihre eigenen Festungsbauten fortgewälzt oder die nicht mehr zu bewegenden Grundmonolithen wurden zugeschüttet. Doch was wir sehen, ist das einzige Menschenwerk seiner Art in Italien.
Wir durchqueren das Dorf, dringen in einen Ölbaumgarten und steigen auf das Mauerwerk, aus dem in Fülle die rotblühende Kenthrantus herauswächst. Von einem mittelalterlichen Wachtturm über dem tiefer liegenden Arpino aus wird uns ein der Vision sich nähernder Rundblick über die waldigen Berge des immer breiter sich öffnenden Liri-Tales nach Süden geschenkt, bis zu den höchsten Bergmassiven des Cassino vorgelagerten Monte Cairo – nach Norden in die Ebene von Sora, unserem nächsten Ziel. Ein mosaisches Gefühl vom Lande der Verheißung, von einer unsäglichen Schönheit außerhalb aller Grenzen der Zeit, ist die Erfahrung, die Auge und Geist für immer mitnehmen.

124 Der Wasserfall beim Castello Viscogliosi in Isola di Liri – Ewiges Strömen in Ciceros Land

Beute der Macht – Friede Ciceros – Sora

Das Tal des Liri, dessen «Hauptstadt» seit den ältesten Zeiten Sora ist – wir wissen nichts über die Gründung der einstigen Volskerstadt –, gehört unwidersprochen zu den schönsten Garten-Landschaften Latiums, zu denen, welche die Italiener «ridente» nennen. Aber in dem Adjektiv «ridente» liegt weit mehr als das deutsche «lachend»; etwas von dem, was Goethe in seinem *Anakreon* gedichtet hat, ein Land, «das alle Götter mit Leben – schön bepflanzt und geziert». Aber Sora und das Land des Liris haben um dieser Schönheit willen Furchtbareres ertragen müssen als andere Gegenden Latiums.

Die Ereignisse wiederholten sich hier zunächst wie überall: die Unterwerfung unter Rom, die Eroberung durch die Langobarden, die Vernichtungen durch die am Garigliano sitzenden Horden der Sarazenen. Im Jahre 1016 landeten die Normannen, kaum ziviler als die Sarazenen, in Süditalien, um dort ihr neues Reich zu gründen. Nicht ganz fünfzig Jahre später nisteten sie sich bereits am Liri und in Sora ein.

Normannen-Könige, kleinere und größere normannische Feudalherren, zerrissen das Land, jeder wollte seine Reichtümer – und seine Festungen – für sich haben. Heinrich VI. durchzog den Kirchenstaat nach Süden, um als Erbe der Normannenkrone das Imperium mit dem Reich Neapel-Sizilien zu vereinen. Selber Kaiser von asiatischer Grausamkeit, brachte er Günstlinge gleicher Gesinnung und Grausamkeit mit, die Italien als Beuteland und seine Bewohner als Sklaven betrachteten. Einer von ihnen, Konrad von Marley, ein mittelalterlicher Geßler, bekam Arpino und Sora und mißhandelte von der auf der zweihundertfünfzig Meter hohen steilen Felsspitze westlich über der Stadt errichteten Rocca Sorella oder Castel San Casto aus das unglückliche Land, dessen bleibendes Schicksal damit gegeben war.

Innozenz III., Friedrich II., die Anjou von Neapel-Sizilien, Pius II., Nepoten dieser und jener Päpste, das spanische Haus Aragon von Neapel, einander ablösende Herzogsfamilien, die Soldateska der Bourbonen von Neapel, Franzosen der Revolution, Freibeuter, Bandenführer, Banditenhäupter: sie alle eroberten, erwarben, erschlichen, plünderten, verbrannten jahrhundertelang Sora und das Land im Umkreis. Das letzte der Erdbeben, welche die Stadt im Laufe der Jahrhunderte vernichteten, brachte noch 1915 Zerstörung und Untergang.

Als wolle Sora die Leiden seiner Existenz vergessen, ist es bewußt eine moderne Stadt geworden, über der nur die Ruinen der Rocca Sorella halb theatralisch drohen, und wo nur der Dom Santa Maria aus dem 13. Jahrhundert überdauert hat. Doch der Korso nennt sich stolz nach den Volskern.

In dem schönen Zisterzienserbau mit dem romanischen Portalbogen sind mythische Tiere, Pflanzen und Schriftzeichen so ineinander verwoben, daß niemand weiß, ob der Meister mit den Bereichen der Kreatürlichkeit und der Sprache nur ein Spiel treiben oder einen allein ihm bekannt gebliebenen Sinn aus der Materie herausmeißeln, in sie hineinmeißeln wollte. Wieviel Unerforschtes ist uns auf den Fahrten durch Latium begegnet! – Ein Brand hat während des Erdbebens von 1915 den aufgeklebten falschen Barocküberzug der Kirche vernichtet und die alten harmonischstrengen Formen wieder ans Licht gebracht.

Drei Kilometer südlich von Sora teilt sich der im nahen Lago di Posta entspringende klare, forellenreiche Fibreno in zwei Arme, die, mit dem Liri sich vereinend, die Insel von San Domenico bilden, Ciceros geliebte *Insula Arpinas.* Die Straße führt über die Insel. Der heilige Dominikus von Foligno, welcher ihr den heutigen Namen gegeben hat, gründete hier 1011 ein Kloster und wurde dessen Abt; es ist heute Zisterzinserkloster. Mindestens zeitweise muß hier, wohl noch unter Dominikus, der Mönch Hildebrand gelebt haben, der rätselhafte Mann, der als Gregor VII. die mittelalterliche Papstmacht begründet hat, um dann von den gleichen Normannen, deren Horden sich das Land des Liri ausgeliefert sah, in Verbannung und Tod geschleppt zu werden.

Welche Gedanken reiften am Liri-Ufer in dem jungen Mönch, der den tiefsten Verfall der Papstwürde wachen Geistes miterlebt hatte und bis zu seiner eigenen Erhebung der unentbehrliche Berater von fünf Päpsten werden sollte?

Aus der Frühzeit der Kirche ist allein die dreischiffige Krypta erhalten. Kein Erdbeben, keine Plünderung, keine Vernichtung durch Menschen hat ihre Ruhe je berührt. Niemand, der die kleine Kirche sieht, erwartet, wenn er die Treppe zu ihr hinuntersteigt, ein Bauwerk von solcher Weite. Es verdiente, zu den berühmtesten Krypten des Landes gezählt zu werden.

Im großen Klostergarten stehen und liegen zahlreiche römische Funde, Säulen, Reliefs, Steine. San Domenico ist erbaut über der Villa, in der am 3. Januar 106 v. Chr. Cicero geboren wurde, der wortgewaltigste Verteidiger, der größte Ankläger, der je gelebt; der Redner, für den Sprache Kultwerk und Kunstwerk bedeutete; der Mittler zwischen griechischer und römischer Kultur; der unsterbliche Briefschreiber; der Staatsrechtslehrer, von dem doch keiner gelernt hat; der von lebendigen Ideen geleitete Politiker und Humanist, der an der Realität der sich auflösenden Republik scheitern mußte; der Staatsmann, der zu spät kam, um Unrettbares noch retten zu können, und der zerbrach, weil er über den Parteien stand und seine Idee des Rechtes in Freiheit, der Freiheit auf dem Fundament des Rechts gegen die drohende Diktatur bereits zum Anachronismus geworden war, als er sie dem Staate fruchtbar zu erhalten versuchte.

Auf der Liri-Insel ist Cicero mit seinem Zwillingsbruder Quintus und mit Atticus, seinem Freunde, an den die berühmtesten aller Cicero-Briefe gerichtet sind, meditierend gewandelt; hat er die

Gespräche geführt, die in sein Buch über die Gesetze eingegangen sind; hat er das Ausruhen des Geistes genossen und gesegnet. «Diesen Ort wähle ich am liebsten, wenn ich mich meinen Gedanken überlasse, schreibe oder lese. Hier ist meine und meines Bruders eigentliche Heimat. Hier sind wir aus uralter Familie geboren, hier stehen unsere Heiligtümer, hier lebt unser Geschlecht, hierher weisen die vielen Spuren unserer Vorfahren. Bedarf es noch mehr? Hier liegt das Landhaus und hier bin ich geboren, als der Großvater noch lebte und das Haus, nach alter Sitte, noch klein war. Etwas Merkwürdiges und Verborgenes spüre ich im Gemüt, im Gefühl, dessentwegen dieser Ort meine Freude steigert – so wie es von dem weisen Helden heißt, er habe beim Anblick Ithakas sogar auf die Unsterblichkeit verzichtet.» Und hier wollte er im Alter seine enzyklopädische Rechtsphilosophie niederschreiben, die reife Frucht lebenslangen Denkens. Aber sein Ende war nicht das ersehnte Glück schöpferischer Muße, sondern der grauenhafte Tod am Golf von Gaëta.
Wir fahren noch ein Stück nach Süden. Bei Arce endet die Straße des Liri in der Via Casilina. Hoch über dem Ort liegt die Rocca d'Arce, die *Arx Volscorum* der Alten, vielleicht einmal die größte Festung der Volsker, die sie auf schon vorhandenen megalithischen Mauern errichteten. Und auf der Volskerburg wiederum erbauten die Eroberer des Mittelalters eine neue Festung. Auch sie wurde zum Schicksal der Staufer, als den Anjou das unmöglich Scheinende gelang und sie dem letzten Staufer-König Manfred, dem Bastard Friedrichs II. und der schönen Bianca Lancia, Rocca d'Arce, die stärkste Grenzfestung gegen den Kirchenstaat und damit die letzte Hoffnung nahmen, das mit so vielen Verbrechen gegründete, schon verlorene Reich wiederzugewinnen. Man muß, um zu verstehen, den Boden berühren, auf welchem die Geschichte ihre Entscheidungen gefällt hat. Wir denken an die das Menschliche noch durch die Jahrhunderte so unmittelbar

anrufenden Verse Dantes, dem der Schatten König Manfreds im Purgatorium klagt, päpstliche Rachsucht habe sogar noch seinen Gebeinen die Ruhe mißgönnt, habe sie ausgraben, irgendwo am Liri zerstreuen, Regen und Winden preisgeben lassen.
Noch einmal kreist der Blick über das Land und das Vergangene, sinkt wie im Fluge hinunter zum Liri, dessen helle Gewässer ebenso vergangen sind und doch immer die gleichen bleiben werden. Beim nahen Ceprano überqueren wir den Liri, ehe uns die Autostrada del Sole aufnimmt. Das Gleiten über die Linie dieser schönsten aller modernen Straßen ist wie das Zurückfinden ins Gegenwärtige und sein Gesetz. Im Dämmer des Juniabends weichen die Hernikerberge langsam ins Dunkel des Gewesenen zurück.

IV

Der gejagte Jagdhund – Tagliacozzo

Man muß sehr früh von Rom aufbrechen und auf der Via Valeria, welche die Monti Simbruini im Norden begrenzt, der Ebene von Avezzano und der Marsica entgegen fahren, dem in die Abruzzen hinüberleitenden Bergland.

Wie der lange Rücken eines riesigen Wales begleitet der waldige Monte Fontecellese die Straße. Im Osten taucht das fast 2500 Meter hohe Massiv des Monte Velino auf, des höchsten Berges zwischen Latium und den Abruzzen, in seiner weißgrauen, glatten Kahlheit. Die Straße fällt in weiten Windungen nach Tagliacozzo, in das Tal des Imele ab, vorbei an Scurcola Marsicana. Bei der Abzweigung der in die Berge der alten Marser führenden Straße halten wir an einem großen Gutshof, in dessen Bezirk die Ruinen stehen, die wir suchen, dort, wo am 23. August 1268 das Schicksal nicht nur Italiens, sondern auch des staufischen Imperiums, entschieden worden ist.

Die weitläufigen Ruinen sind die Reste der einstigen Kirche Santa Maria della Vittoria, die der siegreiche König Karl I. von Neapel-Sizilien an der Stelle, an der die Schlacht gegen Konradin von Hohenstaufen entschieden wurde, sehr wahrscheinlich durch Niccolò Pisano hat errichten lassen, den Schöpfer der Domkanzel von Pisa; genauer müßte man sagen, an der Stelle, wo der Anjou seinen Gegner durch den hinterlistigklugen Rat des Alard de Saint-Valéry, des Connétable der Champagne, überwältigt hat – einen Ratschlag, der für Dante zu den verhängnisvollsten Hinterhältigkeiten der Weltgeschichte gehörte. Die historische Wirklichkeit war, daß die Franzosen sich als die besseren Taktiker erwiesen haben.

Auf der Via Valeria war der sechzehnjährige Konradin voller Hoffnungen mit den letzten Ghibellinen des untergehenden Imperiums herangezogen – und über die Via Valeria drängten die verlorenen Reste Stunden später in wilder Flucht wieder nach Rom zurück, wo Konradin kein Hosianna mehr zu hören bekam, wie noch wenige Tage zuvor, und wo er alle Tore verschlossen fand. Wir müssen den Spuren des Knaben durch Latium weiter folgen bis zum Untergang.

Der siegreiche König hat die Kirche erst zehn Jahre nach dem Tage der Schlacht erbauen lassen, die unzutreffend nach dem zwölf Kilometer weiter gelegenen Tagliacozzo genannt wird; diese nach dem kalten, abweisenden Monte Velino zu benennen, der noch im Schnee liegt, wenn die weite, fruchtträchtige Ebene schon in der rosafarbenen Pracht unzählbarer blühender Mandelbäume leuchtet, wäre zutreffender gewesen. Santa Maria della Vittoria: die Madonna mußte ihren Namen von jeher für sehr entgegengesetzte Siege und Interessen hergeben! Aber der König und bald darauf Königsmörder hatte andere Vorstellungen als die Mächte des Himmels, und die so ergreifend schöne Marienstatue mit dem Kind, die er für seine Siegeskirche aus Frankreich hatte kommen lassen, hat nicht verhindert, daß die Kirche schon nach zehn Jahren während eines der hier häufigen Erdbeben in Trümmer fiel. Nach einer alten Legende scharrte jedoch ein als verrückt geltendes Maultier die Statue aus den Trümmern. Man band dem Tier, wie es in ähnlichen Legenden vorkommt, die Madonna auf den Rücken und ließ es laufen, bis es stehenblieb – an einer Stelle im nahen Städtchen Scurcola, wo man daraufhin eine Kirche gleichen Namens erbaute. Hier steht die Plastik noch heute.

Wir finden Beweise für das untergründige Fortleben von Geschehnissen, die von den miterlebenden Zeitgenossen als weit über die Gegenwart hinausragend empfunden wurden. Noch heute tragen Dörfer oder irgendwelche Örtlichkeiten in der Nähe des Schlachtfeldes Namen aus dem Kriegswesen; wie Le Schiere, die geordneten Schlachtreihen; wie Prato della Guerra, die Kriegswiese oder das Schlachtfeld; wie La Roia, was der alte Begriff für das Wagenrad der Fouragewagen ist; wie La Catena, was entweder die Kette der Gefangenen oder die vorrückende Schützenkette bedeuten kann; oder wie Le Selve, womit Wälder als Verstecke und Hinterhalte – die Haupttaktik Karls I. – oder aber der ohne bestimmte Ordnung vorrückende Feind bezeichnet sind.

Das Lebensdrama Konradins von Hohenstaufen, das sich in der Ebene des Velino zu erfüllen begann, von den Dichtern seiner Zeit und der folgenden Jahrhunderte verklärt, von den Dramatikern je nach ihrem Standpunkt als Strafe des Himmels oder als Tragödie der Unschuld behandelt, von den Historikern zumeist als deutsches Schicksal angesichts französischer Tücke dargestellt, zeigt noch sehr viele andere Seiten, ganz unabhängig von dem, an den unentrinnbaren Fluch einer mißgünstigen Gottheit der griechischen Tragödie erinnernden Leidensweg des Königsknaben, mit welchem gehandelt wurde, ohne daß er je auch nur einen Augenblick lang selber das Gesetz des Handelns hätte bestimmen können.

Dichter und ghibellinische Enthusiasten haben, wie ein Chronist so schön schreibt, «den schlafenden Jagdhund geweckt» und Konradin nach dem Tode König Manfreds nach Italien gerufen zu seiner Lebensaufgabe, der Wiedergewinnung des verlorenen südlichen Reiches. Und kalte politische Berechnung hat auf der anderen Seite den französischen Papst Urban IV. bewogen, Karl von Anjou, den Bruder König Ludwigs IX. des Heiligen, nach Italien zu rufen und die Staufer zu vernichten. Der nächste französische Papst, Klemens IV., dem wir wiederbegegnen werden, selber einst Höfling Ludwigs des Heiligen, war dann dem gewalttätigen, rücksichtslosen Anjou bereits ganz ausgeliefert, ein wenig würdiges, gefügiges Werkzeug.

Der Triumph, den die Römer Konradin bereiteten, hatte diesen für jede Wirklichkeit blind gemacht. So konnte auch das Heer Konradins, obschon den Truppen Karls I. um das Dreifache an Zahl überlegen, nur scheitern. Konradin besaß keinen einzigen wirklich mächtigen Anhänger. Die ihm zur Seite stehenden Ghibellinen waren meist seine eigenen Verwandten: Galvano Lancia, dessen Schwester Bianca die Geliebte Friedrichs II. gewesen und Mutter König Manfreds war, und Konrad von Antiochien, dessen Vater Friedrich, Begründer dieses merkwürdigen Hauses der Fürsten der Abruzzen, dem man in Latium vielfach begegnet, ebenfalls Bastard Friedrichs II. und einer unbekannten orientalischen Geliebten war. Zu diesen trat, entfernter verwandt, der kastilianische Infant Heinrich oder Arrigo, der von den Troubadouren besungene, an romantischem Ehrgeiz alle Ehrgeizlinge des Jahrhunderts übertreffende Abenteurer und selber hochbegabte Dichter. Die politische Lage besserte er nicht dadurch, daß er seine Begeisterung für Konradin in Verse bannte, die an das Hohelied der Bibel erinnern. Kein Lichtgott, sondern ein liebenswerter Knabe, dessen Wohlgestalt, Geist und offenes Wesen alle Chronisten gerühmt haben, zog, nur die Fata Morgana wiedergewonnener Kronen vor Augen und doch schon zu Beginn ein Unterlegener, dem Untergang bei Tagliacozzo entgegen; kein Held, sondern, gleich seinem Oheim Manfred, ein Minnesänger, wie beide auf den zarten, stilisierten Miniaturen der Manesse-Liederhandschrift erscheinen, während die überlebensgroße Porträtstatue Karls I. im römischen Konservatorenpalast in ihrer ganzen Diesseitigkeit durchdachte Machtentfaltung darstellt, für die es keine Hindernisse gibt.

Durchaus falsch ist die Meinung, die Agonie des Stauferreiches sei ein klar trennbares Gegeneinander von Guelfen und Ghibellinen gewesen. Staufer und Anjou waren beide Eindringlinge in Italien, und schon bald nach dem Tode König Manfreds, der anderthalb Jahre vor der Ankunft seines Neffen Konradin in Italien in der Schlacht von Benevent gegen Karl I. unterlegen und gefallen war, hatte der ghibellinische Widerstand gegen den neuen König fast schlagartig aufgehört, waren die Ghibellinen scharenweise zum Sieger übergelaufen, als erste die hohen Würdenträger Manfreds. Dem Papst wie dem Anjou präsentierten sich die Ghibellinen mit Recht nicht als übermäßige Gefahr, sondern als ungefestigt und unglaubwürdig. Um so überzeugender erscheint die Unbedingtheit der wenigen, die am Ende das Geschick ihres jungen Gebieters in mehr oder weniger schrecklicher Weise geteilt haben – als erste die auf dem Schlachtfeld gefangenen Römer, denen Karl I. in seiner ausgeklügelten Rachgier die Beine abhauen und sie dann, als entsetzte Gefolgsleute ihn auf das schaurige Schauspiel hinwiesen, sehr wahrscheinlich in einem Schuppen verbrennen ließ.

Während dies geschah, schrieb der König an Papst Klemens IV., noch auf dem Schlachtfeld, einen Brief, dessen triefende Widerlichkeit im sakralen Mißbrauch der Kirche in der Literatur nicht seinesgleichen hat: «Die Freudenbotschaft, die alle Gläubigen der Welt so lange ersehnt haben, biete ich Euch, Heiliger Vater, jetzt wie Weihrauch dar und bitte Euch: Vater, erhebet Euch und eßt vom Jagdwild Eures Sohnes. So frohlocke denn meine Mutter, die Kirche, und verkünde ob solchen Triumphes, der ihr vom Himmel durch den Arm ihres Vorkämpfers gnädig verliehen ist, jubelnd das Lob des Höchsten, denn endlich scheint der allmächtige Gott ihren Drangsalen ein Ende bereitet und sie aus dem gierigen Rachen ihrer Verfolger befreit zu haben.»

Von Konradin, dem mit Bannflüchen Beladenen, ist ein Brief ganz anderen Tones an den gleichen Papst erhalten: «Wodurch haben wir Dich je verletzt, Heiliger Vater, daß Du wie ein Stiefvater so mannigfach und ungerecht gegen uns vorgehst; Du müßtest es denn für eine schwere Beleidigung halten, daß wir noch auf Erden leben!»

Und es ist eine Predigt des Papstes erhalten, wo er sagt: «Fürchtet euch nicht, denn wir wissen, daß dieser Jüngling von nichtswürdigen Menschen wie ein Lamm zur Schlachtbank geführt wird, und diese Gewißheit ist so groß, wie es nächst den Glaubensartikeln keine andere mehr gibt.»

Aus diesen so völlig gegensätzlichen drei Dokumenten fällt auf die Schicksalsstunde, die an den grauen Mauern von Santa Maria della Vittoria haften geblieben ist, ein greller Schein, und man glaubt, die drei Protagonisten der Tragödie miteinander reden zu hören, sehr weit, auf der Bühne ihrer Zeit und ihrer Welt, und zugleich sehr nahe dort, wo im warmen Licht des herbstlichen Vormittags die Hirten mit unverständlichen Lauten nach ihren Tieren rufen und Erntewagen schwerbeladen in den Gutshof einfahren.

Wassergöttin – Wassertechnik – Conca del Fucino

Die Conca del Fucino, die zwischen den sie umkreisenden Bergen ruhende, kaum gewölbte Muschel, war bis in das 19. Jahrhundert der drittgrößte See Italiens – ein See der Verhängnisse. Er hatte nur Zuflüsse, aber keine Abflüsse, und bedeutete allen apenninischen Völkern des Altertums einen schreckerregenden Alptraum, einen unheimlichen Verderber, als der er in den Werken von Tacitus und Plinius, von Sueton und Cassius Dio, den beiden großen Historikern der Kaiserzeit, erscheint. Er stieg ohne erkennbare Ursache an und konnte dann das Land bis an den Hügel von Albe Fucens überschwemmen – und er sank ebenso, ohne daß man wußte warum. Die Marser opferten der nur ihnen heiligen Wassergöttin Petonia, denn nur sie bedurften einer Katastrophengottheit, sobald der See stieg. Das heutige Ortucchio am Ostende der Conca war im Altertum die Insel Antuchium. Zwischen Ortucchio und dem etwas nördlichen San Benedetto de' Marsi lag die alte Hauptstadt der Marser, Marruvium, das später in Valeria, noch später in Marzia, im Mittelalter in Marsica umbenannt wurde. Als der See im Jahre 1752 besonders anhaltend sank, tauchten Stadtreste aus den Fluten auf, und man fand Statuen von Kaisern und Kaiserinnen, die heute im Bourbonen-Schloß von Caserta stehen.

Die Geschichte des Sees wurde zum Drama. Die Marser flehten Cäsar um Hilfe an. Dieser versprach sie, wurde aber bald darauf ermordet. Augustus und Tiberius erklärten, Wichtigeres zu tun zu haben, als sich um den See der Marser zu kümmern. Erst Claudius, der vierte Kaiser, fand sich bereit, einen Abfluß anlegen zu lassen – nicht aus Liebe zu den Marsern, sondern weil er Ruhm und Nutzen für sich daraus zu ziehen gedachte.

Elf Jahre lang gruben dreißigtausend Sklaven an einem sechs Kilometer langen Tunnel, dessen Eingang, der Incile, zwischen Luco de' Marsi und Avezzano liegt und der südlich von Capistrello im Osten der Monti Simbruini endet, wo das Wasser in den Liri fließen sollte.

Zur Eröffnung erschien Claudius mit der Kaiserin Agrippina, der Mutter Neros. Zunächst weidete man sich an einem grausamen Schauspiel. Hundert Galeeren wurden mit neunzehntausend Sklaven vollgefüllt, die sich auf dem See des Unheils ein tödliches Gefecht liefern mußten. Die also Verdammten grüßten den sie zum Tode verurteilenden Imperator mit dem bekannten Satz «Ave Imperator, morituri te salutant», worauf Claudius nur trokken antwortete: «Lebt wohl.» Als die Unglücklichen dennoch zögerten – auch Sklaven hängen am Leben –, drohte er ihnen brüllend mit Feuer und Schwert. Dann stieg ein silberner Triton aus dem Wasser. Es war das poetische Zeichen zum Beginn der Schlächterei. Von seinen Thronen beim Incile aus sah das Kaiserpaar zu und ließ den wenigen Überlebenden sogar das Leben. Als dann der riesenhafte Abfluß geöffnet werden sollte, zeigte sich, daß das Gefälle zu gering war.

Der See blieb, und Claudius befahl, die technischen Fehler sofort zu korrigieren. Als es nach längerer Zeit soweit war, erschienen er und Agrippina wiederum zur Eröffnung. Sie hatten sich diesmal ein noch bestialischeres Festspiel ausgedacht. Die ungeheure Fläche des Fucino war ganz mit Brettern überdeckt worden, und auf der so entstandenen Bühne mußten sich Scharen von Gladiatoren gegenseitig niedermetzeln, was sie auch zur vollen Zufriedenheit des Kaisers bis zum letzten Mann taten. Danach gab es ein üppiges Festessen am Ufer. Als die Schleusen geöffnet wurden, stürzte das Wasser mit so sintflutartiger Gewalt in den Tunnel, daß es zu Zerstörungen und damit zu Blockierungen im Innern kam und die Fluten wieder zurückdrängten. Claudius und Agrippina wären beinahe ertrunken. Der Imperator hatte nun keine Lust mehr, sich noch länger mit dem Fucino abzugeben, und Agrippina hatte ihrerseits keine Lust mehr, Claudius neben sich zu sehen, und vergiftete ihn mit Pilzen.

Von da an schlugen alle Unternehmungen und Pläne, den Fucino abzuleiten, fehl, vor allem, weil es immer an Geld mangelte. Erst im 19. Jahrhundert erklärte sich der römische Großbankier Fürst Torlonia bereit, die Finanzierung zu garantieren, und so wurde zwischen 1854 und 1876 ein neuer Abfluß gebaut, wobei man die Bauten des Claudius verwendete; der See wurde endlich ausgetrocknet und in das fruchtbare Land verwandelt, das die Conca bildet. Bei Capistrello liegen der mißglückte Ausgang des Claudius-Tunnels und der etwas tiefer gelegene Torlonia-Tunnel am Steinhang, aus dem die Gewässer, die in der Antike keinen Abfluß hatten und nun im Kanalsystem der Conca gesammelt werden, wasserfallartig herausstürzen. Herrliche Pappelreihen führen beim Incile zu der Stelle, wo Claudius und Agrippina gethront und sich an den von ihnen befohlenen blutigen Schauspielen geweidet haben. Die Göttin Petonia ist dem rechnenden Ingenieur gewichen, und den Nutzen hat nicht Kaiser Claudius gehabt, sondern das Haus Torlonia, denn ihm gehören vierzehntausend von den sechzehntausend Hektar des von Kanälen durchzogenen Neulandes.

«... Angitias Hain und die klaren
Silberfluten des Fucinosees ...»,

deren Vergil gedenkt, sind verschwunden. Doch südlich des Incile bei Luco de' Marsi befinden sich, mitten in den modernen Pflanzanlagen, die Reste des alten Angizia. Im Museum von Avezzano steht das großartige Stadtrelief von Angizia, vermutlich noch aus der vorchristlichen Epoche, das einzige existierende Relief seiner Art; es wurde bei der Trockenlegung des Sees aufgefunden. Angizia war das größte Heiligtum der Heil-Göttin Angitia, und es sind sogar dort Inschriften gefunden worden in einem archaischen marsisch-lateinischen Idiom. Weil sie heilen konnte, erhob die Sage die Göttin zur Schwester der zauberkundigen Medea, die, nachdem sie in Korinth ihre Kinder gemordet und Jason verlassen hatte, bei den Marsern ein neues Leben begann. Der Fucino scheint für die Emigranten der griechischen Mythologie eine besondere Anziehungskraft besessen zu haben.
Das Velino-Gebiet war ebenso reich an Giftschlangen wie an Heilkräutern, und die Marser galten als erfahrene Schlangenbeschwörer und Kräuterkenner, aber auch als Quacksalber, Zauberer und Wahrsager, über die Horaz sich weidlich lustig macht. Doch es ist nicht bei der wohltätigen Heil-Göttin geblieben – ihre

minder wohltätigen späteren Adepten haben sich in die berüchtigten Hexen und Hexer der Abruzzen verwandelt, die nach den neuesten Feststellungen der italienischen Regierung in der erschreckenden Zahl von rund dreitausend ihr verbrecherisches Unwesen treiben, ohne daß man ihrer habhaft werden könnte, weil der von der Angst bestimmte dumpfe Aberglauben abgelegener Abruzzendörfer sie schützt. Man weiß alles über ihre «Heilpraktiken», aber man vermag ihnen nichts nachzuweisen. Eine der zahlreichen namentlich bekannten und gefährlichen Hexen von heute hieß Sabella – und die Sabeller waren im Altertum ein Zwillingsstamm der Marser und pflegten gleich diesen den Kult der Angitia vom Fucino.
Keiner ist so viel und so begeistert durch die West-Abruzzen des Fucino und der Marserberge gewandert wie Wilhelm Waiblinger, der Latium-Dichter. Er hat sie im Distichon verherrlicht, in Tagebüchern beschrieben:

«Drohend umstarren die spiegelnde Flut apenninische Felsen,
und acherontisches Grau'n schattet ins Wasser herab.
Doch Avezzano, es lockt mich zum Strand, ich schweb'
auf dem Lethe,
und das lieblichste Kind ladet zum Mahle mich ein.»

Vom Lethe hat die strandlose Conca der kleinen Industriestadt Avezzano heute nichts mehr an sich.

Kleines Rom – Albe Fucens

Mythik und Geschichte verfließen im Marserlande, und der Velino kann sich nach dem, was er gesehen, mit dem Olymp, dem Pelion und dem Ossa messen.

Aus dem griechischen Altertum hat die Niobe-Sage wohl die meisten Versionen erfahren. Die Fassung des Mythos im Gebiet von Argos erzählt, Niobe habe von Zeus den Pelasgos geboren, den Stammvater der Pelasger, die mit Latium eng verbunden sind. Pelasgos und sein Sohn Lykaon sollen die Menschen das Erbauen der Zyklopenmauern und die Kunst des geselligen Lebens gelehrt haben. Lange vor der Zerstörung Trojas und der Gründung Roms hätten die Pelasger mit den Söhnen Lykaons Arkadien verlassen – die grauenhaften Begebenheiten der arkadischen Lykaonssage fehlen hier vollkommen – und seien in die Ebene des Velino gekommen, um auch hierher mit der Baukunst und den Formen des Zusammenlebens die Anfänge aller Kultur zu bringen. Vertrieben wurde der griechische Stamm aus Halbgöttern und Menschen durch die bereits geschichtlichen Aboriginer, die am Fucino-See von Avezzano lebten, Stammväter der Latiner und Ureinwohner Italiens. Eigenartige, oft kaum erkennbare Reste pelasgischer Namen sollen im 19. Jahrhundert noch im Land um den Velino herum zu finden gewesen sein.
Von Magliano de' Marsi leitet eine sanft ansteigende Straße auf den Hügel von Albe hinauf, zum Albe Fucens der Römer. Sobald wir auf der Höhe von Albe vor der dem Tal sich entgegenrundenden Apsis von San Pietro stehen, einer schon aus dem 5. Jahrhundert stammenden, später frühromanisch erneuerten Kirche auf Fundamenten eines römischen Tempels, empfinden wir in der Tat das Verlangen, zu bleiben, und sei es nur um des Glückes willen, die im wechselnden Licht des italienischen Tages sich unablässig verändernden Linien, Gipfel und Kämme der Berge mit dem Auge nachzuzeichnen.
Im Altertum sind hier zwei Könige in der Gefangenschaft Roms gestorben – Syphax von Numidien, der 205 v. Chr., und Perseus, der letzte Antigonide von Makedonien und jämmerliche Nachkomme Alexanders des Großen, der 168 v. Chr. gefangengenom-

men wurde. Wie und unter welchen Umständen der Balkanese und der Afrikaner zugrunde gingen, weiß niemand. Nur der römische Sieger und der römische Kerker waren ihnen gemeinsam. Unten an der Straße zwischen Avezzano und Magliano de' Marsi wird ein Grabmal unbekannten Alters als Monument des Perseus ausgegeben, und Syphax, der Wüstenkönig, wurde als Gemahl der unseligen Karthagerin Sophonisba zum viel applaudierten Opernhelden des Barock.

«Göttliches bietest dem Auge du dar in Thal und Gebirgen.
Hier der Velino, und dort strahlt aus der Tiefe der See!
Einst als Gefangener saß der König Syphax in Alba,
Mir auch hat es, dem Frei'n, Wasser und Brot nur beschert.»

So hat Waiblinger gedichtet.
Säulenreste stehen vor der Kirche, und die korinthischen Säulen des alten Tempels stützen das Innere. Wenigstens die kostbarsten Werke haben das vernichtende Erdbeben überstanden, das 1915 das Land zwischen Avezzano und Arpino verwüstet hat: diese Säulen, die cosmatische Chorschranke und der Ambo, die Kanzel von der Hand des gleichen Meisters, die mit ihrer fast an einen Tempelgiebel erinnernden Front zu den vollkommensten Werken ihrer Art gehört. Die unvergleichliche Holztüre von San Pietro befindet sich heute im Museum von L'Aquila. Um die Außenwand der Apsis läuft ein Zierstreifen mit meisterhaft gearbeiteten Tier- und Menschenköpfen, deren ernste Augen in ihrer steinernunberührbaren Gleichgültigkeit schon über die Schlacht im Tale hinweggeglitten sind. Was eigentlich ist Gegenwart? Was Vergangenheit? Sind sie identisch und wir beachten es nur nicht?
In der Talmulde wird das Forum Romanum ausgegraben. Es muß von eigener Großartigkeit gewesen sein. Was hat Albe Fucens für eine Geschichte gehabt?

Megalithische Mauern weisen in die mykenische Epoche, die wir schon in Arpino erlebt haben. Wir wandern langsam auf der anderen Seite des Dorfes zu den Ruinen eines alten Schlosses der Orsini hinauf, Bauten von ungewöhnlichen Ausmaßen. Kaum vermögen wir uns noch vorzustellen, wie sie ausgesehen haben könnten, ehe das Erdbeben sie vernichtete. Bäume wachsen in den weitläufigen Mauern, Hirten haben sich im Gestein ihre Ställe eingerichtet. Wie wenig ist im Grunde von den großen Geschlechtern der römischen Geschichte geblieben, die ihre Bauten für die Dauer errichtet glaubten. Aber die Hirten, die dem Vorübergehenden immer stumm nachblicken, doch immer gleich freundlich antworten, wenn man sie anredet oder fragt – sie, die keine Geschichte haben, doch das Lebendige hüten und das Anvertraute bewahren, sind das Bleibende aller römischen Landschaft noch heute, unterworfen allein der Jahreszeit, nicht den Zeiten der Völker und der Herren, die sie alle überlebt haben.

Sarazenen, Ghibellinen, Maler – Saracinesco und Anticoli Corrado

Im sabinischen Bergland der Monti Ruffi, das nördlich und östlich von dem bald nach Arsoli die Via Valeria berührenden Aniene, westlich vom Fiumicino, südlich vom Cona della Rocca und den diese Flüsse begleitenden Straßen umgrenzt wird, so daß eine fast intime Abgeschlossenheit entsteht, lebten vor den Römern die Äquer, die, gleich allen anderen kleinen Völkerschaften, Rom unterlagen und deren östlichste Stadt Albe Fucens gewesens ist. Über der wasserreichen Piana di Arsoli, der in arkadischem Frieden ruhenden, vom Aniene durchteilten kleinen Ebene, liegt Marano Equo, der einzige Ort, der den Namen jenes vergessenen Volkes noch bewahrt hat. Nahe der Stelle, wo die Via Sublacense aus der Via Valeria abzweigt, entspringen die Quellen der römischen Aqua Marcia – so genannt nach dem römischen Heerführer Marcius, dem Erbauer des ersten Aquäduktes von 144 v. Chr. – und der Aqua Pia, der beiden wichtigsten Quellen, die Rom versorgen, die älteste und die jüngste. Die Aqua Pia heißt nach Pius IX. Am 19. September 1870, vierundzwanzig Stunden ehe die Truppen des neuen Italien Rom einnahmen und dem Kirchenstaat ein Ende bereiteten, erschien der Papst persönlich zur Grundsteinlegung des Aquädukts. Rom eine neue Quelle zu schenken, war seine letzte Tat als weltlicher Herrscher.

Der Name Saracinesco ist die deutlichste, wenn auch nicht die einzige Erinnerung an die Sarazenen, die im 9. Jahrhundert Latium ganz beherrschten, Festungen errichteten und sogar hofften, die grüne Fahne des Propheten auf der Peterskirche in Rom aufpflanzen zu können; viel hätte nicht gefehlt, und es wäre ihnen gelungen. Eine ihrer Gründungen ist das fast tausend Meter hoch auf einem Bergkegel liegende Saracinesco. Noch im 19. Jahrhundert lebten in Tracht und Wesen der Dorfbewohner islamische Relikte fort.

Konrad von Antiochien, dem Saracinesco gehört hat, der Konradin nach Tagliacozzo begleitet hatte und dort nach verlorener Schlacht in Gefangenschaft geraten war, mußte von Karl I. widerwillig freigelassen werden, denn seine Gemahlin Beatrice, die Tochter Galvano Lancias, hielt in Saracinesco zwei hohe guelfische Würdenträger gefangen, Napoleone und Matteo Orsini, die Brüder des mächtigen Kardinals Giovanni Gaëtano Orsini, der uns als Papst Nikolaus III. im Norden Latiums wiederbegegnen wird; die Gräfin drohte, sie werde die beiden sofort umbringen lassen, sollte dem Grafen etwas geschehen.

Als Konradin voller Hoffnungen nach Tagliacozzo zog, war er Gast auf dem Schloß gewesen – und auf der Flucht nach der Katastrophe hat die Gräfin ihren königlichen Vetter noch einmal bei sich aufgenommen. Hier hat er vom 31. August bis zum 1. September 1268 seine letzte Nacht in Freiheit verbracht, ehe er mit seinen Freunden den verhängnisvollen Weg an die Maremmenküste von Torre Astura antrat. Müßig zu fragen, ob die europäische Geschichte vielleicht einen anderen Verlauf genommen hätte, wäre der Prinz entschlossen gewesen, in Saracinesco zu bleiben und sich zu verteidigen. Der Bergkegel wäre, so scheint es selbst dem späten Betrachter, erfolgreich zu halten gewesen. Aber Geschichte ist nicht nach Hypothesen zu beurteilen. Die kopflose Panik des Tages von Saracinesco gehört zum Schicksal und Verlöschen der Staufer; es ist die Panik eines sich auflösenden Äons, das der Knabe nicht mehr meistern, nur noch als Opfer der Schuld seiner Väter erleiden konnte. Unheimlich kann die Wirklichkeit hinter dem Wort aus dem Prediger Salomonis aussehen: «Wehe dem Land, dessen König ein Kind ist.»

Das Leben Konrads von Antiochien ist vom Tage von Tagliacozzo an zur Odyssee geworden. Er mußte am Hofe Papst Klemens' IV. in Viterbo leben, wo jedoch die wertvollen Geiseln auf Schloß Saracinesco den wirksamsten Schutz für sein Leben bildeten. Erst der milde Papst Gregor X., nach langem Interregnum zum Nachfolger Klemens' IV. gewählt, ließ ihn frei. Von nun an führte Konrad einen unablässigen Kleinkrieg gegen Karl I. und alles, was mit den Interessen der Anjou zusammenhing – ein Michael Kohlhaas des Ghibellinentums. Im Jahre 1282 beteiligte er sich an den Vorbereitungen zur Sizilianischen Vesper, die, wenigstens in Sizilien, der Schreckensherrschaft der Anjou ein Ende bereitete. Von Saracinesco aus versuchte Konrad, seine Besitztümer in den Abruzzen wiederzugewinnen, darunter auch Albe Fucens, dessen Grafentitel er führte. Aber erst nach dem Tode Karls I. drei Jahre später gelang es ihm, eine ganze Reihe von Kastellen zu nehmen. Doch er verlor alles wieder, und bald darauf verloren sich für lange auch seine Spuren. Dann tauchte er zu

Beginn des 14. Jahrhunderts plötzlich als Herr von Albe Fucens und Scurcola wieder auf, Grafschaften, die bald der emsige Aufkäufer schöner Ländereien, Papst Bonifaz VIII., für seine Nepoten erwarb, ehe der ruhelose Enkel des Stauferkaisers starb. So romanhaft wie sein Leben war auch das seiner Söhne und deren Nachkommen, die es teilweise zu Großwürdenträgern im spanischen Sizilien brachten, anders als jene seines gleichnamigen Sohnes, die in Latium blieben und, nachdem sie alles verloren und einer sogar auf dem Kapitol hingerichtet worden war, als Kleinbürger in Rom endeten. Der letzte, der den Namen trug, war ein bezopfter römischer Winkeladvokat des 18. Jahrhunderts.
In Latium und in den Abruzzen hat sich die Spur dieser adeligen ghibellinischen Freibeuter verloren – doch nicht ganz, denn in der Pfarrkirche von Sambuco bei L'Aquila ist das Fragment einer Grabinschrift erhalten; das noch Lesbare heißt: «D. O. M. Familia ex stirpe regia De Antiochia ...» Dann nichts mehr; die Familie aus dem königlichen Stamm von Antiochia; nur in diesem Stein noch lebt der Name der fernen Metropole im Orient fort, der irgendwann einmal nach Latium gekommen, irgendwann wieder verschwunden war und sehr viele unbeantwortete Fragen mit sich genommen hat. Und von der Höhe von Saracinesco sieht man hinüber nach Anticoli Corrado, das den Namen seines ersten Grafen, Konrads von Antiochien, dem Ortsnamen hinzugefügt hat.
Von dem kleinen Hochplateau von Saracinesco aus nach dem gegenüberliegenden Sambuci zu schauen, macht uns deutlich, was die Maler seit anderthalb Jahrhunderten immer wieder hiehergezogen hat. Die Bergnester der Monti Ruffi sind schon von ihrem Wesen her malerische Impressionen. Unendlich erscheinen die Farbwandlungen zwischen Kalkgestein und schwelgendem Grün. Aber es waren darüber hinaus auch die Menschen, nach denen die Maler suchten. Die Saracineschi galten, nicht anders

als die Leute von Anticoli Corrado, als Menschen von eigenartiger Schönheit, die als Malermodelle weit begehrt waren. Im Herbst zogen sie nach Rom, wo sie nicht lange zu warten brauchten, bis sie in einem Atelier Arbeit fanden. Viele der Mädchen kamen niemals mehr zurück, sondern heirateten deutsche Maler, wurden Marchesa oder Lady.

Über den Berg führt keine Straße, und so kehren wir auf die Via Valeria zurück, fahren noch einmal die wenigen Kilometer in der Richtung nach Arsoli und hinauf nach Anticoli Corrado, das ebenso alt ist wie Saracinesco – einer der gerade hier im Äquerlande häufigen Orte, die nur die italienische Sprache adäquat zu charakterisieren vermag. Sie sind *accoglienti,* sie nehmen den Ankommenden wie selbstverständlich in sich auf, lassen ihn an ihrer Schönheit, ihrem halb verborgenen Zauber teilhaben. Anticoli Corrado krönt nicht so sehr den baumreichen, wohlgeformten Hügel, sondern es liegt da wie die Krone um eine Stirne. Der deutsche Maler Heinrich Franz-Dreber, ein Schüler Ludwig Richters, der dreißig Jahre lang die Sabina durchstreift hat, ist der Entdecker der malerischen Welt von Anticoli Corrado, wo er auch gestorben ist. Nicht das Heroische und nicht das Idealisierte römischer Landschaft, sondern das mythisch-pantheistische Element hat er hier gesucht, gefunden und zu Bildern werden lassen. Ihm folgten die Maler anderer Länder, und noch heute haben viele von ihnen in Anticoli Corrado ihr Atelier. Auch Kokoschka hat hier geschaffen und setzt in seinem Bilde vom Korntreten von Anticoli, wo Menschen und Tiere in einem rauschenden Fest aus Farbe und Bewegung, aus hymnischem Tanz und heiliger Freude das Glück der Erntefülle ausströmen, eine reiche Überlieferung fort.

Wir gehen die Hauptstraße hinauf, aus dem Ort hinaus in das freie Land mit seinen Herden, seinen nicht als Hain gepflanzten, sondern weit auseinanderstehenden Ölbäumen, sanft ansteigenden Wiesen, Felsblöcken und Weiden, über denen der späte Segen des Jahres sich ausbreitet. Alles wirkt so sehr wie ein Romantikerbild, daß man sich wundert, die weidenden Tiere gehen, die Bäume sich bewegen zu sehen.

Küste des Verderbens – Torre Astura

Um nach Torre Astura südlich von Anzio zu gelangen, der bedeutendsten Festung der Marittima von Latium im Mittelalter, auf deren Schutz Rom zählen konnte, bedarf es der Erlaubnis des Fürsten Borghese in Nettuno, denn ihm gehört das riesige umzäunte, am Meer sich hinziehende Jagdgebiet um das verlassene Schloß. Lange fährt man durch Pinien und wandert dann über die Dünen am Strand dahin bis zu dem ins Meer gebauten Schloß, zu welchem eine lange Brücke wie in eine grenzenlose Leere hinüberführt.

Im Altertum besaß Cicero hier eine seiner vielen pompösen Villen, die er sich von seinen Honoraren als Anwalt leisten konnte. Gehörte das große schöne Bodenmosaik der selten gut erhaltenen Anlage eines Fischbeckens, über das leise klatschend das Meerwasser spült, zu dieser Villa, in der genauso wie in den Villen von Grottaferrata und Formia Ciceros geliebte Tochter Tullia gestorben sein soll? Es ist nicht sicher. Aber sicher ist, daß Cicero, nachdem er die Nachricht von seiner Proskription, seinem Steckbrief, erhalten hatte, mit dem Bruder Quintus von Torre Astura geflohen ist, nach Formia in den Tod. Und Sueton berichtet, hier hätten sich Augustus und Tiberius die Todeskrankheit zugezogen. Plinius endlich überliefert, Caligula sei von Astura zu Schiff nach

149 Die Pineta von Torre Astura – Dickicht deckt den Untergang

Anzio gefahren, aber ein Schellfisch sei dem Steuer gefolgt, was als Unglückszeichen galt; kurz darauf wurde der Tyrann ermordet.

Zu keiner Zeit ist Torre Astura etwas anderes gewesen als eine Stätte des Unheils und schicksalsschwerer Vorbedeutung. Die Menschen, die um das Schloß herum die Küsten bewohnten, waren krank vom Fieber der sumpfigen Maremme, und unter der ausgebreiteten Schönheit der Landschaft mit ihren Ausblicken hat von jeher die Heimtücke gebrütet. Die Natur säte und erntete Tod, die Menschen säten und ernteten Verrat. Und doch sind von keinem Punkt der Küsten Latiums die Sichten so reich an Skalen des Lichtes, so bannend an Schönheiten der Küstenlinien und der Bergkonturen hinter der Pontinischen Ebene.

Latium und Hellas, die Gegenwart und Homer werden eins an dieser Küste. Anschauung wird Gedicht, Gedicht Anschauung.

Als Goethe die Via Appia hinunterfuhr, dachte er auf der Höhe von Torre Astura bewegt der Leiden Konradins. Aber er hat das Schloß nie gesehen. Wir sind gekommen, um, nach der Entscheidung der Geschichte in der Velino-Ebene, noch die beiden letzten Stationen nachzuerleben, wo die Niederlage eines Zeitalters in einer *passio humana* endete, die das Mittelalter in beispielloser Weise erschüttert hat.

Als Konradin von Saracinesco nach Torre Astura floh, um mit seinen wenigen Begleitern, darunter Galvano Lancia und dessen Sohn Galeotto, zu versuchen, das noch kaisertreue Pisa zu erreichen, bewachte der guelfische Giovanni Frangipani, den die Staufer aus dem Nichts emporgehoben hatten, als nunmehr päpstlicher Lehensherr die Küste. Er fing die Flüchtlinge, die noch kaum auf das offene Meer gelangt waren, wieder ein und verkaufte sie wie Schlachtvieh an Karl I. – «pro immenso pecuniae quantitate», für eine Unsumme Geld.

Von Torre Astura aus hat die Konradinslegende im Zusammen-

hang mit den historischen Ereignissen und zugleich aus dem Boden Latiums wachsend ihren Anfang genommen, in einer eigentümlichen Verknüpfung mit der Ur-Legende von Ninfa, die uns in den Monti Lepini begegnet ist. Die Nymphe in ihrer verderblichen Gestalt – denn die Fieberdünste reichten bis hierher – sei, so hieß es, die Tochter des verräterischen Frangipani gewesen und habe sich in Konradin verliebt; ihren – historischen – Bruder brachte Bernardo da Sarriano achtzehn Jahre nach dem Verrat um, als er mit einer Flotte von Sizilien heraufkam und Torre Astura zerstörte, um Konradin zu rächen.
Nicht ganz hundert Jahre nach Konradins Ende errichtete ein unbekannter Verehrer an der Hinrichtungsstätte in Neapel eine Sühne-Säule mit einem Distichon, dessen symbolschwere Wortbedeutung noch immer trifft:

«Asturis ungue leo pullum rapiens aquilinum
Hic deplumavit acephalumque dedit.»

«Nachdem die Kralle des Habichts [astore, das Wappen der Frangipani] den jungen Adler [Konradin] gepackt, riß ihm der Löwe [leo, das Wappen der Anjou] hier [in Neapel] die Federn aus und enthauptete ihn.»
Die Geschichte wartet oft lange mit ihrem unfehlbaren Gericht. Vierhundert Jahre später, 1671, wurde der letzte direkte Nachkomme des Frangipani von Torre Astura als Hochverräter in Wien geköpft, weil er sich an der ungarischen Verschwörung von Szapary gegen Kaiser Leopold I. beteiligt hatte.
Die alte Festung des 13. Jahrhunderts ist in einem späteren Bau des 16. Jahrhunderts aufgegangen, der ersten in Form eines Pen-

152/153 Torre Astura – Festung des Verrates

tagons gebauten Burg. Als sie 1874 unter den Hammer gebracht werden sollte, interessierte Ferdinand Gregorovius persönlich den damaligen Kronprinzen Umberto von Italien, und so blieb das kleine Schloß am Meer erhalten. Heute steht Torre Astura leer. Was hat sich einmal in seinen Mauern Verzweiflungsvolles abgespielt? Man braucht nicht sentimental zu sein, um es nachzuvollziehen – man braucht nur ein Mensch zu sein; menschliches Leid und menschliche Verlassenheit sind an kein Jahrhundert und an keine Zeit gebunden.

V

König und Dichter in Ketten – Castel San Pietro Romano

Das kleine, saubere Nest, zu welchem eine Straße von Palestrina sich hinaufwindet und das 750 Meter hoch auf der Bergkuppe oberhalb der Stadt liegt, fühlt sich der Moderne anscheinend besonders verbunden, seit dort oben vor einigen Jahren ein Film gedreht worden ist. Man lächelt etwas über die rührende Emphase, mit der die Ortsväter das Plätzchen vor dem letzten Aufstieg «Piazzale Europa» getauft haben, nicht ohne an die «piazza» die ins Machtvolle erweiternde Silbe anzuhängen und ein «piazzale» daraus zu machen. Doch außer dem Namen erinnert wenig an Europa.

Am Fuße der Bergkuppe erstrecken sich Äcker durch das steinige, wellige Gelände, und die Bauern von San Pietro lassen noch heute primitive Pflüge, die zu Zeiten Vergils kaum eine andere Form gehabt haben können, von mageren weißen Kühen und Ochsen mit weitgeschwungenen Hörnern durch die rote Erde ziehen. Aber sie zeigen dabei, wie Renoir es so schön augedrückt hat, «Würde im Elend»; sie sind «Menschen, die ihr Feld mit den Bewegungen eines Königs umpflügen». Die Luft hier oben ist frisch, der Wind weht scharf. Wie eisig müssen die Winter auf dieser Höhe sein!

Etwas abseits vom Ort mit seinen nur wenig mehr als sechshundert Einwohnern steht auf dem Grunde der uralten Akropolis von Palestrina die mächtige Ruine des Kastells, einst ein festes Schloß der Colonna, das dem Dörfchen den Namen gegeben hat. Hier begegnet uns Konradin zum letztenmal in Latium. In Genazzano südlich von Palestrina an Karl I. ausgeliefert, der den Kaufpreis an den Frangipani pünktlich bezahlt hatte, wurde er Zeuge, wie der König die beiden Galvano, seine nächsten Verwandten, öffentlich hinrichten ließ, den Sohn vor dem Vater. Dann schleppte der König sein Opfer selber hinauf nach San Pietro in den Kerker, ehe er nach Rom ging, um sich dort von dem käuflichen Senat als größten Herrscher Italiens feiern und seine Statue auf dem Kapitol aufstellen zu lassen.

Der Kaiserenkel hatte in San Pietro Zeit, die Hoffnungslosigkeit seiner Lage zu überdenken. Auch die neueste Forschung hat nur bestätigen können, was man meistens als germanische Tendenzmalerei beurteilt hat: Karl I. war kein König, sondern nur ein jeder Gnade unfähiger blutiger Scherge. Er bewies es vollends, als er nach zwei Wochen den Gefangenen mit seinen Leidensgefährten, darunter den Freund Herzog Friedrich von Baden und den Infanten Heinrich von Kastilien, wieder abholte, um sie nach Neapel zu Schafott und Kerker zu zerren. Auf der Straße, die fünfundsiebzig Jahre zuvor Kaiser Heinrich VI. als Triumphator und unmenschlicher Eroberer gezogen war, um sein neues Reich Sizilien zu beherrschen und zu unterdrücken, mußte der Urenkel gefesselt hinter dem ebenso unmenschlichen König und dessen berittenem Gefolge herlaufen und sich verhöhnen lassen. Dieses Bild hat die Geschichte nur einmal gemalt. Alle Verse der Dichter späterer Jahrhunderte sind hinter diesem Bild zurückgeblieben.

Irgendwo tief unter dem wild wuchernden Efeu der Ruine und den zyklopischen Trümmern des Kastells müssen noch die undurchdringlichen Mauerreste stehen, an die der kindliche Prinz gefesselt war.

Dann kamen Jahre, in denen, die vergangene Tragödie Konradins überlagernd, die selige Margarete Colonna das Schloß bewohnte und ein entsagungsvolles Leben nach der Regel der Clarissinnen führte, bis sie 1284 hier starb.

Nicht allen Colonna diente die Burg zu so erbaulichem Tun. Vor einigen Jahren brachte die Gemeinde von Castel San Pietro an der Burgmauer eine Marmortafel an für den heiligen Berardo dei Marsi, einen päpstlichen Legaten aus dem 12. Jahrhundert. Diese hohe Würde schützte ihn jedoch nicht davor, vom Begründer des Hauses Colonna, Pietro della Colonna, einem besessenen Priesterfeind, in eine wasserlose Zisterne im Inneren der Burg versenkt zu werden, worauf ein als Bettler verkleideter Soldat sich an den schlafenden Wachen vorbeischlich und Berardo herauszog, so daß dieser sein Erdendasein als heiligmäßiger Bischof beschließen konnte.
Dreißig Jahre nach Konradin schloß sich der Kerker von San Pietro hinter einem der größten Dichter Italiens. Jacopone da Todi, der ein wohlhabender Rechtsanwalt in Todi gewesen war und der als Minorit und Mystiker seinen heiligen Ordensstifter Franziskus allzu wörtlich verstand, um ihm allzu wörtlich nachzufolgen, hatte sich furchtlos der Machtkirche seiner Tage entgegengestellt und es im Jahre 1294 gewagt, die Abdankung Papst Cölestins V., des Engelpapstes, für ungerechtfertigt und erzwungen zu erklären und sich gegen dessen Nachfolger Bonifaz VIII. aufzulehnen. Als der unchristliche Caëtani-Papst, dessen Gestalt hier plötzlich wieder vor uns auftaucht, Palestrina vom Erdboden vertilgte, wurde er auch des Dichters habhaft, der hier mit wenigen Mitbrüdern eine bescheidene klösterliche Niederlassung gegründet hatte. Jacopone wurde mit jenem Argument eingekerkert, das Diktatoren – und Bonifaz VIII. war ein Diktator – immer geläufig ist. Was der Papst Rebellion gegen die Kirche nannte, war in Wirklichkeit nur Aufbegehren gegen seine eigene Machtpolitik, und das Wort des Dichters bedeutete für den päpstlichen Machthaber eine gleiche Gefahr, wie Jahrzehnte zuvor der Name des machtlosen Konradin für Karl I. eine immerwährende Bedrohung gewesen war. Was Jacopone in den einsamen fünf Jahren

seiner Kerkerzeit gedichtet, hätte ihn das Leben gekostet, wäre es Bonifaz VIII., der so gnadenlos wie Karl I. war, zu Gesicht gekommen. Er schleppt die Ketten die wenigen Schritte weit, die er sich bewegen kann. Er kleidet seinen Hunger in Spielmannsverse von satirischer Verzweiflung. Er fleht den Papst im tauben Stein vergebens an, ihm wenigstens den erlösenden Ablaß des Jahres 1300, des ersten heiligen Jahres, zu gewähren:

«Willst Du nie das Wort mir sagen:
Alter, stehe auf und gehe!
Daß das jahrelange Wehe
Auf in Jubelliedern quelle.»

Bis er in seinem großen *Lied aus dem Gefängnis* aufschreit:

«Flattert Verse in die Luft
Auf aus Jacopones Gruft,
Hin nach Rom und allen Zonen
Allen Völkern und Nationen,
Kündet, wie ich hier verschmachte,
Und wie man am Hof zu Rom
Holen kann sich solchen Lohn.»

Auf dem Felsen des Eustachius – Die Mentorella

Zu den Augenblicken, zu denen man sagen möchte, sie sollten um ihrer Schönheit willen verweilen, wird immer die Fahrt über die serpentinenreiche Straße hinauf nach Guadagnolo gehören, dem höchsten Dorfe Latiums im Zentrum der Monti Prenestini.
Das Dorf aus der Zeit vor 1100 mit nur einem halben Tausend

Einwohnern liegt 1218 Meter hoch. Es hat keine Geschichte und besitzt keine Kunstwerke. Auch der Name Guadagnolo ist eigentümlichen Ursprungs; die natürlich bettelarmen Bewohner erhielten von den Pilgern des nahen Heiligtums der Mentorella einen kleinen Lohn, einen «guadagno piccolo» für ihre freundlichen Hilfeleistungen.

Unterhalb von Guadagnolo zweigt ein Maultierpfad ab und führt in mäßigem Gefälle in zwanzig Minuten zu dem an einem zugleich bergenden wie festungsartig aufragenden Felsvorsprung gelegenen Heiligtum, das ohne Zweifel nur wenig jünger ist als das Sanktuarium am Monte Autore. An seine Entstehung knüpft sich sowohl die Konstantin-Silvester-Legende, wie die von hier, jedenfalls für Europa, ausgehende Eustachius-Legende, die nördlich der Alpen später als Hubertus-Legende fortlebte. Die in der frühmittelalterlichen Welt auf das weiteste verbreitete, so poetische Eustachius-Legende ist jedoch ganz orientalischen Ursprungs und geht aus vom heiligen Eustathius, der als Patriarch von Antiochien am Konzil von Nicäa teilgenommen hat und als Bekenner der Rechtgläubigkeit in der Verbannung gestorben ist. Die Felskuppe oberhalb der Mentorella-Kirche, zu deren kleiner Eustachius-Kapelle eine Scala Santa, eine heilige Treppe, hinaufführt, paßt indessen so schön zu der bildkräftigen Legende des vor Eustachius fliehenden Hirsches, der keine Rettung mehr sieht und in dessen Geweih der verfolgende heidnische Jäger aus der Zeit Kaiser Trajans den Jesusknaben erblickt, worauf er die Verfolgung der wehrlosen Kreatur aufgibt und sich bekehrt, daß man die Legende als einen tiefen Ausdruck innerer Vorgänge gelten läßt und ihre Wirkung auf die schlichten Christen der ersten Jahrhunderte nach dem Ende der heidnischen Verfolgung versteht. Daß die bald darauf sich bildende, nun bereits kirchenpolitische Konstantin-Silvester-Legende, die uns noch im Norden Latiums beschäftigen wird, sich auch dieses Heiligtums bemächtigt hat und erklärt, Konstantin habe die erste Kirche gebaut und Papst Silvester I. vom Monte Soracte herbeigeholt, um sie zu weihen, ist weniger erstaunlich, aber auch weniger anziehend.

Mentorella hieß ehedem das ganze prenestinische Land innerhalb des durch San Gregorio da Sassola, Capranica Prenestina, San Vito Romano und Ciciliano – in dessen Nähe noch heute eine Eustachiusquelle fließt – angedeutete geographische Viereck, ein Zeichen für die hohe Bedeutung des Heiligtums in der Anschauung des Volkes.

Die Dokumente Papst Gregors I. d. Gr. über die Mentorella werden nicht allgemein als echt anerkannt, so wenig wie die Aufenthalte der Heiligen Benedikt und Franziskus in den Felsenhöhlen über der Kirche.

Die hochmittelalterliche Blütezeit der Mentorella begann, als der Bruder Papst Innozenz' III., Riccardo Graf Conti, Herr von Poli wurde, wo die Conti bis zu Beginn des 19. Jahrhunderts als Herzöge saßen. Aber damals hieß sie weder nach Eustachius noch nach Silvester, sondern war Marienheiligtum geworden, ohne daß man deshalb den legendären Jäger vergessen hätte – im Gegenteil; die Grafen von Poli bauten die Legende zielbewußt in ihrem dynastiepolitischen Interesse aus und erklärten sich zu direkten Nachkommen des Eustachius, was ihren Nimbus in den Augen der unwissenden Wallfahrer noch glanzvoller erscheinen ließ.

In wie pikanter Weise sich Heiligkeit und Territorialinteressen vermischen konnten, zeigt die Ablehnung des Planes der seligen Margarete Colonna aus Castel San Pietro Romano, die längere Zeit auf der Mentorella lebte und hier gerne ein Franziskanerinnenkloster gegründet hätte. Der damalige Graf von Poli verbot es ihr, weil er fürchtete, die kriegerischen Colonna könnten sich zugleich mit den büßenden Schwestern einnisten und die Herrschaft der Conti gefährden. So mußte die Selige nach San Pietro zurückkehren. Aber ihr Name ist mit einem sehr alten Brauch in Beziehung zu setzen. Die Pilger schrieben dem Gras, auf welchem Margarete vor der Kirche zu beten pflegte, Heilkräfte zu, und es kommt noch heute vor, daß Wallfahrer an der Mentorella Gras pflücken, es mit dem Gnadenbild in der Kirche in Berührung bringen und als Schutzmittel gegen Krankheiten mitnehmen. Der Glaube der Armen geht andere Wege als die Familienpolitik der Herrschenden.

Das Haus Conti hat bis zur Verstaatlichung der Mentorella im Jahre 1879 fast alle Äbte, später Commendatar-Äbte, wie man die Ehrenäbte nannte, gestellt. Und als im Hochbarock noch einmal ein Conti Papst wurde – es war Innozenz XIII. –, wollte er auch als Papst Abt der Mentorella bleiben, wo sein Herz heute beigesetzt ist.

Vom 15. bis zum 17. Jahrhundert war die Mentorella – etwas Seltenes bei Heiligtümern solchen Ranges – in Verfall gesunken. Daß sie auferstanden ist, hat sie einem der größten Deutschen Roms zu danken, dem genialen Jesuiten Athanasius Kircher. Der universale Forscher auf sechzehn Gebieten, der Geschichte und der Sprachwissenschaft, der Musik und der Archäologie, des Magnetismus und der Optik, der Harmonielehre und der Tonpsychologie, der Metaphysik und der Ozeanographie, der Chemie und der Orientalistik, der Astronomie und der Zoologie, der Botanik und der Sinologie, hat Latium durchwandert und das erste Buch darüber geschrieben. 1661 von Ciciliano heraufkletternd, sah er die Mentorella zum erstenmal: «Als ich nun immer tiefer in diese schaurige Gegend eindrang, bemerkte ich plötzlich zwischen dem Schatten der Bäume und den Felsen ein Dach. Als ich näher kam, fand ich mich vor einer offenstehenden und vor Alter ganz verfallenen Kirche. Voller Staunen hielt ich inne, ungewiß, was es mit diesem Gotteshaus in einer solchen Einöde auf sich

haben könnte. Ich trat ein und fand eine weite Kirche mit ehrwürdigen Bildern vor. Jeder Gegenstand atmete die Ehrfurcht einer vergangenen Frömmigkeit.»
Keiner schlug dem berühmten Mann die Bitte um finanzielle Hilfe für die Wiederherstellung der Mentorella ab, weder Kaiser Leopold I. noch Don Pedro Antonio d'Aragona, der spanische Vizekönig von Neapel, der die Kosten für die Restaurierung der Eustachiuskapelle übernahm; weder Kurfürst Ferdinand Maria von Bayern, noch Wallensteins Neffe, Graf Friedrich Wallenstein, der die Scala Santa finanzierte, die bis 1947 gehalten hat und dann erneuert wurde. Noch Maria Theresia schickte für das Gnadenbild der Madonna ein Silberbrokatkleid, das später in eine Kasel verwandelt worden und noch zu sehen ist. 1664 konnte die Mentorella in neuem Glanz neue Pilgerströme aufnehmen. Als Hauptfest wählte Athanasius Kircher jedoch den Michaelstag, den 29. September, weil der Erzengel in Latium die höchste Verehrung genoß und der Tag zwischen dem Ende der Getreideernte und dem Beginn der Weinernte günstig war. Der Verlassenheit von Jahrhunderten folgte ein neuer Überschwang. Die Pilger, die von weit her, sogar aus Campanien kamen, brachten nicht selten ihre lose sitzenden Messer mit, doch taten die beim Messer endenden Auseinandersetzungen der Andacht und der frommen Belagerung der Beichtstühle keinen Abbruch.
Nach dem Zweiten Weltkrieg fand man in einer Kassette die Marienweihe wieder, die Athanasius Kircher mit seinem eigenen Blut niedergeschrieben hat. Als Kircher 1680 starb, versenkte man sein Herz, wie er es gewünscht hatte, vor dem Hauptaltar der Mentorella in den Steinboden.
Die Basilika der Mentorella ist als Bauwerk des 13. Jahrhunderts anzusehen. Von den frühen Malereien sind nur Fragmente erhalten, die Fresken des Quattrocento befinden sich in besserem Zustand, die des 17. Jahrhunderts sind nicht sehr bedeutend. Das

aber wird aufgewogen durch andere Kunstwerke, die allein schon eine Fahrt zur Mentorella rechtfertigen. Wir haben bereits die herrlichen Madonnen von Alatri und Scurcola gesehen. In der Mentorella-Kirche steht als dritte Maria mit dem Kind ein Kunstwerk höchsten Ranges aus der Wende vom 12. zum 13. Jahrhundert in Latium. Im Chor befindet sich die aus der gleichen Zeit stammende Holztafel, auf der die Eustachius-Legende mit der legendären Silvester-Weihe verbunden erscheint, das Werk eines kraftvollen, bäuerlichen Meisters Guglielmo, der es sich als Altar-Predella gedacht haben könnte. Diese Weihetafel ist das einzige derartige Werk, das die Kunstgeschichte kennt. Aus etwas späterer Zeit stammt der siebenarmige Leuchter, der in Italien nur sehr selten vorkommt. Wer hat ihn gestiftet? Und auf welchem Wege sind die beiden kostbaren versilberten arabischen Kupferleuchter, wohl aus dem 13. Jahrhundert, auf die Mentorella gelangt? Die Kirche ist auf sie nicht weniger stolz als auf das silberne Vortragekreuz, eine Arbeit aus einer der berühmten Goldschmiedewerkstätten der Abruzzen, oder auf den vielleicht von einem alten rheinischen Reliquiar übriggebliebenen vergoldeten Bogen mit Papst Gregor I. d. Gr., den zweiundzwanzig Bischöfe umstehen.

Die polnischen Resurrektionisten-Patres, die das Heiligtum 1857 in ihre Obhut nahmen, vertrieb der letzte Weltkrieg aus Italien. Seitdem ist die Mentorella erneut vereinsamt. Heute lebt nur noch ein Geistlicher in dem kleinen Kloster. Doch er lebt in einer beneidenswerten Einsamkeit, hoch über dem Tal, das die Monti Prenestini und die Monti Ruffi trennt und wo der Gegensatz von Grenze und Grenzenlosigkeit aufgehoben scheint.

Tempelstadt der Glücksgöttin – Palestrina

Von Guadagnolo herunterkommend, zweigen wir in Capranica Prenestina nach Rocca di Cave ab. Wo jetzt die Trümmer einer Festung der Colonna liegen, stand im Altertum ein übermächtiger Leuchtturm, der den auf dem Meere vorübersegelnden Schiffen wie eine ewige Lampe das nahe Heiligtum der Dea Fortuna von Palestrina anzeigen sollte. Dann fällt das Geschlängel der Straße in kreisenden Wellen steil zu Tal. Das Panorama durcheilt in einem Brio alle Varianten des Großartigen. Unten an der Via Prenestina liegt, in Nußwälder und Kastanienwälder gebettet, Cave mit seiner mittelalterlichen Altstadt. Nach Süden zur Via Casilina hinüber wird die kleine Stadt von der steilen Schroffe der Valle Collerano begrenzt. In einer der Kirchen Caves, in San Carlo, stehen zwei Säulen, die aus dem Tempel Salomons in Jerusalem stammen sollen; unmöglich ist es nicht.

Bei Cave vernichtete der römische Konsul Titus Sicinius im Jahre 276 v. Chr. die Herniker so vollständig, daß das kleine Volk sich nie wieder zu erheben vermochte. Papst Sixtus IV., der sein Franziskanerhabit unter der Tiara bald vergessen hatte und jeden Krieg führte, welcher der Machtsteigerung seiner Familie, der della Rovere, diente, vor allem den Krieg gegen das Haus Colonna von Palestrina, ließ 1484 bei Cave eine eben erfundene, von ihm selber feierlich mit dem apostolischen Segen bedachte Kanone ausprobieren, die, eine mehr als zweifelhafte Auszeichnung, *bombarda sistina* gctauft wurdc. Drciundsicbzig Jahrc später, 1557, mußte ein ebenso besessen Krieg führender Papst, Paul IV., sich in Cave zu einem schmählichen Frieden bequemen, weil er in rachsüchtiger Verblendung der Meinung gewesen war, Philipp II. von Spanien besiegen zu können; er mußte zufrieden sein, vom später berüchtigten Herzog Alba noch glimpflich behandelt zu werden.

Größer als die Ereignisse der Historie war jedoch der Ruhm, den Cave seinen ergiebigen Ammen zu danken hatte. Fast alle Frauen übten hier dieses mütterliche Gewerbe aus, so daß der Magistrat generationenlang beruhigt mit den festen Einnahmen rechnen konnte, die ihm die reichen Brüste seiner stattlichen Bürgerinnen einbrachten. Solche Ammen konnten es zu hohen Privilegien bringen. So dürfte die Familie Petrella im 16. Jahrhundert entzückt gewesen sein, als der große Feldherr Fabrizio Colonna, der Vater der Dichterin Vittoria Colonna, sie für alle Zeiten von Steuern und Abgaben befreite, im dankbaren Gedenken an die Milch, mit der Teodora Petrella die Anfänge seines glanzvollen Daseins genährt hatte. Keine Stadt der Welt hat ein so passendes Wappen wie Cave: ein zweischweifiges, gekröntes nacktes Meerweib mit großen, einladenden Brüsten.

«Und es fehlte auch nicht Praenestes Gründer; ihn zeugte
Nach dem Glauben der Zeit Vulkanus bei ländlichen Herden,
Und man hatte ihn dann am Herde gefunden, den König
Caeculus, und ihm folgte in langem Zuge das Landvolk,
Die das hohe Praeneste und auch der gabinischen Juno
Fluren, des Anios Kühle und auch die bächedurchströmten
Hernikerfelsen bewohnen und die Anagnias Reichtum
Nährte und Amasenus, der Strom ...»

So dichtet Vergil, als er die Heroen aufzählt, die dem Rutulerkönig Turnus gegen Äneas zu Hilfe eilten. Doch der Halbgott Caeculus, der wohltätige Hirtenkönig und Gründer von Praeneste-Palestrina, hat nicht verhindern können, daß Äneas Sieger blieb und das jüngere Rom das ältere Palestrina überhöhte.
Es sind nur wenige Minuten Fahrt von Cave nach Palestrina, das wie ein unverrückbarer, rundlehniger Götterthron über dem wei-

ten Tal des Sacco und dem nordwestlichen Ausläufer der Ciociaria liegt. Zu diesem Götterthron rief das Licht des Leuchtturms von Rocca di Cave die Menschen, um der Dea Fortuna Primigenia, der Urgebärerin, in dem Tempel, der seinen Ausmaßen nach sicher das größte Heiligtum der Antike gewesen ist, ihr Opfer darzubringen.

Als Palestrina am Südhang des Monte Ginestro, des Ginsterberges, gegründet wurde, schrieb Homer an der *Ilias* und der *Odyssee.* Und fast zwölfhundert Jahre lang stand der Tempel als ein Mittelpunkt vorchristlicher Frömmigkeit. Es gab mehrere Fortuna-Heiligtümer in Latium, doch keines ist zur Bedeutung des Tempels von Palestrina emporgewachsen. Hier thronte die Urmutter in der inneren Cella und hielt ihre Kinder, die Geschwister-Gatten Jupiter und Juno, an der milchspendenden Brust, das frühe majestätische Erscheinungsbild der zarten Madonnen *del Latte,* wie sie die sienesischen Maler des 13. Jahrhunderts dargestellt haben. Hier fand, durch Träume zu der Stelle gewiesen, ein gewisser Numerius Suffucius in einem Felsen, dem noch zu sehenden Antro delle Sorti, der Höhle der Geschicke, die alten *Sortes Praenestini,* die Schicksalstafeln der Menschheit, in Form von Stäben aus Eichenholz, während aus einem Ölbaum Honig floß, was als Zeichen der himmlischen Mächte und der Unentrinnbarkeit der Erdenlose gedeutet werden konnte. Man verfertigte aus dem Holz des Ölbaumes eine Lade für die Stäbe, in die alles Kommende eingeritzt war, und ein Knabe mußte die Stäbe mischen und jeden die Zukunft Befragenden einen solchen Stab ziehen lassen. Könige kamen nach Praeneste, um ihre und ihrer Länder Geschicke zu ergründen. Am 11. April war der große Feiertag des Puer-Imperator, des Jupiterkindes, der alljährlich dort auf das festlichste begangen wurde.

Wie die Lose der Menschen und Völker in Palestrina offenbar wurden, so entschied sich hier auch das Schicksal der alten römischen Republik. Wo heute der letzte Turm des von Riccardo Conti, dem Bruder Papst Innozenz' III., erbauten Schlosses in der Campagna, die Torre Piombinara, an der Via Casilina südlich von Valmontone aufragt, lag das alte Sacriportum. Hier besiegte Sulla, dessen Name, mit Marius verbunden, sich uns schon in Casamari aufgedrängt hat, im Herbst 82 v. Chr. in der wildesten Schlacht der Antike Marius den Jüngeren, den Sohn seines verhaßten Gegners. Während Marius mit den Resten seines Heeres nach Palestrina floh, kam es am 1. November 82 vor Rom zur letzten Entscheidungsschlacht zwischen den Römern und den italischen Völkern, die sich noch einmal verzweifelt dagegen wehrten, für immer von Rom verschluckt zu werden. Sie unterlagen Sulla, der den Beginn seiner grauenhaften Diktatur mit der Abschlachtung von viertausend Gefangenen beging, ehe er gegen Palestrina zog, wo Marius sich das Leben nahm. Sulla ließ alle männlichen Bewohner umbringen und das Heiligtum der Fortuna zerstören, doch an seiner Stelle den ungleich größeren Tempel errichten, in dessen Resten das heutige Palestrina steht. Erst im 1. Jahrhundert n. Chr. wurde der neue Tempel in seinen vollen Ausmaßen zu Ende gebaut. Ihm, Sulla, nicht den anderen, den Unterlegenen, waren die Lose des Glücks zugefallen. Der Kult dauerte bis ins 4. christliche Jahrhundert fort. Im Jahre 313 erbauten die wenigen Christen der Stadt die erste Kirche. 274 erlitt der Jüngling Agapit als erster Christ den Märtyrertod, indem man ihn an den Beinen hängend verbrannte – zehn Jahre nachdem die Palestrinenser Kaiser Julian Apostata, der wieder zum Heidentum zurückgekehrt war, ein Denkmal errichtet hatten.

168/169 Gipfel des Tempels der Dea Fortuna Primigenia in Palestrina, heute Palazzo Barberini – Barock verbirgt die Göttin

Erst zwanzig Jahre nach dem Tode Agapits hörte der Kult der Glücksgöttin auf, erlosch der Leuchtturm von Rocca di Cave. Es war das Jahr, als Kaiser Theodosius I. d. Gr. jeden heidnischen Kult im Imperium verbot. Der Tempel verfiel, in seinem Bereich entstand die Civitas Praenestina.

Der zweite Vernichter Palestrinas war kein heidnischer Feldherr, sondern Papst Bonifaz VIII., der mit der Stadt die Macht der Colonna treffen wollte. Palestrina fiel, mit allen Kirchen, 1298 dem päpstlichen Haß zum Opfer, wurde, nach den eigenen Worten des Zerstörers, ausgelöscht wie Karthago. Wie erschreckend dieser Haß gewesen sein muß, zeigt der Befehl, Salz über die Erde Palestrinas zu streuen und so der unglücklichen Bevölkerung auch noch die nackte Erde unfruchtbar zu machen. Dann ließ der Papst unterhalb, bei den Ruinen einer Villa Kaiser Hadrians, eine neue Stadt bauen, die sich Civitas Papalis, Papststadt, nennen mußte. Keine kleine Spur ist von ihr geblieben.

Gerade diese Tragödie, in deren Verlauf der wehrlose Jacopone da Todi in die Gewalt des rachgierigen Papstes fiel, gab Dante, der sie als Zeigenosse miterlebt hat, im 27. Gesang des *Inferno* eine seiner höchsten dichterischen Visionen ein: Guido da Montefeltre, der als Abgesandter der Ghibellinen Konradin in Landshut aufgefordert hatte, nach Italien zu kommen; der ihm als Senator von Rom nach der Niederlage von Tagliacozzo das Kapitol verschlossen hatte, weil der politische Wind umgeschlagen war, und der für ein Vermögen in Gold Karl I. das Kapitol ausgeliefert hatte, war, nach einem Leben der Verbrechen, Franziskaner geworden. Doch er wurde von Bonifaz VIII. aus dem Kloster geholt, weil der Papst den Rat des in allen Hinterlisten Erfahrenen benötigte, um das stark befestigte Palestrina zu nehmen. Die Sünde der Falschheit, der Guido da Montefeltre für immer entsagt hatte, interessierte den Papst nicht:

«... Nichts hast du zu fürchten,
Zum voraus lös' ich dich von Sünde, aber du
Lehr mich, wie Palestrina man besiegt.»

Guido ließ sich von dieser lästerlichen Absolution seines obersten Kirchenherrn verlocken und gab den Rat, der zum Erfolg führte:

«Der große Fürst der neuen Pharisäer,
Er führte Krieg ...»

und siegte. Doch Guido war für immer verdammt, und sogar Franziskus, der seine Seele zu retten versuchte, mußte verzichten, als der schwarze Cherub sie in den Höllenkreis stieß, wo die teuflischen Ratgeber als züngelnde Irrlichter in Ewigkeit flackernd büßen.
Die Colonna konnten zurückkehren, Palestrina blühte wieder auf. Doch 1436 erschien der nächste Zerstörer, diesmal ein Kardinal, Giovanni Vitelleschi, ein grausam-skrupelloser Mörder, der Latium beherrschte, während sein Auftraggeber, Papst Eugen IV., durch eine Revolution aus Rom vertrieben, im Exil in Florenz lebte. Vierzig Tage lang ließ Vitelleschi das ausgehungerte Palestrina Haus für Haus dem Erdboden gleichmachen. 1448 bauten die Colonna ihre «Hauptstadt» noch einmal auf, um sie, nach einem halben Jahrtausend oft getrübten Besitzes, 1630 an Carlo Barberini, den Bruder Papst Urbans VIII., zu verkaufen, dessen Nepoten während der Schrecken des Dreißigjährigen Krieges mit nichts anderem als dem Erwerb von Herrschaften und Latifundien in Latium – mit Geldern zweifelhafter Herkunft – beschäftigt waren, würdige Nachfolger Bonifaz' VIII.
In der Periode des Friedens wurde 1525 Giovanni Pierluigi geboren, der mit dem Zunamen «da Palestrina» der Meister der erneuerten Kirchenmusik geworden ist, der einzige, den man nur

mit dem Namen seiner Geburtsstadt nennt und damit zugleich eine Epoche der sakralen Tonkunst personifiziert.
Die letzte Zerstörung erlitt Palestrina im Zweiten Weltkrieg. Als man die Trümmer forträumte, zeigte sich, daß genau zu definierende und zu lokalisierende weite Teile des Fortuna-Tempels zutage gekommen waren. Sollen wir dabei vom Glück reden und der Göttin, deren hoheitsvolle Statue aus dem zweiten vorchristlichen Jahrhundert jetzt in dem 1947 nach modernsten Grundsätzen und mit außerordentlichem Geschmack eingerichteten archäologischen Museum im Palazzo Barberini steht, Dank wissen?
Die Hauptteile des Tempels liegen neben dem Dom des heiligen Agapit und oberhalb desselben bis hinauf zum Palazzo Barberini. Der Dom, der wohl an dem Ort der alten Cella der Dea Fortuna steht, hat manche wesentliche Einzelheit aus der romanischen Epoche des 12. Jahrhunderts bewahrt, darunter die Krypta und den Campanile, der alle Vernichtungen überstanden hat. Den von den Palestrinensern verehrten Leib des Märtyrers Agapit hat Vitelleschi gestohlen. Wie die Reliquien des Heiligen nach diesem Raub des würdigen Purpurträgers allerdings von Palestrina nach Kremsmünster in Österreich geraten sind, bleibt ein Rätsel.
Der Blick vom Palazzo Barberini, zu dem sich eine amphitheatralisch gerundete, den alten Formen folgende Treppe hinaufschwingt, über die grüne Ebene zu den Albanerbergen und nach Süden zu den Monti Lepini ist, besonders im schärfer konturierenden Herbstlicht, von unsäglicher Schönheit, als habe die Dea Fortuna sich in das sirenische Glück der latinischen Natur verwandelt und lebe in ihr fort. Die mythische Glaubenswelt ist von dem Ort ihres Kultes nicht zu trennen, sowenig wie der Ort selber Zufall ist. Im Christentum war es nicht anders.
Das staunenerregende Wunderwerk aller Funde aus dem Tempel im Palazzo Barberini ist das mächtige Mosaik mit der Nil-Über-

Das aus dem 1. Jahrhundert v. Chr. stammende große Mosaik der Überschwemmung des Nils (Ausschnitt) im Palazzo Barberini von Palestrina – Stromwelt in Stein gebannt

schwemmung, das am ehesten in die Zeit Hadrians zu datieren ist. Dieser Kaiser hat nicht nur, wie vor ihm Augustus und Tiberius, zeitweise in Palestrina gelebt, sondern er fühlte sich Ägypten, wo der geliebte Jüngling Antinous den Tod gefunden, geheimnisvoll verbunden. Das Mosaik mit griechischen Aufschriften wird als Nachbildung eines Gemäldes aus Alexandria bezeichnet. Es gibt kein Kunstwerk der Antike, das so phantasievoll den Alltag von Mensch und Tier, Leben und Tun, Pflanze und Bauwerk erzählt und doch aus Geschichten Geschichte macht, wie dieses Mosaik aus winzigen Steinen aller Farben, durch die der Beschauer den Nil fließen zu sehen meint.

An einer Nebenstraße nicht weit von der Via Prenestina unterhalb der Stadt liegen, halbverborgen zwischen Rebstöcken, Gemüse- und Obstpflanzungen, Oliven- und Feigenbäumen, die Ruinen der sehr alten Kirche Sant'Agapito. Sind auch alle Berichte, die sich um seine Gestalt ranken, reine Legende – der Ort seiner Leiden kann es nicht sein. Hier haben die Frommen in einer ihnen feindlichen Welt dem ersten Blutzeugen der Stadt eine Gedächtnisstätte des Gebetes und der Feier errichtet, an der wir nicht vorübergehen können, weil wir nach dem zerstörenden Papst und dem zerstörenden Kardinal das Bild des Bekenners Christi suchen, auch wenn es kein Abbild von ihm gibt; eines Menschen, der nicht Qualen bereitet hat, weil er Macht besaß, sondern Qualen erduldet, weil er keine Macht besaß. Daß jedoch das erstere wesenhaft Machtlosigkeit, das letztere Macht aus der Gnade ist, dessen kann man an der Stätte von Sant'Agapito einen deutlichen Hauch verspüren.

Traum und Wirklichkeit der Romantiker – Olevano

«Abends auf dem Sasso. Alles löste sich auf, und ich sah rein und klar. Ein Strahl der Abendsonne fiel durch die bläulichen Kalkfelsen auf die gelben Grashalme; Rocca di Mezzo, Canterano, Santo Stefano lagen so herrlich vergoldet in der grünen Tiefe. Falken flogen über den Kastanienwald, Schwalben schossen pfeilschnell durch den bunten Abendhimmel. Das schön geformte Gebirge, mit den einzelnen roten Sonnenblicken, besonders an der Cervara, war herrlich zu schauen, und über all das Land flos-

sen die stillen goldenen und blauen Abendwolken hin, in den wunderbarsten Gestalten und Farben.»
Nur fünfundzwanzig Kilometer liegt die Welt Palestrinas zurück. Wir stehen am Sasso Corvi bei Bellegra, dem nordöstlich oberhalb von Olevano gelegenen dritthöchsten Ort der Monti Prenestini, und sehen das gleiche, was Ludwig Richter gesehen hat. Die fast stechenden Farben der Geschichte, die in Palestrina blenden, werden abgelöst durch die Farbenharmonie, die Richter im Mittelpunkt der deutsch-römischen Malerwelt erblickte und die keinem Wandel unterworfen sind, so wie Richters Erinnerung die farbigste Darstellung des deutschen Künstlerlebens der Romantik im Land um Rom geblieben ist – der geheimnisvollen Wirkung, die Latium auf die aus dem Norden kommenden Maler ausgeübt hat. Diesen Blick auf Rocca di Mezzo in den Monti Ruffi hat Richter gemalt. Dann wandte er sich, um nach den Monti Ernici hin den zwischen die Via Prenestina und die Via Sublacense gepreßten Monte Scalambra oder die Ferne bei Palestrina wie die Nähe von Bellegra – es hieß damals noch Civitella – mit heimkehrenden Hirten zu malen. «Das armselige Civitella – es machte mir diese bleiche Steinmasse immer einen geheimnisvollen Eindruck, wie eine versteinerte Sphinx. Man denke sich nun, wie durch verschiedene Beleuchtung und atmosphärische Zustände hier Effekte entstehen mußten, die Herz und Sinn aufjubeln oder auch ganz verstummen machten.»
Die Landschaft ist in zwei schroffe Gegensätze geteilt. Nach Westen staffeln sich die Monti Prenestini mit ihren reichen Wäldern – nach Osten, wo die Türme von Subiaco sichtbar werden, erstrecken sich fast kahle Ketten, deren Farben, vor allem gegen Abend, es begreiflich machen, warum die Maler gerade hierherkamen.
Die Straße zwischen Bellegra und Olevano heißt ihrer Kurven wegen die Serpentara, die Schlangenstraße. Auf halbem Wege

gehen wir zu dem nahen Gehöft hinüber, beim Eichenwald der Romantiker, der zur Casa Baldi gehört, welche heute den Stipendiaten der Villa Massimo in Rom zur Verfügung steht. Der Name Serpentara hat sich im Laufe der Zeit ganz auf den Eichenwald übertragen. Da stehen die Eichen wie in einem Druidenhain, die meisten ihres Alters wegen schon von Zementpfosten gestützt: die jahrhundertealten, immer wieder von den Romantikern gemalten und gezeichneten Eichen. Ein Pfad führt durch das Ginstergebüsch wie über ein Schiffsdeck zum Bug des Berges, vorbei an ausgewaschenen Kalkfelsen, die wie Greisenhaut aussehen und die Gustave Doré für seine Illustrationen zum *Inferno* Dantes gezeichnet hat; vorbei an bizarren Kalkbrocken wie Miniaturbergen. Und als gleite das Schiff durch eine vielgestaltige Inselwelt, öffnen sich nach allen Seiten neue Bilder. Das Auge fängt erneut an zu malen, und es vollzieht sich die Schau des Landschaftserlebnisses aus dem Geiste der Romantiker. Olevano ist uns immer wie das Zusammenfinden aller Themen der Natur Latiums im Finale einer landschaftlichen Symphonie erschienen.

«Deine Felsen, die zeitgetroffnen, aber,
mein Olevano, sind's, wo sich der hohe
ernste Geist der Natur mit allen Schauern
seiner Einsamkeit schweigend mir befreundet,
stolze Wälder des Apennins, in deren
melancholischen Schluchten über Trümmer
niederschäumend der Bergstrom tost, in deren
blitzgespalteten Wipfeln oft der Wind ein
Lied hinrauscht, das, verwandt mit meinen Leiden,
meinen Schmerzen, wie wilde Geisterliebe
mir ertönet, das ich versteh' und kenne,
dem antwortend sich Stürm' in meiner Seele
heulend regen – o Wälder, euch erwählt' ich

mir zur Heimat – in euren Tiefen hört' ich
keinen menschlichen Laut, nur des Naturgeists
ewig Sausen und Weh'n, nur selten hallte
ferneher der Gesang des Ziegenhirten
aus dem Tal, zu der Pfeifen rohem Spielwerk,
das, nach Sitte der Väter, der Campagna
Volk erfreut, und auf luft'ger Felsenspitze,
wenn der blühende Wald sich lichtet, stünd' ich
plötzlich, und in den weiten Lüften hängen
wie der leichtgeflügelten Vögel Heimat,
all' die Dörfer umher, dem Auge Staunen
und Verwunderung weckend, Civitella's
nackte schaurige Höh'n, sie lockten mächtig
mir das stürmische Herz, und frischer Bergwind
bliese mir wild durch's Haar, die Wolken zögen
nah um's Haupt mir, die felsige Pyramide,
mein Olevano, graut' empor, sehnsüchtig
zitternd schweifte der Blick, der alten Volsker
vielgestaltig Gebirg, die Schlösser all' und
luft'gen Dörfer entlang, bis fern, wo dämmernd
unter Latiums wollustvollen Hügeln
sich Velliträ erhebt, das rebengrüne!

Hier, wenn mir's der Olympier einst vergönnte,
hierher flüchtet' ich mich und jenes wen'ge
noch von Hoffnung und karger Lebensfreude,
was vom Schiffbruch des Lebens mir geblieben.»

178/179 Die Landschaft von Olevano und Bellegra – Wanderreich deutscher Romantikermaler

Aber Waiblinger, der hesperidische Jüngling, nach dem Wort seines Freundes Platen «dem Tode schon anheimgegeben», weil er «die Schönheit angeschaut mit Augen», zugleich Eremit und Bacchus – ein Ganymed, der auf den ihn entführenden Adler wartet, ein Don Giovanni, der jede schöne Frau gierig begehrt; der an der Geistermacht der Natur Latiums Erkrankende und Genesende, er hat den Frieden, den er in seiner Olevano-Elegie ersehnt, nicht gefunden – so wie er, Latium in sich trinkend, am dichterischen Wort verzweifelte, je näher er ihm war.
Joseph Anton Koch, der zum Römer gewordene Tiroler, ist der malende Entdecker von Olevano gewesen und hat eine Olevanerin geheiratet. Er malte das Winzerfest von Olevano, kämpfende Stiere in der Landschaft um Olevano, die fernen Volskerberge von Olevano aus: seine besten Bilder. Nach Olevano, zu Wald, Hirte, Mönch und Quelle zog ihn die *peregrinatio pictorica* wie in eigentümlichem Zwang. Hier hat er aber auch die faunische Untergründigkeit Latiums erspürt, die so oft in den an Hieronymus Bosch erinnernden dunkel-dämonischen Tier-Grotesken in den Vordergründen seiner Bilder Erscheinung geworden ist.
Im Gegensatz zu Koch suchte Schillers Freund Johann Christian Reinhart, der gleichfalls Rom nicht mehr verlassen hat, in Olevano die Überhöhung zur sakralen Majestät der heroischen Naturstille in der Nachfolge Poussins. Zu welcher malerischen Größe der erst vierundzwanzigjährig in Olevano verstorbene Franz Horny, neben Karl Fohr der bedeutendste Schüler Kochs, gelangt wäre, vermögen wir aus seinem zeichnerischen Werk deutlich zu erkennen.
Die deutschen Maler von Carl Rottmann bis zu Heinrich Franz-Dreber, von Julius Schnorr von Carolsfeld bis zu Carl Schuch sind während des ganzen 19. Jahrhunderts zur Serpentara von Olevano gekommen, die ihnen zur geheiligten Stätte wurde. Einer von ihnen, Edmund Kanolt, der Schüler Friedrich Prellers,

wurde auch zum Retter der Serpentara, als die Bäume, die längst zur Geschichte der Malerei gehörten, von den Besitzern an den italienischen Staat verkauft werden sollten, um Bahnschwellen daraus zu sägen. Es gelang Kanolt, den preußischen Staat zum Ankauf des Waldes zu bewegen, der den Malern siebzig Jahre lang künstlerische Anregungen ohnegleichen geschenkt hatte. Der Preis waren 2350 Lire. Seitdem ist die Serpentara deutscher Besitz.

Als Ludwig Tieck einmal in Olevano übernachtete, berückte ihn das Lachen der Mädchen von Olevano, dessen Echo er am Morgen für immer festhielt:

«Und wie ich schlummre,
Tönt helles Gelächter
Und Ton von Zithern
Und tanzendes Gaukeln
In meinen Schlaf,
Vom Vorsaal herüber.
So weich, so warm, so hell
War noch keine Sommernacht,
Kein Schlummer so süß,
Keine Störung des Schlafes
Je so erfreulich,
Denn wie ich das Auge
Matt halb öffne,
Strahlt im Glanz das Gebirge,
Der Mond vom reinen Himmel,
Der Scherz der Mädchen und Freunde,
Und lächelnd schlummr' ich wieder ein.»

Verfemte Brüder des Franziskus – Poli und Casape

In Genazzano zwischen Olevano und Palestrina stellen wir uns vor, Vergil habe, «im Schutz der schattigen Buche gelagert», seine *Georgica,* den unvergänglichen Hymnus auf das fruchtselige Latium, in den Monti Prenestini gedichtet, zu irgendeiner Zeit, wenn Augustus und mit ihm der Dichter, den der *Imperator Mundi* Freund nannte, ausgiebige Ferien in der kaiserlichen Sommervilla zu Palestrina genoß. Die *Georgica* sind die Sakralisierung der Erde Latiums, die Öl und Wein und Korn gebiert, die heilige Dreiheit aller Lebensspender des Menschen, über deren Wachstum der Weltherrscher nach einem Jahrhundert der Bürgerkriege seinen Frieden, die *Pax Augusta,* breitete.

Genazzano auf einem jener langgestreckten Hügel, auf denen in Latium mit Vorliebe gebaut wurde, ist die Mitte des prenestinischen Erdreichtums, den Vergil gefeiert hat und der nicht aufhört, je höher hinauf nach San Vito Romano und weiter nach Pisoniano man gelangt.

In Genazzano steht die Casa Apollonia, ein Patrizierhaus in alten gotischen Formen ohne alle Überbauten. In diesem Haus soll, als Sohn des Kardinals Agapit Colonna und seiner Geliebten Caterina Conti, im Jahre 1368 Oddone Colonna geboren worden sein, der spätere Papst des Konstanzer Konzils, Martin v. Es ist denkbar, daß Agapit im nahen Schloß gelebt hat, das sein päpstlicher Sohn mit Elementen der Frührenaissance, später Cesare Borgia, der sich auch Genazzano angeeignet hatte, noch einmal erweitert hat. Heute ist das weitläufige Schloß in langsamem Verfall begriffen und, wie nicht wenige Schlösser, von ärmlichem Volk bewohnt, das seine Wäsche über den Brüstungen und an den Säulen der Galerien im Staatshof aufhängt und auf das Pflaster tropfen läßt, über das Generationen der Colonna geritten und gefahren sind: die melancholisch stimmende Endzeit fürstlichen Glanzes.

Martin v., der nach den als Kardinal durchlebten Abenteuern des Großen Abendländischen Schismas so unerwartet am Bodensee zur Tiara gelangt war, lebte gerne in Genazzano, das er liebte und ausbaute. In dieser Zurückgezogenheit fand der freundlich-bescheidene Papst Zeit, mit beharrlicher Hartnäckigkeit nicht etwa die Kirche nach dem Zusammenbruch des Schismas zu reformieren, wie es seine Aufgabe gewesen wäre, sondern in zehn Jahren fast ganz Latium in den Besitz der Colonna zu bringen und die Zukunft seiner vielen Nepoten zu sichern – wie er meinte. Aber so wenig wie zuvor konnten sich die Colonna nach dem Tode ihres Wohltäters des Zusammengerafften in Frieden erfreuen. Es kamen andere Päpste, die ebenfalls Familien zu versorgen hatten, und so wurde in Latium weiter verkauft, gehandelt, enteignet, getauscht, erobert, erschlichen, beerbt. Keine Provinz der Erde ist so verschachert und verpfründet worden, so dauernd von Besitz zu Besitz übergegangen wie Latium, wo es nur zweierlei gab: fürstliche Nepotenfamilien und reiche Abteien auf der einen, ein armes, höriges, ausgesogenes Volk auf der anderen Seite, Glanz und stillschweigende Hoffnungslosigkeit nebeneinander. Kirchenstaat und Christentum sind sich jahrhundertelang aus dem Wege gegangen. Ist von den Leiden, die dieser Zwiespalt ihm gebracht, in der Seele des liebenswerten Volkes von Latium etwas zurückgeblieben?

Abseits von der Unterstadt Genazzano und ganz versteckt von Bäumen und Gewächsen liegt ein altes Nymphäum mit Säulen, die an Bramante erinnern. Ungelöst ist die Frage, ob hier ein wieder zum Einfachen zurückgekehrter spätrömischer Stil vertreten ist, von dem sich Bramante hat anregen lassen. In dem stillen Nymphäum, das von seltener Schönheit gewesen sein muß, sieht die Überlieferung den Ort, wo Ovid sein Liebesabenteuer mit

Julia, der lasterhaften Tochter des Augustus, begonnen hat, das die eigentliche Ursache seiner lebenslänglichen Verbannung ans Schwarze Meer geworden ist.

Noch einmal lassen wir uns zu den Höhen der Monti Prenestini locken – auf jene Straße, die, von der Via Prenestina nach Gallicano abzweigend, in die Monti Tiburtini nach Tivoli hinüberführt – eine der schönsten, einsamsten und unbekanntesten Straßen Latiums. Sie berührt keine steilen Höhen.

Gallicano, an der Stelle des von Horaz genannten alten lateinischen Pedum erbaut, liegt wie eine Sphinx auf einem langen Tuffelsen zwischen zwei Tälern, durch deren jedes ein kleiner Fluß fließt, einer der vielen, die schließlich der Aniene in der Campagna aufnimmt. Das Städtchen besteht nur aus einer «Hauptstraße», von der nach beiden Seiten kleine Gäßchen wie Rippen vom Rückgrat sich trennen, über den Wäldern enden und das warme Grün durch Bogen und Miniaturbalkone hereindringen lassen. Der heutige Name wird mit dem heiligen Gallicanus in Verbindung gebracht, einem Politiker aus der Zeit Konstantins I., der in Alexandria den Märtyrertod erlitten haben soll.

Der Name der Herren, Fürsten, dann Herzöge von Poli aus dem Hause der Conti, das mit Papst Innozenz III. ins Licht der Geschichte trat, ist uns schon beim Heiligtum der Mentorella begegnet. Die kleine Residenzstadt der Conti muß Zeiten des Glanzes gekannt haben. Aber in ihrem Palast, den Giulio Romano, Raffaels größter Schüler, und Federico Zuccari mit Fresken ausgemalt haben, wohnt heute ein wohlhabender Bürger von Poli. Der architektonisch bedeutende Bau sieht vernachlässigt aus, die Fresken, unter denen der letzte, doch unscheinbare Conti-Papst, Innozenz XIII., im 17. Jahrhundert geboren ist, verderben langsam. Und doch wäre es eine Forderung, den Palast zu restaurieren.

Weiter steigt die Straße in Windungen durch reiches Olivenland sanft in andere Höhen, mit weiten Ausblicken in die römische Campagna zur Linken. Gerade dort, wo sie am reichsten sind, liegen die frühmittelalterlichen Ruinen von Sant'Angelo am Colle degli Astinelli, die letzten Wohnstätten und Kirchen der Fraticellen, der blutig verfolgten schismatischen Sekte des Franziskanerordens, deren Überlieferungen durch die Inquisition getilgt, deren Geschichte, programmatisch verlästert, vielleicht gar nicht mehr rekonstruiert werden kann. Die Fraticellen – die Brüderchen – waren in Italien zwischen 1317 und 1466 verbreitet. In Latium lebten sie vorwiegend in Tivoli, Subiaco, Marino, Palestrina, im Tal von Rieti, das durch die Gestalt des Franziskus geheiligt war – und bei Poli, wo die Conti ihnen den stärksten Schutz gewährten. Die Beschreibung der Fraticellen als einer Ansammlung von Dämonen ist schon aus dem Grunde wenig glaubhaft, weil das einfache Volk keine Dämonen im Gewande jenes Heiligen verehrte, der seinen Leiden eine unbeschreibliche Liebe entgegengebracht hat.
Wurden die Fraticellen aufgegriffen, erwartete sie der Scheiterhaufen. Der letzten wurde man habhaft, als sie im Jahre 1466 eine Wallfahrt von Poli nach Assisi unternahmen – nicht unbedingt ein Zeichen von Dämonismus! Papst Paul II. kerkerte den damaligen Fürsten von Poli, Stefano III. Conti, ein und auferlegte Poli die kanonische Strafe, jeden Aschermittwoch eine Bußprozession abzuhalten und an einem Augusttag zwölf Arme zu speisen. Dieses päpstliche Verdikt hat erst Leo XIII. aufgehoben.
Noch höher steigt die Straße an bis nach Casape, dessen Name seine Geschichte ist. Es steht auf den Ruinen einer Villa des Gnäus Domitius Corbulo. Er war der berühmteste General Neros und führte Kriege von Friesland bis nach Armenien, bis auch für ihn, wie für alle Männer von Namen, die Stunde kam, wo Nero ihn umbringen ließ; es ging sogar gnädig vonstatten, denn Cor-

bulo durfte sich selbst entleiben. Nach ihm wurde der Ort Casa Corbulo genannt. Als dann die Barberini ihre Latifundien begründeten und auch Casa Corbulo kauften, verbanden sie ihr Wappentier, die Biene – l'Ape – mit dem Ortsnamen, der so zu Casape wurde. Das kleine, weltferne mittelalterliche Casape liegt reizvoll im Bereiche seines Renaissance-Kastells.

Von Casape an beginnt die Straße zu fallen. Noch einmal versuchen wir, die Fülle des Schönen in unverlierbaren Besitz zu nehmen. Da liegt San Gregorio da Sassola, dessen Lage mit dem großen krönenden Kastell der Fürsten Brancaccio sehr viel Ähnlichkeit mit Gallicano hat. Wie dieses steht es auf einem vordrängenden Tuffelsen, den zwei Flüsse inmitten wildwuchernder Vegetation einrahmen.

Nirgends so wie von dem Platz am Schloß, zieht Guadagnolo noch einmal den Blick zu sich herauf, und es teilt sich uns das fast bestürzende Gefühl mit, nicht zu wissen, was die Zeit ist, was die Zeiten sind, aus denen die Gestalten der Monti Prenestini hervordrängen – die Göttin des Glücks neben Waiblinger, Konradin neben dem heiligen Agapit, Richter neben Martin v., Guido da Montefeltre neben Koch, die nachts über die Hügel und durch die Schluchten zu ihren Anhängern wandernden Fraticellen neben dem furchtbaren Vitelleschi, der San Gregorio nicht ausgehungert, sondern ausgedürstet hat.

Bald nach San Gregorio stehen vier Eichen von königlicher Form wie dunkelgrün getürmte Wolken neben einer leicht ansteigenden Höhe. Wir gehen dem Ginsterduft nach, streifen durch ein Paradies bekannter und unbekannter Bergblumen, darunter eine besonders schöne Orchideenart, und versuchen, in die Zeit zurückzufinden. Je williger man dieser Natur, diesen Welten Latiums verfällt, desto schwerer ist die Rückkehr.

Zur Rechten am Hang des Monte Sant'Angelo liegen die Reste eines Tempels der Bona Dea, der Göttin der Frauen, mit ihrem

undurchdringlichen Kult. Die reichen Damen Alt-Roms, welche die heiße Jahreszeit in ihren schloßartigen Villen in Tivoli zubrachten, werden sich diesen Tempel haben bauen lassen.
Noch langsamer fahren wir, aber Tivoli läßt sich dennoch nicht vermeiden. Wo Adam Elsheimer und Claude Lorrain vor Jahrhunderten ein neues Äon der Malerei begonnen haben, reihen sich heute zu Hunderten die Autobusse wie riesenhafte Schubfächer der Fremdenindustrie. Sie werfen anonyme Horden aus sich heraus und saugen sie, wie den Staub der Zivilisation, wieder in sich, sobald das immer gleiche Geschiebe sich, mit Andenken beladen, wieder aus der Villa d'Este wälzt. Sind wir nicht eben noch über den Hügel von San Gregorio gewandert? Der Rest ist Flucht.

Weltpalast des Einsamen – Villa Adriana

Vielleicht war niemandem vor Petrarca ein so starkes, fast mystisches Verhältnis zur Natur angeboren wie dem Spanier Hadrian, dem rätselhaftesten, tragischsten Kaiser des römischen Imperiums. Die früheste Sehnsucht des Adoptivsohnes und – mit einundvierzig Jahren – Erben Trajans galt Griechenland, griechischem Geist, griechischer Kunst, griechischer Landschaft, alles gekrönt von einer vergottenden Liebe zu Plato. Als erster Kaiser trug er den griechischen Philosophenbart. Aus der Liebe zur Philosophie wuchs seine Liebe zum Frieden, dem einzig entscheidenden Programm des bedeutendsten Politikers unter den römischen Kaisern. Aber auch seine Liebe zum Menschen, die sogar dem Sklaven galt – die Liebe zur Schönheit, die er in dem Bithynier Antinous in einer fast messianischen Vorstellung verkörpert fand; jenem Jüngling, über den gerätselt wird, seit er am 30. Oktober 130 während einer Fahrt des Kaisers auf dem Nil in den

Wellen versank. Der Tod des Antinous – war es ein Opfertod? – schied auch den Kaiser in manchem Sinne vom Leben. Er versetzte den geliebten Knaben, mit dem ihn sehr wahrscheinlich keine körperliche Leidenschaft verbunden hat, unter die Götter. Er ließ Tempel bauen, in denen keine Bilder stehen durften, so als seien sie Wohnstätten der unsterblichen Seele des Toten, der im Orient noch jahrhundertelang als neuer Osiris, als Jupiter-Ammon, Serapis, Hermes, Dionysos, Apoll, Agatho-daimon, Herakles und – eine Neuschöpfung – Hirtengott Pan –, in Italien als Silvanus, der Gott der Wälder, verehrt wurde. Er erbaute ihm zu Ehren die Stadt Antinoopolis, deren Trümmer noch immer am Nil stehen, und gab einem neuentdeckten Stern seinen Namen. In der Villa Adriana, der gewaltigen Palaststadt im welligen Gelände zu Füßen der Monti Tiburtini bei Tivoli, wo der in seiner Trauer versunkene Kaiser ein Dasein der Betrachtung lebte und wo Bauwerke und Landschaften erinnerungsschwere Namen aus Griechenland und Ägypten tragen: dort hat man bis heute sechzehn Bildwerke des Antinous gefunden.

Zehn Jahre lang, von 125 bis 135, hat Hadrian an seiner Palaststadt gebaut, die mit «Villa» ganz unvollkommen gekennzeichnet ist. Aber nur die beiden Jahre vor seinem qualvollen Tode hat der unermüdlich in alle Himmelsrichtungen sein Imperium durcheilende Herrscher hier gelebt. Es sollte für ihn, der auch Eingeweihter von Eleusis war, eine Stätte der Kontemplation, des Friedens, der Schönheit, der immerwährenden Erinnerung an Verlorenes sein. Jedes einzelne Bauwerk hat er selber erdacht: die Paläste in ihren majestätischen Maßen, ihren barocken Formen anderthalb Jahrtausende vor Bernini; das Teatro Marittimo, das fast unergründliche Rund-Peristyl mit dem Ringkanal und der kreisrunden Insel, zu der bewegliche Brücken führten, vielleicht Abbilder eines längst verschwundenen griechischen Heiligtums; die hohe, lange Philosophenmauer, die genau in Ost-West-Rich-

tung verläuft, so daß der mit seinen Freunden philosophierende Kaiser nach Belieben auf der Schattenseite oder der Sonnenseite wandeln konnte; oder das von einem Serapis-Tempel begrenzte künstliche Tal mit dem langgestreckten Seebecken, das nach der ägyptischen Stadt des größten Serapisheiligtums Canopos heißt. Jahrhundertelang ist das Wunderwerk der Villa Adriana – noch nach Hadrian war sie gelegentlich Residenz einiger Kaiser – ausgeplündert worden. Kaiser Konstantin hat damit begonnen. Die Westgoten, die unter Alarich am 24. August 410 Rom plünderten, haben zweifellos auch das irdische Paradies Hadrians zerstört. Und doch fand und findet man noch immer Neues, vermitteln die Museen des Vatikans, der Thermen und des Kapitols, die Museen von Madrid und London reiche – und doch so schwache – Eindrücke dessen, was die Villa Adriana einmal gewesen ist.
Wandert man am späten Nachmittag, wenn die Landschaft von Minute zu Minute tiefer leuchtet, sich anders formt, durch den weiten Bezirk: die Ruinen der Paläste, das Tempetal, den Olivenhain von Roccabruna, die Nymphäen, so enthüllt sich überall die bildende Kraft aus dem Geiste des leidvollen Kaisers, die Gestalt seines äußeren und inneren Lebens. Hier ist er gegangen, hat er gewartet, bis der Stern Antinous aufging und ihm die Gewißheit gab, daß das Schöne göttlich und unsterblich ist.
Weit hinter dem ovalen künstlichen See vor dem großen Nymphäum des Canopos, beim Apollo-Tempel, liegen die Ruinen der Inferi, der Unterwelt: dunkle Gänge, die hinabgleiten in die Nacht der Erde. Hier könnten dem von den Völkern geliebten, an sich selber verzweifelnden Herrscher der Welt die Verse eingefallen sein, die sein Inneres zugleich einschließen und preisgeben:

190/191 Ruinen der Thermen in der Villa Adriana – Traum des Imperator-Philosophen

«Seele, du schweifende, zärtliche,
Leibes Gefährtin und Gast,
nun führt ins düstere Reich
fröstelnder Schatten dein Weg,
und nie scherzest du fürder wie einst!»

Andere Eindrücke stehen bevor. Wir werden zwischen den Abruzzen und den Hernikerbergen, diesen durch alle Gegensätze getrennten Landschaften, das in den geistigen Gegensätzen der Menschen zu Ende sich lebende Hochmittelalter suchen – Epilog und Abschied vom Süden Latiums.

VI

Ovid und der Einsiedler – Am Monte Morrone

Die wenigsten kennen die Abruzzen. Die meisten verbinden damit die Vorstellung wildzerklüfteter Kahlheit, abweisender Härte, unfruchtbarer Erde, verdächtiger Menschen. Man sollte sie bei dieser Ansicht lassen und somit gewiß sein, daß das Land im Süden des Gran Sasso d'Italia noch einige Jahre unentdeckt bleiben und die Via Valeria von Avezzano über die Berge in die weite Ebene von Sulmona noch lange so einsam zu genießen sein wird wie heute.

An den Hängen der Schlucht von San Venanzio leuchtet das dunkle Rot großer herbstlicher Preiselbeerbüsche – Rubine auf grauem Samt. Dann öffnet sich das Tal, das im Altertum die Samniter bewohnten. Vor den Resten des alten Corfinium halten wir an. Es ist für kurze Zeit die Hauptstadt des Italiker-Volkes gewesen, das sich in einem letzten verzweifelten Versuch gegen die Vorherrschaft Roms zusammengeschlossen hatte und seinen Staat Italia genannt hat. Diese italischen Stämme dachten an eine staatliche Verfassung, die erst neunzehnhundertundfünfzig Jahre später das italienische Risorgimento verwirklicht hat.

Die Italiker des euphorischen Staates Italia unterlagen 88 v. Chr. gegen Rom. Ihr Schicksal entschied sich bei Corfinium, das seinen Namen bis heute behalten hat. Geringes Mauerwerk an der Peripherie des Dorfes ist alles, was von den Träumen und dem Widerstand der Eingesessenen gegen Rom geblieben ist.

Die von teils kahlen, teils waldigen, formschönen und farbenreichen Bergen umzogene Ebene Sulmonas mit ihren immer «kalten Gewässern» ist eine Gartenoase, über die aller Segen der Schöpfung ausgebreitet liegt. Violette Krokusfelder, aus denen der Safran gewonnen wird; Straßen, von Pappeln gesäumt, die von den Berghängen aus wie eine langsam dahinziehende Prozession dunkel gewandeter hagerer Wallfahrer aussehen.

«Wer ich gewesen, ich tändelnder Dichter der zärtlichen Liebe
daß du, Nachwelt, erfährst, wen du gelesen – vernimm!
Sulmo heißt meine Heimat, gesegnet mit kalten Gewässern.»

Keine Stadt der Welt, nicht einmal die Dante-Stadt Florenz, lebt so ausschließlich vom Namen ihres Größten wie Sulmona. Ovid ist im Jahre 43 v. Chr., fünfundvierzig Jahre nach dem Untergang der Italiker bei Corfinium, geboren, kein Römer, ein Peligner. «Sulmo mihi patria est» – diesen vergeblichen Klageruf aus der lebenslänglichen Verbannung hat Sulmona nicht mehr vergessen. Das S.M.P.E., die Anfangsbuchstaben dieses Satzes, ist das Wappen der Stadt, persönlicher, stolzer fast als das S.P.Q.R. Roms. Alle Bürger wollten an diesem Stolz teilhaben – und die Buchstaben kann man sogar auf Altären, auf bischöflichen Pontifikalgewändern sehen. Eine Stadt, die sich ihren Dichter völlig einverleibt, zu eigen gemacht, zum «Schutzheiligen» erhoben hat! Als der erste Aragonesen-König von Neapel, Alfonso I., im 15. Jahrhundert Sulmona besuchte, zogen ihm die Bürger mit kostbaren Bannern entgegen, auf die das S.M.P.E. gestickt war, was den Monarchen so bewegte, daß er Sulmona eine hohe Geldbuße erließ, die er aus irgendeinem Grunde verhängt hatte.
Noch gegen Ende des 19. Jahrhunderts hängten die Bauern ihren Liedern einen nach Ovids Gedicht übersetzten Refrain an:

«Sulmona bella, ove Vidio nacque,
Cinta da monti e copiosa d'acque.»
Sulmona, Schöne, wo Ovid geboren,
du bergumsäumte, überreich an Wassern.

Das eine Denkmal Ovids steht auf dem Hauptplatz, im Museum das andere, schönere, ausdrucksvollere, das zu Beginn des 15. Jahrhunderts geschaffen wurde und den Dichter in der Gewandung eines Humanisten aus der Zeit Petrarcas zeigt.
Wir wissen nicht, ob Ovid schon in Sulmona Liebesgedichte und liebes-philosophische Gedanken niedergeschrieben hat – aber die greifbaren Erfahrungen hat er hier wohl in reichem Maße gesammelt, so daß er später in Rom seine *Ars amatoria* wohlvorbereitet ausarbeiten konnte.
Nicht nur Ovids wegen sind wir gekommen; nicht nur der architektonischen Überraschungen der an Palästen, Brunnen und Plätzen reichen, stilvollen Stadt wegen, an die sich die Berge wie schützende Kulissen herandrängen, ohne sie zu bedrängen; nicht nur der alten Kirchen oder des Palazzo dell'Annunziata wegen, dessen lange Fassade vier Stile zum Akkord vereint und allein eine Fahrt nach Sulmona rechtfertigen würde. Nein, wir suchen in Sulmona den Anfang vom Ende des Mittelalters.
In der dreischiffigen Dom-Krypta aus dem 11. Jahrhundert steht ein kleiner, alter, bescheidener Altar, an dem der heilige Petrus Angelari da Morrone zelebriert hat. Hier treffen wir zum erstenmal auf den Namen des Mannes, der nicht durch Taten, sondern durch Leiden tiefe Spuren in den Abruzzen und in Latium hinterlassen hat, sei es auch nur als der ruhelose Schatten, der Bonifaz VIII. verfolgte. Im Tal von Sulmona begann, was die Christenheit des 13. Jahrhunderts ersehnte – in den Hernikerbergen, wohin wir noch einmal zurückkehren werden, endete es.
Es ist nicht möglich, die Erinnerungen an diesen heiligen Petrus zu sehen, ohne davon berührt zu werden. Wir werden auf die von der Kunstgeschichte bisher nie beachteten romanischen Kapitelle der Krypta hingewiesen und auf eine, gleichfalls von niemandem beachtete, polychrome marmorne Madonna mit Kind in ihrer an eine ostasiatische Kwannon oder an indische Plastiken

erinnernden Gewandung, von der weder die – jedenfalls sehr frühe – Zeit erkennbar, noch, auch nur andeutungsweise, ihre Herkunft ersichtlich ist. Petrus Angelari muß diese Madonna bereits gesehen haben – vielleicht auch den hölzernen Christus, den ein unbekannter Lokalkünstler, ein im Innersten Ergriffener, geschnitzt hat, wobei er jede Anatomie außer acht ließ, dreißig Rippen wiedergab und die Seitenwunde auf die rechte Seite legte; aber das ist unwichtig angesichts einer Vergeistigung des Leidens, deren nur ganz große Künstler fähig waren.
Vor der Stadt zweigt von der Straße nach L'Aquila, der Hauptstadt der Abruzzen, ein Weg zwischen Äckern nach dem Monte Morrone ab. Am Fuße des Berges heißt eine halbversteckte Stelle seit dem Altertum Fons Amoris, Fonte Amoris, Fonte d'Amore, Liebesquell. Und am Hang des Berges sind die Ruinen der Villa Ovids ausgegraben worden. Die Villa ist an einen Tempelbezirk angebaut. Ihr Ausmaß beweist noch heute den Reichtum des Besitzers, dessen Lebensinhalt Frauen und Genuß, Begehren und Erlangen gewesen ist; der das Schöne, das die Liebe ihn hat erleben lassen, in leichten, vollendeten Formen und Versen der Nachwelt weitergegeben hat. Und die Nachwelt wiederum hat bis in das Ancien régime, hier vielleicht am vollkommensten, aus der dichterischen Liebesquelle Ovids geschöpft. Es war keine tiefe, aber eine unerschöpfliche, klare Quelle, wie die Fonte d'Amore unten, die bis heute nicht versiegte Quelle, ohne allen schalen Bodensatz. Es war in unzähligen Wandlungen das Eine, wie es in des Dichters Elegie an Aurora steht:

«... süß ist's jetzt
Zu liegen in den Armen der Geliebten.»

196 Stadtbild von Sulmona – Wiege des Liebesdichters

Für Ovid war Lieben und Dichten das ewige Jetzt – mit allem, auch dem Dunkel, ähnlich den Schatten der Wolken, die, nach langen Regentagen, vor dem Westwind und dem sie verfolgenden warmen Licht des Nachmittags herjagen, über die moosgrünen Berge südlich von Sulmona fliehen. «Immer strebt unser Wollen und Sehnen dem zu, was die Gesetze der Menschen und Götter uns verbieten.» Erst als der liebeskranke Dichter während der letzten zehn Jahre seines Lebens zu Constanta, an der rumänischen Küste des Schwarzen Meeres, das von Augustus über ihn verhängte Exil durchlitt, erfuhr er das Doppelgesicht dieser Erkenntnis in ihrer tödlichen Wahrheit. Was er dort noch schrieb, tönte anders: seine autobiographischen Klagelieder nannte er *Tristia,* seine Briefe vom Schwarzen Meer diktierte die Verzweiflung. Die Villa am Monte Morrone stand leer, die Fons Amoris war zur eigenen Vergangenheit geworden.

Die monumentalen Tempelreste der Villa sind vor einigen Jahren als Herkulestempel nachgewiesen worden. An seiner Stelle stand ein anderes Herkules-Heiligtum, das sehr wahrscheinlich das letzte des Italiker-Bundes von Corfinium gewesen ist. Haben die gegen die Übermacht der Römer für eine verlorene Sache zusammengeschlossenen Stämme Alt-Italiens aus tieferem Bewußtsein heraus ihre Hoffnungen auf jenen Gott-Heros gesetzt, der stets den Sieg über das Unmögliche davongetragen hat?

In einer der Säulenbasen steckt noch ein großer bronzener Nagel. Wir können ihn leicht herausziehen; er ist verwittert, verbogen, überflüssiger Rest einer untergegangenen Welt in ihrer äußeren Erscheinung. Nur Wort und Gedanke sind nicht vom Zerfall bedroht. Selbst der Nagel ist Bild.

Fast senkrecht, einer flehend emporgehobenen runzligen Greisenhand gleich, reckt sich der Kalkfels des Monte Morrone im Rücken der Villa Ovids in die Höhe. Ein Vorhang sinkt, ein anderer hebt sich; das eine Bühnenbild ist verschwunden, das andere erscheint. Im Fels sind Höhlen sichtbar, in denen im 13. Jahrhundert Einsiedler lebten, beteten, betrachteten. Wie ein unregelmäßiger Kranz liegen die Höhlen um ein an die Felswand gebautes kleines Kloster aus neuerer Zeit. Hier lebte noch bis vor wenigen Jahren ein Eremit und sorgte für das im Inneren der klösterlichen Eremitage gelegene Heiligtum von Sant'Onofrio – gleichfalls eine Höhle: sie ist am 5. Juli 1294 Schauplatz eines weltgeschichtlichen Ereignisses gewesen. Doch der Hauptakteur des Dramas, das hier begann, wußte am wenigsten, welches Spiel gespielt wurde, welche Gedanken gedacht wurden, wozu er ausersehen war, denn er lebte seit fünfzig Jahren außerhalb der Zeit, der Bauernsohn und Einsiedler Petrus Angelari aus Isernia südlich von Sulmona; er lebte über der Gegenwart im Angesicht des Ewigen, umgeben von benediktinischen Mitbrüdern, die sich Cölestiner nannten, die dem Himmel Nahen, auf den Himmel hin Lebenden. Sie beherrschte eine andere Form der Liebe, als sie vor ihnen Ovid beherrscht hatte, von dessen Leben am gleichen Berge sie zweifellos nichts gewußt haben. Doch die Liebe ist dennoch eins. «Irdisch oder göttlich», sagt Rudolf Pannwitz, «ist die Liebe nicht von ihrem Gegenstand, sondern von ihrer Fülle.»

In einem Augenblick der Papstgeschichte, als die Kardinäle – es waren zwölf – unter sich in feindliche Gruppen geteilt, zwei Jahre lang in Perugia zu keiner gültigen Wahl eines neuen Papstes zu gelangen vermochten, machte einer der Purpurträger den Vorschlag, keinen aus den eigenen Reihen, sondern den heiligmäßigen, bereits über achtzigjährigen Eremiten vom Monte Morrone zu wählen und damit – vielleicht – der Christenheit endlich den beschämenden Eindruck des fortschreitenden Zerfalls zu nehmen. Der Gedanke war groß, die Wirklichkeit eine Kette von Unglück – und die Zustimmung der Wähler ein Zusammenkommen aus Verlegenheit, Eingebung, Politik und zuletzt Nachgiebigkeit angesichts des Druckes, den der König von Neapel, Karl II.

Anjou, auf das Kollegium ausübte, weil er eigene Pläne verfolgte.

Kardinal Giacomo Stefaneschi hat die Ereignisse in einem realistischen Versepos niedergelegt; hat die Legende überliefert, wie der Wundertäter Petrus Angelari, den Fügung oder Zufall auf den Thron höchster irdischer Machtvollkommenheit emportrug, in Anwesenheit eines Papstes einmal seine Kutte an einem Sonnenstrahl aufgehängt habe. Überall hat die Antwort Fausts ihre Gültigkeit, daß der Glaube des Wunders liebstes Kind sei.

Drei Bischöfe, Delegierte des Konklaves von Perugia, stiegen im Sommer 1294 den Berg hinauf zur Einsiedelei, ließen sich vor dem Gitter, hinter welchem der Eremit die Ankömmlinge ängstlich-mißtrauisch beobachtete, auf die Knie nieder und überreichten ihm die Urkunde der Papstwahl. Petrus wollte fliehen, seine Mitbrüder jedoch hielten ihn fest, zwangen ihn, die Wahl anzunehmen, und hofften, das Reich Gottes werde damit auf die Erde kommen und die Machtkirche ablösen. Dann kam der 5. Juli; zog der große Zug mit König Karl II., seinem Sohn Karl Martell, König von Ungarn, an der Spitze, Adel, Kleriker, neugieriges und staunendes Abruzzenvolk im Gefolge, den Pfad hinauf, um den neuen Papst abzuholen. Die Könige führten den Esel mit dem Eremiten zu Fuß nach L'Aquila zur Krönung. Konnte es anders sein, als daß die verwunderte Welt darin die Wiederholung des Einzugs Christi in Jerusalem, ein neues Wunder in einem neuen, vielleicht endzeitlichen Äon erblickte? Und daß sich in das Staunen über die scheinbare Erfüllung alter Prophetien der Hohn derer mischte, die hierbei nie fehlen?

Am gewandtesten verstand Karl II. die Situation zu nutzen. Als die Kardinäle, vom neuen Papst auf Befehl des Königs gerufen, in L'Aquila zur Krönung eintrafen, erblickten sie zum ersten Male ihren neuen Gebieter, einen des Befehlens ungewohnten ängstlichen Greis, der von ihnen, prunkvollen Magnaten, sophistischen

Juristen, gelehrten Theologen, durch eine Welt getrennt war. Eine solchermaßen wörtliche Nachfolge Christi konnte bei ihnen nur Verachtung, bestenfalls Gefühle der Resignation auslösen. Doch merkwürdig: zum Tage der Krönung in Santa Maria in Collemaggio, dem 24. August, strömten nach dem Bericht eines Augenzeugen zweihunderttausend Menschen herbei, die an das Aufgehen einer Kirche der Armen, an eine neue Verkündigung glaubten. Nannte sich der neue Papst nicht, gleich seinen Ordensbrüdern, nach dem Himmel, Cölestin v.? Kein Papst des Mittelalters ist mit so grenzenlosem Jubel begrüßt worden wie er. Die Erwartungen der erlösungskranken Christenheit hatten aus dem Gekrönten einen Gedanken, eine Inkarnation gemacht, den Pastor Angelicus, den Engel-Hirten der Menschheit. War er nicht einer der Ihren gewesen, nicht anders als Jesus der Sohn eines Mannes aus dem an den Rand des Daseins gedrängten Volk es gewesen war? War er nicht ein vom Charisma Geprägter, der unter ihnen am Monte Morrone gelebt hatte, ohne daß sie ihn zu erkennen vermochten? Aber die Christenheit waren nicht die Könige und die Großen. Karl II. befahl dem Papst, in Neapel unter seiner Aufsicht zu residieren, wenn auch nicht zu regieren, und seine Wünsche zu erfüllen. Alle konnten dem Einsiedler unter der Tiara, dem Toren Gottes, abschwatzen, was sie brauchten; sie konnten ihn verlachen, wenn sie das Geforderte in Händen hielten und der Greis sich in seine hölzerne Zelle zurückgezogen hatte, die er sich in einem Saal des Castel Nuovo, des Anjou-Schlosses, hatte errichten lassen, um an seine Klause erinnert zu werden.

Ein halbes Jahr später willigte er in seine Abdankung ein, um Bonifaz VIII., der als Kardinal Benedetto Caëtani ihn selber mitgewählt hatte, Platz zu machen. Unter Qualen sollte der Traum vom Engelpapst erlöschen, untergehen im Engen, Unbekannten, verschwinden aus der Kirche, nicht anders als seine Verkörpe-

rung in Petrus vom Monte Morrone, den sein Nachfolger im Kerker in den Hernikerbergen sterben ließ; lebendig geblieben ist er nur in den Visionen einzelner.
Unmittelbar am Fuße des Monte Morrone liegt die Badia Santo Spirito, früher die größte Abtei der Abruzzen, heute Zuchthaus. Als Petrus Angelari zum erstenmal in die Gegend kam, fand er nur zwei alte Kapellen vor. Er erweiterte beide und hielt dort kurz vor seiner Wahl sein einziges Generalkapitel ab. Karl II. ließ 1299 die Abtei bauen – neben Ovids *Fons Amoris.*
Der Kalkstein hat die Stimmen der Zeiten in sich gesogen. Nur andeutend ist der Pfad zu erkennen, auf dem die Könige den Eremiten aus der Welt entsagender Wahrheit in die Scheinwelt des Trügerischen und des Zufalls hinuntergeführt haben.

Der Papst im Kerker – Fumone

Der ebenmäßige Gipfel, den der kleine Ort Fumone krönt, liegt nur wenige Kilometer von Alatri entfernt. Wolkenbänke über Fumone bedeuteten früher Unwetter, sogar Erdbeben, und ein altes Wort sagt: «quando Fummo fumat, tota Campania tremit», sobald Fumone raucht, erzittert die ganze Campagna, aber auch das südliche Campanien.
Wir fahren durch reiche Olivenkulturen, das stetig sich wandelnde Panorama aufnehmend, die gepflegte Straße hinauf. Wolken, Schatten, Licht und Berge – Grün, Blau, Gold, Rot in allen Tonstufen und Reflexen prägen sich unverlöschlich ein. Die Blicke fliegen über das grenzenlos scheinende Tal des Sacco.
Wir nähern uns der Stätte, an der vor fast sechshundertachtzig Jahren die menschlich leidvollste Tragödie der Papstgeschichte wie der Geistesgeschichte des Mittelalters ihr Ende gefunden hat, und suchen nach den letzten Spuren Cölestins V., noch ungewiß,

ob wir sie finden würden. Wo wir das Tor der mittelalterlichen Festung vermuten, von der noch die mächtigen Umfassungsmauern übriggeblieben sind, erblicken wir ein weit geöffnetes barokkes Portal. Die Kennzeichnung «proprietà privata» ist in Italien selten ein Hindernis für freundlich gewährten Einlaß. Eine schmale Treppe führt durch den Palast hinauf in ein weites Geviert mit abgezirkelten Wegen zwischen Lorbeerbäumen, Fliederbüschen und Zypressen. Statuen und Büsten römischer Imperatoren und reizender Göttinnen bringen in das gleichmäßige Dunkelgrün helle Tönungen. Ein knabenhafter Gott Mars blickt wie ein Sieger über das Land hinweg. In der Mitte des flachen Berggartens stößt ein Stein aus dem Boden. Es ist der Gipfel des Berges von Fumone. Die Vorfahren des Besitzers, des römischen Marchese Longhi, haben durch Generationen Erde auf den Berg, der einst die Festung trug, bringen lassen, um auf dem Dach des Berges den Garten anzulegen. Nur die äußerste Spitze des Gipfels sollte von Erde frei sein. Eine schöne, vermutlich auch sehr kostspielige Laune des Geschlechtes der Longhi.

Durch Gänge und Zimmer führt der Weg in die kleine Hauskapelle. Jede Frage ist überflüssig geworden. Ein Gitter öffnet einen etwa zwei Meter langen und an der Stelle, wo ein kahles, armseliges Altärchen steht, einen Meter breiten dreieckigen Kerker. Die eine Wand ist roher Fels, die andere grob behauenes Gemäuer: der Kerker Cölestins v., des Heiligen vom Monte Morrone, der wider Willen hat Papst sein müssen, ehe er, nach fünf Monaten und einer Woche gequälter Scheinherrschaft, am 13. Dezember 1294 in Neapel die Tiara niederlegte, sich der Pontifikalgewänder entledigte, in der Kutte des demütigen Einsiedlers, der er fünfzig Jahre lang gewesen, vor den Kardinälen niederkniete und nur noch den einen Wunsch hatte, in sein Eremitenleben zurückzukehren. Zwölf Tage später führten die gleichen Könige, die kurz zuvor den Esel des Eremiten vom Monte Morrone herabgeführt hatten, den mit zyprischem Federwerk geschmückten Schimmel des neuen Papstes, Bonifaz' VIII., zum Lateran in Rom. Und während beim Krönungsmahl nach den Worten des Chronisten «die Pokale des Bacchus» kreisten, waren die Häscher des Papstes, der alles getan hatte, um seine Abdankung herbeizuführen, bereits dem fliehenden Cölestin auf den Fersen, der durch Apulien irrte und seinen Frieden wiederzufinden hoffte. Sie fingen ihn am Monte Gargano ein, wo das arme Volk den Flüchtigen als Wundertäter begrüßte und anflehte, wieder Papst zu werden.

Der Kerker von Fumone wurde seine letzte Einsiedelei. Bis zum 19. Mai 1296, dem Tage seines Todes, saß er in dem Kerker, dessen Wände wir berühren. Bonifaz hat es verstanden, den Wehrlosen zu töten, ohne ihn umzubringen. In diesem Dreieck mit der Öffnung, durch die das Essen geschoben wurde, gingen die Träume vom Engelpapst in apokalyptischer Zeit, den alte Weissagungen verkündet hatten, zu Ende – Träume, für welche die Machtkirche, die Rechtskirche, den Unschuldigsten büßen ließ. Das Gemäuer aus Kalkstein hat die Niederlage aller Gedanken gesehen, die nie die Kirche beherrschen können – das Erlöschen der Idee einer reinen Geist-Kirche in der Verkörperung eines Menschen, der die schwerste Krone der Welt getragen hatte und Idee gewesen war, ohne es selber zu wissen und zu wünschen; der nie begriffen hätte, warum Dante ihn einen Schwächling nennen, ihm die Entsagung zum Vorwurf machen konnte, weil er «feig den großen Auftrag von sich wics», und ihn zu den von Gott ausgestoßenen Lauen am Acheron der Vorhölle verdammen würde; warum Petrarca dagegen seine seelische Größe im Verzicht preisen und ein späterer Papst ihn heiligsprechen würde. Nur eines hätte er begriffen, daß Jacopone da Todi, der hymnische Dichter der Spiritualen, der vergeistigten Richtung des Franziskanerordens, den er einmal als Mitglied einer Gesandtschaft kennengelernt und der schon bald, gleich ihm, als Opfer des neuen Papstes im Kerker verschwinden sollte, ihn in einem langen Gedicht vor der Welt warnen mußte:

«Mitleid hat mich überkommen,
Als dein *Ja* ich hab vernommen,
Hast ein Joch auf dich genommen,
Das dir droht mit ewigem Leid.»

Wie Cölestin v. ausgesehen hat, wissen wir nicht. Mehr als seine Physiognomie spiegelt eine alte Miniatur die Lebenstragödie des Eremiten, dem man den Gottesfrieden geraubt; sie zeigt, wie Teufel ihn umringen und stören: das ist der wahre Kern seiner Biographie.
In Santa Maria in Collemaggio, am Ende einer langen Allee am Rande L'Aquilas, wie hinausgedrängt aus der Stadt, doch mit dem weiten Blick nach Süden zum Monte Morrone hin – in dieser Kirche, wo Cölestin v. für die Dauer einer kurzen, leidvollen Weltstunde hoffnungstrunken umjubelt worden war, ruht er, heiliggesprochen, seit Jahrhunderten unter dem Altar, vor welchem das Volk der Abruzzen ihn als Mittler göttlicher Gnaden anfleht. Cölestin v., der im unüberbrückbaren Abgrund der Gegensätze seines Zeitalters zerschellen mußte, ist ein Gleichnis der Unsterblichkeit geworden. Noch heute betet der Benediktinerorden am 19. Mai, dem Tage des Heiligen, den Lobgesang der Demut.
Cölestin v. war ein Heiliger aus dem Geiste der Einfältigen und Kinder, von denen Christus redet. Die Papstgeschichte hat allerdings nie ein Hehl daraus gemacht, daß ihr dieses Versagen unter der Tiara peinlich ist. Mit immer gleichbleibender Vorliebe spielt sie ihn gegen den denkbar unheiligen Bonifaz viii. aus. Anders denkt der heute regierende Papst. Sechshundertsiebzig Jahre

nach dem Tode Cölestins V. besuchte Paul VI., als erster und einziger Papst, den Kerker dessen, der unter den Päpsten die «Torheit des Kreuzes» gezeigt hat.

Das Ende des Mittelalters – Anagni

Fumone und Anagni, die alte Hauptstadt der vorrömischen Herniker und Geburtsstadt Bonifaz' VIII., liegen, geographisch gesehen, nahe beisammen; als Bilder zweier Welten aber sind sie einander unüberbrückbar fern. Anagni war seit jeher ein von den Päpsten unmittelbar abhängiger Bischofssitz – eine Stadt, die niemals Zankapfel der großen Adelshäuser Latiums gewesen ist, dafür um so mehr unter den Feindseligkeiten seiner «Stelle», der sogenannten «Sterne», der zwölf beherrschenden Familien der Stadt, zu leiden hatte.

Der Dom Santa Maria ist reich an Kunstschätzen, angefangen bei dem prächtigen romanischen Ziborium des Hauptaltares. Wir stehen vor dem herrlichen marmornen Bischofsstuhl aus der Mitte des 13. Jahrhunderts. Ein zartrotes Kissen erhöht die Schönheit des im warmen Lichte stehenden Thrones, eines Meisterwerkes des Pietro Vassalletto aus der bedeutenden römischen Bildhauerfamilie. Vassalletto schuf auch den wie eine ewige Fakkel der Auferstehung neben dem Thron ragenden Osterleuchter, dessen schweren Kerzenteller ein kniendes Kind trägt, doch so, als gäbe es für seine Unschuld als Bild österlicher Entsühnung keine irdische Schwere mehr.

Die Fresken der Dom-Krypta San Magno sind der höchste Triumph der romanischen Malerei in Latium – mehr noch, sie

207 Der Thron im Dom von Anagni – Sitz des Papst-Absolutismus

sind in ihrem Reichtum an Naturbeobachtung und individuellem Ausdruck der Figuren wie ihrer Bewegungen schon früheste Ahnungen dessen, was die Renaissance zur Entfaltung bringen sollte. Der Meister der zwischen 1231 und 1255 entstandenen Fresken ist unbekannt, scheint jedoch aus Süditalien zu stammen.

Erstaunlich ist der thematische Radius dieser Fresken. Sie umfassen Szenen des Alten Testamentes und der Apokalypse, Heiligenepisoden und Apostelgeschehnisse. Sogar die Naturwissenschaften fehlen nicht in dem sprechenden Gegenüber des Hippokrates und des Galenus. Auch die ersten Darstellungen des Martyriums des heiligen Thomas Becket, dem neben der Krypta von Anagni das erste kleine Oratorium im Raum eines altrömischen Mithräums geweiht wurde, finden sich in der Krypta – nicht verwunderlich, denn Thomas wurde 1173 im nahen Segni in den Monti Lepini durch Alexander III. kanonisiert. Die Fresken des Thomas-Oratoriums verraten einen anderen Meister rustikalerer Pinselführung.

Reich an Seltenheiten ist die große Schatzkammer des Domes, in der die kostbaren Paramente Innozenz' III. aufbewahrt werden – darunter ein ikonographisch bedeutungsvolles päpstliches Pluviale in verblichenem Karmesin mit den zwölf Aposteln, die alle die schwäbisch-staufische Königskrone tragen. Aus welchem Anlaß mag diese Stickerei entstanden sein? Wie furchtbar waren die Wege und Irrwege von Papsttum und Kaisertum von den Anfängen einer solchen Identifikation bis zum Schafott Konradins.

Gerade die Wärme des Lichtes macht es fast unmöglich, daran zu denken, daß dieser Dom am Gründonnerstag 1160 den Bann-

208 Inneres des Domes von Anagni mit dem Cosmatenboden – Kathedrale der Schicksale fluch Papst Alexanders III. gegen Friedrich Barbarossa, 1210 den Bannfluch Innozenz' III. gegen Otto IV., 1254 den Bannfluch Innozenz' IV. gegen Manfred, den letzten Stauferkönig, und 1255 den Bannfluch Alexanders IV. wiederum gegen Manfred gehört hat: die schaurige Zeremonie, bei der die Kerzen umgedreht und am Boden verlöscht werden. Nur einmal kam ein Kaiser, Friedrich II., nach Anagni, um unter «heiligen Küssen» mit Gregor IX. sich zu Tisch zu setzen, zu trügerischem Frieden. Aber von den Päpsten, die in Anagni geboren sind und gelebt haben, gewählt wurden, verflucht und widerwillig sich versöhnt haben im Jahrhundert der Stauferherrschaft, sind keine Spuren mehr in der Stadt zu finden. Nur Bonifaz VIII. lebt noch ein geisterhaftes Nachleben. Er hat auf diesem Thron gesessen, der auf zwei Löwen ruht, seine Hände haben die Marmorkugeln der Lehnen berührt, die vom vielen Greifen glänzen.

Nur noch Reste sind von dem Palast vorhanden, den Bonifaz sich hat bauen lassen. Der an der alten Stelle errichtete Palast heißt zu Unrecht Palazzo di Bonifacio VIII. Die Chronik überliefert, wie der Mächtige von den Fenstern hinübersah nach Fumone, wo er seinen Vorgänger wußte, über den er hämisch triumphierte; den er, wie alle ihm Unterlegenen, mit ätzendem Hohn übergoß. Dieser Chronist kann ein Feind des Papstes gewesen sein. Heißt aber Feind sein zugleich lügen? Doch auch ein Freund mag er gewesen sein, für den der Hohn auf den Unterlegenen selbstverständlich war.

Aber Bonifaz VIII., der schrankenlosen Hochmut mit gebieterischer Maßlosigkeit, unersättliches Machtgelüst mit pathologischer Theatralik verband – der mit dem Ruf «ego sum Caesar, ego imperator» in kaiserlichen und päpstlichen Gewändern vor Kardinälen und Bischöfen stolzierte, mußte in Anagni seinen Untergang erleben. Die grelle Szene des 7. September 1303 im Papstpalast bedeutete das Ende des Mittelalters und aller Vor-

stellungen einer Theokratie, die in der Gestalt des Caëtani-Papstes zur Mißgestalt einer unbegrenzten geistlichen Diktatur aufgebläht worden war. Sciarra Colonna, der den Papst für alles, was er am Hause Colonna verbrochen hatte, umbringen wollte, und Guillaume de Nogaret, der berüchtigte Staatsrat Philipps IV. von Frankreich, der ihn im Auftrage seines tyrannischen Königs, des gefährlichsten Gegners des Papstes, gefangen nach Frankreich zu bringen gedachte, versammelten sich mit ihren Leuten und bewaffneten Feinden des Papstes heimlich bei Nacht im nahen Sgurgola, das jenseits des Sacco höchst malerisch am Hang der Monti Lepini liegt. An der Stelle dieser Ansammlung entstand sieben Jahrzehnte später die Kirche Madonna dell'Arringo, Madonna vom Kampfplatz; ein Steingetrümmer in der Nähe heißt «Pietra rea», Verbrecherstein, oder «Pietra del Mal Consiglio», Stein vom bösen Rat. Die Verschwörer und Entführer überfielen Anagni und fanden Bonifaz VIII., in den Glanz seiner Pontifikalgewänder gehüllt, die Tiara auf dem Haupte, die Schlüssel Petri in der einen, den Kreuzstab in der anderen Hand, einsam und regungslos in einem Saale thronend: der tragische Darsteller seiner eigenen Existenz auf der Bühne der Weltgeschichte. Die vielzitierte Ohrfeige hat Sciarra dem Papst wahrscheinlich nicht gegeben. Aber das Papsttum hat die Ohrfeige der erwachenden Nationalstaatlichkeit erhalten, so hörbar, daß der Widerhall durch ganz Europa zu vernehmen war. Für Bonifaz VIII., der den Eindringlingen in versteinertem Stolz und mit dem Mut des Untergehenden sein Haupt bot, bedeutete die Demütigung mehr als Tod. Achtundvierzig Stunden lang sah sich der Greis, den man ins Bett gelegt hatte, bewacht und erniedrigt, ausgeplündert und beschimpft. Die Feinde raubten an Schätzen «mehr als alle Könige der Erde in einem Jahr an Einkünften haben».
Ein Zufall brachte die Wendung. Die Bürger von Anagni vertrieben die Attentäter, befreiten nach drei Tagen den Papst und zer-

Das Voltone-Gewölbe des Palazzo Comunale von Anagni – Wucht mittelalterlicher Bögen

rissen das Banner Frankreichs. Latium stand in Flammen, ein Schloß der Nepoten nach dem anderen wurde von den Gegnern genommen. Stunden hatten genügt, um das Imperium der Caëtani zum Einsturz zu bringen. Die Empörung setzte sich bis ins Königreich Neapel fort, wo die Caëtani gleichfalls reich begütert waren.

War es Befreiung? Für Bonifaz VIII. nicht. Ein im Innersten zu Tode Getroffener zog nach Rom zurück und starb dort vier Wochen später – die taube Nuß der Bibel, die leere Hülle der Macht. Als man ihn bestattete, tobte ein Gewitter über der Stadt. Sciarra

Colonna aber, der ihn tödlich haßte, soll Zeichen der Trauer gezeigt haben, weil er den Feind trotz allem bewunderte. Wahnsinnig, wie das Gerücht behauptete, scheint Bonifaz nicht geworden zu sein. Doch was er, der sich selber wie einem antiken Gott zahllose marmorne und silberne Statuen hatte errichten lassen, erduldet und bis zu seinem Ende zu überdenken Zeit hatte, war teuflischer als Wahnsinn; seine letzten Wochen müssen sich für ihn, von dem es hieß, er glaube an nichts, zur Ewigkeit gedehnt haben. Welchen Weg gingen seine Gedanken, sollte er sich jenes schmalen Grats bewußt geworden sein, wo die Schlüsselgewalt des Himmels und jene der Erde sich berühren und der mögliche Mißbrauch der einen Welt auch die Vollmacht in der anderen Welt fragwürdig werden läßt?
Ein Chronist hat ihn den «hochgemuten Sünder» genannt, der die Tiara wie ein Fuchs erschlichen, wie ein Löwe behauptet habe und der wie ein Hund gestorben sei.
In den Grotten der Peterskirche steht sein Sarkophag mit der großartigen schlafenden Statue, ein Überbleibsel des einstigen Kapellenmausoleums, einem Meisterwerk des Arnolfo di Cambio, das der Papst schon zu Lebzeiten sich hatte errichten und in dessen Mitte er sich als jugendlichen Heros mit einem weltverachtenden Zug um den steinernen Mund hatte abbilden lassen. – Im 17. Jahrhundert ließ man den Sarkophag öffnen. Alle großen Familien Roms waren gekommen, um den toten Papst, dessen Leib unter den Prunkgewändern fast unversehrt dalag, schaudernd anzustaunen. Nur das Haus Colonna hatte es abgelehnt, zu erscheinen!
Einsam für sich steht der Campanile des Domes auf dem Platz, ein Bild der Erinnerung. Wir beugen uns über die Mauern und Nischen, die noch vom Palast stehen. Ehe wir Anagni verlassen, betrachten wir noch einmal die unter der baldachinartigen Ädicula sitzende Statue des Papstes hoch oben an der Außenmauer

des linken Seitenschiffes. Alles an Bonifaz VIII. drängte nach außen, nichts nach innen. Die des Segnens ungewohnte und darum zögernd segnende Hand des Mannes, dessen Herrschaft ein Unsegen gewesen ist, steht in seltsamem Gegensatz zu den übergroßen steinernen Augen, die noch immer hart und leer, doch von einem untergründigen Leben erfüllt, in das Land starren, als beherrschten sie es wie vor Jahrhunderten und als könnten sie das Erraffte nicht loslassen.

Während wir über die fast leere Via Casilina nach Rom zurückfahren, drängt ein Wort Ariosts in den Sinn, der den Großen der Erde riet, sich nicht die Gunst der Dichter zu verscherzen. Bonifaz VIII. hat es getan. Da liegt das erleuchtete Palestrina wie ein funkelnder Brillantschmuck auf dem Berg, und darüber ahnen wir Castel San Pietro, wo Jacopone da Todi fünf Jahre lang die Qualen des Kerkers erduldet hat, bis der Tod des Papstes ihn befreite. So wenig wie Jacopone hätte der Papst Dante verschont, wäre er sich im Jahre 1301, als der Dichter als Gesandter von Florenz vor ihm stand und er ihn fast als Gefangenen behandelte, bewußt gewesen, daß er mit seinem unerbittlichen Richter sprach; auf einen Mord mehr oder weniger wäre es ihm nicht angekommen. Dante, den Bonifaz VIII. durch die *Göttliche Komödie* geradezu verfolgt, hat in ihm den Usurpator der heiligen Schlüsselgewalt Petri – in seinem Pontifikat ein Sakrileg verdammt; so wie er indessen auf der anderen Seite, alles umfassend, das Attentat von Anagni als einen Angriff auf eben diese Schlüsselgewalt verdammt hat, mochte der Papst noch so unwürdig sein. Aber er hat sein Urteil mit der unheimlichen Hellsichtigkeit des Rächenden gesprochen, denn er wußte – die Sprache seiner Terzinen beweist es – mehr von Bonifaz VIII. als spätere Chronisten und Historiker.

Über eine kurze Strecke folgen noch die Eindrücke von Fumone und Anagni. Weder Cölestin V. noch Bonifaz VIII., die beiden Ex-

treme eines Himmels ohne Erde, einer Erde ohne Himmel, entsprachen jener Gestalt des Primates Petri, von dem Christus wollte, daß er die tragende Mitte der Welt werde.
In Latium haben wir oft das Gefühl, die Übermacht der Geschichte fordere ein langsames Ausatmen. Der Weg von Anagni nach Segni, dem Signia der alten Volsker, ist nicht weit. Wir fahren nicht der kleinen Stadt wegen hinauf, deren Grafentitel Innozenz III., Gregor IX. und Alexander IV. getragen haben. Die Geschichte Segnis ist 1557 in den wüsten Zerstörungen des Krieges untergegangen, den Paul IV. – wir sind ihm in Cave begegnet – gegen Philipp II. von Spanien geführt hat. Im Dom erinnert außer einer Tafel nichts mehr an die Heiligsprechung des Thomas Bekket, eines der folgenreichsten Zeichen des 12. Jahrhunderts. Auch die vielen Päpste, die sich im Mittelalter in Segni vor den rebellischen Römern in Sicherheit gebracht haben, sind ohne Spuren vorübergegangen.
Wir kommen anderer Zeichen wegen. In Segni finden wir die nächst Norba, Arpino und Alatri eindrucksvollsten Zyklopenmauern Latiums und das Zyklopentor, das heute Porta Saracena heißt, vielleicht, weil auch hier einmal Sarazenen geplündert haben: urtümliche Mauerwerke der Volsker, vielleicht schon dreitausend Jahre alt, aus Zeiten, als Götter und Menschen noch einander nahe waren. Welche Gottheiten wurden in dem Tempel mitten in der alten Akropolis über dem Ort angebetet, ehe die Trias des Kapitols in den drei Cellen angefleht wurde, in deren mittlerer heute, verloren über nicht mehr greifbaren Epochen, die Kirche San Pietro steht? Nahe bei ihr ist eine riesige kreisrunde Zisterne aus dem *opus Signinum* geschichtet, dem aus Segni stammenden unverwechselbaren Mauerwerk aus Bruchstein, das dem Hausbau Italiens verblieben ist.
Von dieser Höhe, die Gregorovius einen «großen steinernen Tisch» nennt, beginnt der Blick seinen vom Greifbaren fast schon

losgelösten Flug über das Land, über mehr als dreißig Orte. Als nächster liegt Anagni und hinter ihm die dunkle Hochfläche Fumones. Beide Orte sind Endpunkte des Papsttums und der Kirche. Von der Höhe von Segni aus versuchen wir, die Spannungen zwischen den unverrückbaren Zyklopenmauern im Dämmer des Mythischen und den Ereignissen am Übergang zum 14. Jahrhundert als zwei Formen der Weltmacht Rom zu verstehen.

ZWEITER TEIL

VII

Bukolischer Friede – San Giovanni in Argentella

Latium eignet etwas Sirenenhaftes, das den Menschen völlig in seine Gewalt locken kann und dem man sich von Zeit zu Zeit mit ebensolcher Gewalt entziehen muß, um Land und Ereignisse aus ruhegewährender Distanz zu sehen, ihnen nach-zu-schauen, aus anderer Sicht zu ihnen zurückzukehren.

Das Tal von San Giovanni in Argentella am Fuße des Monte Gennaro, mit dem die Berge der Sabina beginnen, liegt nicht allzu weit von Rom. Bald nach den Katakomben von Sant'Alessandro an der Via Nomentana beginnt die Via Palombarese. Sie gleitet an den mäßig hohen, der Sabina vorgelagerten kleinen Monti Cornicolani vorüber, die nur zwei Ortschaften tragen, Montecelio, das alte latinische Corniculum, und Sant'Angelo Romano, von denen aus, gleich wie von Palombara, das Tibertal sich bis zu den Bergen des Lago di Bracciano zum erstenmal ausbreitet, ein Thema, dessen Variationen in Nord-Latium wie mit unerschöpflicher musikalischer Erfindungsgabe aufeinander folgen.

Der Zugang zum Tal liegt ganz unauffällig am Fuße des Hügels von Palombara. Die zwei Kilometer steinigen Weges bis zu der Stelle, wo kein Weiterfahren mehr möglich ist, sind mühsam wie der Abstieg zu Fuß über einen noch steinigeren, schilfumstandenen Pfad, den nur Maultiere und Esel beleben.

Zuerst wächst der Campanile mit den drei obersten romanischen Rundbögen aus den Ölbäumen heraus, so völlig unerwartet, als sei er selber ein steinerner Baum. Von Gewittern und Sturzbächen ausgewaschene breite, furchige Stufen führen auf ein Holzgitter zu, die Pforte zum Tal der Pfirsiche. Gleich zur Rechten

Das Tal von San Giovanni in Argentella – Bukolisches Dasein in Latium

steht die Kirche aus Ziegelstein, deren Baugeschichte schon im 8. Jahrhundert begonnen hat. Wie lange hier keine Benediktiner mehr leben, ist ungewiß. Wir dringen durch das Buschwerk, vorbei an reich behangenen Cachi-Bäumchen, deren rotgoldene Früchte die Äpfel der Hesperiden sind, der schönen Genien der untergehenden Sonne, welche Latium einst den Namen Hesperien gegeben haben. In einer Pergola steht ein alter Sarkophag, der das Wasser einer kleinen Quelle auffängt. Die Trauben hängen tief auf uns herunter, so daß wir nur gebückt durch den Laubengang gehen können.

«Hier aber prangt viel üppige Frucht, hier rinnt von den
Hängen
Goldener Wein, der Ölbaum wohnt, es wohnen die
Herden
Fröhlich im Land...»

Die Welt Vergils umhüllt die an den Holztisch der Pergola beim Seitenschiff der Kirche zu einer bukolischen Mahlzeit aus Brot und Wein, Käse und Oliven sich Setzenden; die Trauben zum Nachtisch spendet der Weinstock der Laube.
Die Kirche ist ein Bau mit drei archaisch-unregelmäßigen Schiffen und vielen Einzelheiten der Frühzeit. Vom ehemaligen Kloster stehen noch Reste. Aus der Nische über dem Portal blickt eine gemalte Madonna mit dem Kinde in byzantinischer Strenge, doch immer gegenwärtig, über uns hinweg.
Sechs ebenmäßige Ölbaum-Hügel, jeder in einer anderen Form, wie die Töne einer klassischen Kadenz fallend und ansteigend, bilden das Tal, das sich nur nach Süden weit öffnet und den Blick frei über die Höhenzüge nach Rom eilen läßt.
Wir sitzen unter einem Pfirsichbaum auf dem Hügel gegenüber der Kirche. Wann ist über dem Tal zum ersten, wann zum letzten Male eine Glocke vom Campanile erklungen? Der zarte Name «in Argentella», eine Diminutivform des italienischen argento, ist unübersetzbar, aber er könnte überzeugend als «Silberglanz» gedeutet werden; er paßt zum Laub der Oliven, die, nach alten Gesetzen auf die Hügel gepflanzt, wie gestickte mattsilberne Muster wirken; er paßt auch zu dem hellen, ängstlichen Blöken der vielen erst einige Tage alten Lämmer, die mit den Muttertieren langsam der Pforte des Tales entgegenziehen: eine pastorale Idylle, als sei Gott Priapos, der Gärten und Herden Fruchtbarkeit schenkt, der unsichtbare Hirte.
Wer einen Tag in diesem Tal zugebracht hat, ganz der «contem-

platio rusticana» hingegeben, langsam über die Hügel wandernd oder um die Klosterkirche herumgehend und unter den Ölbäumen sitzend, wird am Abend von der Rückkehr in die «Welt» fast überrascht. Um dem Übergang das Plötzliche zu nehmen, fahren wir noch ein kurzes Stück auf der Straße nach Tivoli bis zum Kloster San Francesco. Dort steht der zweifellos älteste Ölbaum Italiens; sein Umfang weckt die Vorstellung eines Affenbrotbaumes. Er ist gespalten, und man kann hindurchgehen.
In dem uralt-alterslosen rissigen Holz der Ölbäume ist Unsterblichkeit, und sie teilen ihre unerschöpfliche Fruchtbarkeit seit fernen Jahrhunderten mit, geistig-göttlich in den Salbungen von Leben und Tod, das Himmlische wie das Irdische mit der Köstlichkeit ihrer Säfte nährend – der Minerva von Latium als der Göttin des Gedankens und der Weisheit so heilig wie dem Einen Gott der Christen.

Nepa-Schlange und Borgia-Stier – Nepi

Livius, der Ranke des Römertums, hat Nepi mit seinen Mauerringen das *Antemurale Etruriae,* den Vorposten des Etruskerlandes, genannt. Mit Recht, denn nächst dem südlicheren Veji, mit dessen Eroberung er die Zukunft des römischen Staates und seiner Ausdehnung nach Norden gesichert, hatte Marcus Furius Camillus, der Napoleon der Anfänge Roms und erbittertste wie erfolgreichste Feind der Etruskerreiche, Mühe, Nepi zu nehmen, um von da an Stadt für Stadt, Stamm für Stamm des alten Kulturvolkes auszulöschen.
Der Name ist nur wenig aus dem etruskischen Nepet verändert und dieses wiederum eine Ableitung der Nepa-Schlange, der Hüterin der Fruchtbarkeit; sie ist Wappentier der Stadt, und sieht man den Reichtum, mit dem die Natur das Hügelland zwischen

dem Tiber und den Monti Cimini überschüttet hat, wird die Kontinuität des mit der Etruskerschlange verbundenen Fruchtbarkeitsmythos sichtbar.
Seit dem Jahre 371 v. Chr. war Nepi kein etruskischer Vorposten mehr, blieb aber Vorposten der Römer, des Mittelalters, der Renaissance, hervorragend durch seine Lage auf einer von zwei Schluchten gesäumten Tuffinsel.
Die Geschichte Nepis ist dramatisch bewegt verlaufen. Es wird überliefert, Petrus selber habe einen gewissen Romanus, einen der zahlreichen Heiligen dieses Namens, zum ersten Bischof der Stadt geweiht. Würde das zutreffen, dann wäre Nepi nächst Rom der erste abendländische Bischofssitz gewesen.
Vom frühen Nepi ist kaum noch etwas erhalten, und die Thermen der Gracchen, der beiden berühmten Brüder und «Nationalökonomen» des zweiten Jahrhunderts v. Chr., sind in moderne Thermenanlagen verwandelt worden, die das Nepi-Wasser liefern.
Die weitläufigen Ruinen am Wasserfall, einst eine der größten Festungen Latiums, beherrschen die Stadt. Der Erbauer war Kardinal Rodrigo Borgia, durch seinen Onkel Kalixtus III. Besitzer der reichen Pfründe Nepi und spätere Alexander VI., dessen Wappen mit dem Borgia-Stier an den düsteren Außenmauern aus Tuff zweimal angebracht ist.
Mit dem Borgia begann die letzte romanhafte Geschichte von Nepi, wie aufgestockt auf die etruskischen Mauerreste der Burg. Alexander VI. – man erinnert sich seiner aus Schloß Sermoneta – überließ Nepi nach seiner Papstwahl dem eleganten und intriganten Kardinal Ascanio Sforza, dem Bruder des Herzogs Ludovico il Moro von Mailand, als Honorar für seine Wahlstimme im Konklave. Als er den Zeitpunkt für gekommen erachtete, beraubte er Sforza seiner ergiebigen Pfründe wieder, deren Schönheit und Bedeutung er nur zu gut kannte, und gab sie 1499 seiner noch

nicht zwanzigjährigen Tochter Lucrezia. Nepi wurde Hauptstadt eines großen Herzogtums, das aus allen dem Hause Colonna geraubten Besitztümern gebildet war. Schon bald suchte Lucrezia in der Ruhe von Nepi Trost, denn ihr Bruder Cesare hatte gerade ihren zweiten Mann, den neapolitanischen Herzog Alfonso Aragon-Bisceglie, in seinem Bett im Vatikan, wenige Schritte vom Zimmer des Papstes und mit dessen – nachträglicher – Einwilligung erwürgen lassen. Die anfangs leidenschaftliche Trauer Lucrezias beruhigte sich in der neuen Residenz ihres reichen Herzogtums, vor allem als der Mörder-Bruder sie besuchte, um ihr einen viel reicheren und viel schöneren Gemahl in Aussicht zu stellen. Dann erschien der Papst selber zusammen mit Cesare und seinem zweiten Sohn Jofré in Nepi, wo sich die Borgia an einen Tisch setzten, um ihre kommenden italienischen Eroberungen auszuhecken und zu überlegen, welche ihrer wahrlich nicht wenigen Gegner in nächster Zeit zu verschwinden hätten. Cesare begann 1500 von Nepi aus seine Kriegszüge. Ein Jahr später, gegen Ende 1501, konnte Lucrezia in der Tat den versprochenen reicheren und schöneren Mann heiraten – es war Herzog Alfonso I. von Ferrara. Sie zog mit ihrem glanzvollen Hofstaat aus dem Schloß aus und verschwand für immer aus dem Gesichtskreis der Borgia und ihrer Politik.

Wieder war das Herzogtum Nepi frei, doch Alexander VI. brauchte nicht lange nach einem neuen Herzog zu suchen. Er investierte seinen eigenen vorletzten Bastard, den dreijährigen Giovanni, der den stolzen Titel eines Infante Romano führte – «geboren von Uns und einer Ledigen», wie der Papst für alle Fälle die Herkunft des Kindes bestätigen ließ. Lucrezias dreijähriger Sohn Rodrigo erhielt zur gleichen Zeit das geraubte Herzogtum Sermoneta.

Da indessen die beiden vom päpstlichen Vater und Großvater verwöhnten Kinder, denen nominell ganz Latium gehörte, ihre Herzogtümer nicht selber regieren konnten, wurden Kardinäle

damit beauftragt. Die aufgeblähten Hoffnungen der Borgia zerrannen bekanntlich schon sehr bald. Als Alexander VI. und Cesare das ihnen bereitete Gift geschluckt, das für den Papst tödlich wurde, verbarg sich Cesare im Schloß von Nepi und hatte gerade hier als langsam Genesender sehr viel Zeit, über den Zusammenbruch alles dessen nachzudenken, was er hier wenige Jahre zuvor geplant und mit der Königskrone von Italien zu krönen gedacht hatte. Der Gedanke an den Hamlet erscheinenden toten König drängt sich auf, wenn man um die ausgedehnten Bastionen des Kastells mit dem Rundturm und dem viereckigen Turm geht.
Die Damen wie die Abenteurer scheinen schicksalhaft mit Nepi und dem Schloß verbunden, dessen Stein so viele Geheimnisse in sein Schweigen genommen hat. Auch die Nachfolger Alexanders VI., Julius II. und Leo X., machten Damen ihrer Häuser, der Della Rovere und der Medici, zu Gebieterinnen von Nepi.
Der letzte Herzog von Nepi, der seinen Titel nicht verliehen und nicht vererbt bekam, sondern ihn gekauft hatte, war ein Dichter, eine der bekanntesten Figuren der römischen Hochrenaissance. Bei Leo X. konnte jeder zu Gunst, Ehren und Geld gelangen, der den oberflächlichen, genüßlichen Papst in irgendeiner Form belustigte. Zu ihnen gehörte Bernardo Accolti aus Arezzo, der sich den Unico Aretino, dann nur noch bescheiden den Unico, den Einzigartigen, nannte und selber fand, er sei der Dritte in der Reihe Dantes und Petrarcas. Er war, was man heute einen begabten Conférencier nennt; damals sagte man Improvisator. Wenn er improvisierend dichtete in den noch heute manchmal in Rom zu hörenden Strambotti-Versen und dazu ebenso improvisierte «Schlager» sang, gleichgültig ob über die Madonna oder über den Jahrmarkt, dann gerieten nicht nur Leo X. und sein schmarotzender Hof, sondern auch die Römer vor Begeisterung außer sich. Zudem umgab den Sänger der vielleicht unberechtigte Nimbus, die Liebe der Herzogin Lucrezia von Nepi genossen zu

haben. Da Leo x. lieber Leute von der Art des Unico Aretino um sich sah als ernste Menschen und sie auch viel höher honorierte, wurde sein Liebling Accolti bald so reich, daß er sich 1521 für das Vermögen von fünftausend Golddukaten Nepi kaufen konnte. Doch lebte der neugebackene Herzog nicht im Schloß Lucrezias, sondern in der noch erhaltenen Casa Sili, wo er auf Tür- und Fensterrahmen das Wort *Unicus* anbringen ließ. Er dichtete und sang nun nicht mehr, sondern verlegte sich darauf, die Bevölkerung Nepis zu mißhandeln, bis diese den Tyrannen, der zudem noch einen Mord begangen hatte, in ihrer Verzweiflung nach sieben Jahren verjagte.

Zuletzt erschienen die Farnese in Nepi, in der Person Pier Luigis, des Sohnes Pauls III., der seinem Vorbild Cesare Borgia nacheiferte. Aber er hat Nepi sein schönstes Bauwerk geschenkt, als er durch Antonio da Sangallo, den Sohn des Meisters gleichen Namens, seinen Palast errichten ließ, der im 17. Jahrhundert vollendet wurde und heute Rathaus, Palazzo Comunale, ist; er faßt die Elemente zweier Stilepochen ohne jeden Mißklang zusammen.

Einsgewordene Welten – Castel Sant'Elia

Von Nepi bis Civita Castellana zieht sich eines der schönsten Täler Latiums hin, die Valle Suppentonia, ein Name, den Papst Gregor I. der Große, die Natur des von steil abfallenden Tuffwänden gebildeten Tales preisend, als erster nennt. In der Ferne ragt der Monte Soracte.

Wir fahren bis Castel Sant'Elia, einem Kloster deutscher Franziskaner, wo die Straße endet. Es ist Mittagsstunde, der Klostergarten steht offen, und wir setzen uns auf die Mauer über dem Tal, das von Fruchtbarkeit strotzt und in allen Farbabstufungen leuchtet. Der kleine Fluß, Fosso del Ponte, in der Tiefe, zwischen

Weißdorn und Haselsträuchern, Pappelreihen und gekrümmten Feigenbäumen, wucherndem Wildwuchs und gestuften Feldern, unterbricht als einziges Geräusch die tiefe Ruhe des Pan.
Wir steigen über einige hundert Stufen, die der Ordensbruder Giuseppe Andrea Rodio von 1782 bis 1799 durch den Tuffelsen gehauen hat, in das Tal hinunter. Für Rodio, den Analphabeten und apulischen Hirten, war diese Arbeit zur siebzehnjährigen pausenlosen Marienandacht geworden. Allenthalben drängt sich der Eindruck einer wilden Kultiviertheit auf. Leere Bänke und Tische unter Weingerank warten auf die Pilgerscharen, die das alte Heiligtum der Madonna ad Rupes, der Rodio sein Leben geweiht hatte, von Zeit zu Zeit besuchen. Zu dem Heiligtum gehört ein kleines Museum mit der heute kostbarsten Sammlung von Paramenten vom 12. bis 14. Jahrhundert.
Der Weg senkt sich steil durch Gärten und kleinere Plantagen. An den glatten Felswänden, die dem Felsgott der Etrusker, Falearo, heilig gewesen sein sollen, sind noch die Eremitenhöhlen aus der Zeit zu sehen, ehe der heilige Benedikt im 6. Jahrhundert seine Gründungen auch in dieses Tal ausdehnte und die Anachoreten in seinen Orden aufnahm. Unvermittelt erscheint vor uns an die schroffe Felswand gelehnt die romanische Basilika Sant'Elia.
Die Basilika ist der zwischen dem 8. und 11. Jahrhundert erweiterte Bau eines Coenobiums, das der heilige Benedikt vermutlich im Jahre 520, also noch von Subiaco aus, an der Stelle eines alten Tempels der Diana Nepesina, der Diana von Nepi, gegründet hat. Die Fresken aus dem 11. Jahrhundert stellen eine wesentliche Etappe in der Entwicklung der romanischen Wandmalerei dar, die in der allgemeinen Kunstbetrachtung Latiums nicht übersehen werden darf. Es sind Werke der Brüder Giovanni und Stefano sowie ihres Neffen Nicolà, die sich deutlich an Sant'Apollinare Nuovo und San Vitale in Ravenna inspiriert und den Mosaik-

stein in die Farbe, die Gewandfaltung und ihre Ornamentik übertragen haben.

Obgleich ganz mit dem Christlichen verschmolzen, ist die Atmosphäre des Paganen der Diana Nepesina in dem Tale geblieben, hängt gleichsam über ihm, so wie die Säulenreste des Tempels der Göttin den christlichen Tempel des heiligen Elias, eines im Jahre 309 zum Christentum bekehrten römischen Soldaten, stützen – eine der Säulen trägt das, soweit wir wissen, einzige erhaltene etruskische Kapitell in Latium – und die Reliefs der Diana zum Bau der herrlichen Kanzel aus dem 9. Jahrhundert dienten. Gerade das aber fügt sich in jene Harmonie von Schöpfung und Geschaffenem, von der bacchantischen Lust dieser verschwenderisch dem Zeugen hingegebenen, von alten Gottheiten, Silenen und Dryaden belebten Natur, und den Gebilden des Geistes, der Kunst, des Glaubens: nirgends so deutlich wie im Tal von Castel Sant'Elia erfahren wir diese Harmonie.

Göttermutter, Papstsohn, Bandit – Civita Castellana

Auf der Hauptstraße bei Nepi gelangen wir in kurzer Fahrt nach Civita Castellana am östlichen Ausgang des Rio Maggiore, des gewaltigen fruchtbaren Cañons, der sich von Nepi einer vorweltlichen Riesenschlange gleich heranringelt. «Civita Castellana, ein Wunder der Natur, das das Feuer und Erdbeben gemacht hat, einzig in seiner Art, liegt auf einem Lavafelsen und vulkanischer Asche. Die ganze Gegend um Rom herum muß einmal ein höllischer Feuerofen gewesen sein, denn wo man in der Runde hinkommt, findet man lauter Hügel und Gebirge von erloschenen Vulkanen. Der Ort ist von Natur zu einer Festung gemacht und zauberisch schön mit Grün bekleidet, und das viele Wasser gibt ihm Labsal und Leben und ewigen Frühling. Die Aussicht ist schön nach den Sabinerbergen, dem Berg von Viterbo. Caprarola liegt reizend auf einer Anhöhe. Den Berg Oreste sieht man schräg, und er verliert etwas von seiner Größe, doch ragt er immer mitten aus der Ebene wie ein Sultan.»

Wilhelm Heinse, der Rom-Trunkene des Sturm und Drang, ist der einzige der nach Italien pilgernden Deutschen, auf den die von Flüssen eingerahmte größte Stadt des westlichen Tiberlandes einen tiefen Eindruck gemacht hat. Civita Castellana hieß im Altertum Falerii Veteres, die Hauptstadt der Falisker, die einzige identifizierbare Stadt dieses vielleicht etruskischen, vielleicht auch sabinischen, jedoch ganz selbständigen Stammes; sie bestand als eine der ältesten Städte Italiens bereits zur Eisenzeit im 9. Jahrhundert v. Chr.

In den beiden Jahrhunderten zwischen 437 und 241 v. Chr. kämpfte das seltsame Volk der Falisker mit Rom um seine Selbständigkeit. Dann wurde Falerii Veteres vernichtet, wurden die Bewohner umgesiedelt in das von den Römern gegründete Falerii Novi einige Kilometer in der Richtung nach den Monti Cimini. Die faliskische Kultur reichte, wie auch die faliskischen Nekropolen, die schon in der nächsten Umgebung von Civita Castellana in die Tuffwände eingegraben erscheinen, bis in die nördlichen Orte Fábrica di Roma, Corchiano und Vignanello. Es sind indessen die faliskischen Vasen, die, stark von dem griechischen Attika beeinflußt, eine überwältigend schöne Kunstblüte in Latium zur Vollendung gebracht haben, wie sie in dieser unverwechselbaren Form von keiner etruskischen Stilperiode übernommen wurde. Hochklassische Schönheit lebt in den faliskischen Terrakotten, die heute in der Villa Giulia in Rom zu bewundern sind.

In nächster Nähe von Civita Castellana, den Zonen von Fosse Cappuccini, von Sassi Caduti, von Vignale, von Scasato und von Celle sind faliskische Tempel erhalten, eine Häufung, die sonst

kaum zu finden ist. In Celle, nordwestlich von der Stadt, stand in einer Schlucht des Rio Maggiore der Tempel der Juno, der so berühmt war, daß Falerii Novi die Colonia Junonia Falisca hieß, ihre Bewohner, wie Ovid sagt, die Junonicolae Falisci genannt wurden. Ovid, dessen Frau eine Faliskerin war, beschreibt das Juno-Fest ausführlich und sehr bewegt: die Flötenspieler der Prozession, die schneeweißen Opfertiere, die Mädchen in ihrem Goldschmuck und ihren Goldschuhen, die Teppiche, die vor dem Bild der Göttin ausgebreitet wurden. Alles war griechisch bei den Faliskern, die nie vergaßen, daß ihre alte Stadt von Halesos, dem Bastardsohn des Agamemnon, gegründet worden war, den der mörderische Ägisthos in Mykene umzubringen vergessen hatte. Die Falisker müssen ein musisch-apollinisches Volk gewesen sein, wenn auch Mars neben Juno ihr am höchsten verehrter Gott gewesen ist, dem zu Ehren die Salier, etruskische Barden, Kriegstänze mit Preis- und Siegesliedern tanzten, die bei den Faliskern zu besonderer Kunsthöhe gelangt sind.
Einen sonst nirgends verbreiteten Kult übernahmen die Römer von den Faliskern, die Verehrung des nicht zwei- sondern vierhäuptigen Gottes Janus, der vielleicht, ganz im Abstrakt-Philosophischen gedacht, Anfang und Ende allen Seins symbolisieren oder aber Zeit und Ewigkeit im alles Überschauenden darstellen sollte.
Ein letztes Rückerinnern an griechische Hochklassik sind die zweimal drei ionischen Säulen des Portikus vor dem Mariendom von Civita Castellana, Spiegelbild objektiver Musik in Harmonie und Maß der architektonisch-ornamentalen Verhältnisse, in Rhythmen und Akzenten der Architrave wie des überhöhten und überhöhenden Bogens des Portikus in der Sequenz des Hauptportals und der Seitenportale der Kirche; aus romanischen Urgedanken heraus schon Vorahnen der Elemente, auf denen Bramantes Frührenaissance gründete: so allein muß die Fassade des Domes

von Civita Castellana als etwas ganz für sich Stehendes erlebt werden – die gemeinsame Schöpfung der ersten drei Cosmaten, des Laurentius, seines Sohnes Jacopo und seines Enkels Cosmas I., jener römischen Familie, die in der Synthese von Architektur, Marmoriertechnik und Mosaik einen neuen Stil in der Kunst geprägt und bis in das 14. Jahrhundert hinein anregend gewirkt hat. Von zwei anderen Cosmaten stammt das phantasievolle Formenspiel der Marmorschranken in der alten Sakristei, der Überrest des romanischen Chores aus dem 13. Jahrhundert. Was wir heute in Rom und Latium als Cosmatenarbeit immer neu bewundern, ist das Werk von fünf Familien, von denen zwei als eigentliche Cosmatenfamilien genannt werden. Mehr als ihre Namen haben diese «Juweliere» in Marmor aus ihrem Leben nicht überliefert – ihre Werke sind ihre Biographien. Das Mosaikornament der Cosmaten, das sich völlig vom byzantinischen Ornament unterscheidet, ist zum «Rokoko» des romanischen Mittelalters geworden, und über diesen wunderbaren Marmorboden im Dom eilte am 18. Juli 1770 der vierzehnjährige Mozart nach der Messe zur Orgel, um dort zum Entzücken aller Gläubigen ein ganz anderes Rokoko zu improvisieren.
Welcher Gott hatte an der Stelle der suggestiven, sogar neunschiffigen Krypta ein Heiligtum, dessen Säulen die Gewölbe der Krypta stützen?
Das Bild der Domfassade atmet eine verklärte Ruhe, von der die Zeit ihres Entstehens nach der Mitte des 12. Jahrhunderts nichts wußte. Die Kunst der Cosmaten entfaltete sich mitten in den wildesten Tumulten der Kirchen- und Reichspolitik, die das Jahrhundert mit den Nachwehen des Investiturstreites nach dem Tag von Canossa durchtobten: ein Jahrhundert, das mit seinen elf Gegenpäpsten mehr Spaltungen in das Papsttum gebracht hat, als alle Jahrhunderte seit dem Bestehen der Kirche.
Das Mittelalter hat zahllose Gesichter, die plötzlich, wie der Zug

der Könige aus dem brodelnden Zauberkessel der Hexen vor Macbeth, vor uns auftauchen können, um wieder zu verschwinden und anderen Gesichtern zu weichen. Hier vor dem Dom ist es das Greisengesicht Alexanders III., des bedeutendsten Papstes des 12. Jahrhunderts, des großen Gegenspielers Friedrich Barbarossas und Freundes Thomas Beckets von Canterbury. Dieser Dom ist die letzte Kirche, die er betreten hat, nach zweiundzwanzig Jahren ruhelosen Irrens von Stadt zu Stadt, von Land zu Land, heute Gefangener, morgen Flüchtling, heute Triumphator über den Kaiser, morgen hilfesuchender Schützling des Königs von Frankreich, bis er als ein von aufständischen Parteien aus Rom Verjagter in Civita Castellana gestorben ist. Noch als man ihn im Lateran beisetzen wollte, schleuderte der römische Pöbel Steine und Schlamm nach dem Katafalk und störte die Ruhe des Todes. Das Bild verblaßt wieder. Keine fünfzig Meter vom Dom taucht ein neues Zeitalter auf, dessen Ausdruck die fünfeckige Festung ist. Alexander VI. hat sie von 1494 an erbauen lassen. Festungen, nicht Kirchen sind Signum seines Pontifikates. Die Burg, ein noch wichtigerer militärischer Stützpunkt Cesare Borgias während seiner Eroberungszüge als Nepi, ist nur schwer zugänglich. Julius II. ließ sie ausbauen und durch Antonio da Sangallo den achteckigen Turm, heute die Wohnung des Kastellans, errichten, von welchem aus das Auge, über den Dom und die durchsonnte wellige Tiberebene hinweg langsam dem Soracte entgegenblikkend, alle Farben vom dunklen Grün zum silbrigen Blau bis in die zartesten Nuancen erlebt.

Zu Beginn des 19. Jahrhunderts wurden um den in seinem ausgewogenen Stil an die schönsten Renaissancehöfe Roms erinnern-

233 *Vor der Festung in Civita Castellana – Kinderleben vor der Borgia-Burg*

den Staatshof Gefängniszellen gebaut, in denen noch Flüchtlinge aus dem Zweiten Weltkrieg hausten. Als die Truppen Garibaldis 1870 Civita Castellana nahmen, fanden sie außer den politischen Gefangenen des untergehenden Kirchenstaates den letzten zweifelhaften Helden des römischen Banditentums, den berühmten Räuber Gasparone, mit seiner Bande, die seit fünfundvierzig Jahren hier saßen und nun zu ihrer nicht geringen Überraschung begnadigt wurden. Gasparone selber lebte noch einige Jahre in einem Bettlerasyl, wo er sich nur schwer hätte vorstellen können, daß Karl Millöcker seine von Räuberromantik umwehte Gestalt wenige Jahre später zum Gegenstand einer Operette machen würde. Gelegentlich konnte man den letzten «großen» Räuber Italiens als würdigen Alten auch noch durch die Straßen Roms gehen sehen. Wer die zwischen Velletri und der Via Latina liegenden Ruinen des alten Colonnaschlosses besucht, kann den Namenszug finden, den Gasparone irgendwann einmal, während er einen Überfall vorbereitete, eingeritzt hat.
Gasparone hat im Kerker von Civita Castellana Zeit im Überfluß gehabt, um seinem schreibkundigen Kumpanen Pietro Masi seine düsteren Memoiren zu diktieren, die 1867 in Paris auf französisch mit dem Titel *Mémoires de Gasbaroni célèbre Chef de bande* erschienen sind.
Heute werden die Zellen abgerissen und die alten Teile wieder freigelegt. Die Borgia-Festung soll Museum werden. Die Fresken aus dem 16. Jahrhundert, die man übertüncht und barbarisch zerstört hat, lassen ihre Schönheit nur noch in Fragmenten erkennen. Erhalten geblieben ist das monumentalste aller Borgia-Wappen und im ersten Hof eines der seltsamsten und unbekanntesten Bildwerke: auf halber Höhe in der Mauer steht die Büste eines dornengekrönten Christus mit der Umschrift *Salvator mundi,* Erlöser der Welt. Aber jedem, der genau hinsieht, muß auffallen, daß es nicht das Haupt des leidenden Christus ist; der hochmüti-

ge, ja arrogante Ausdruck, der höfische Spitzbart, die unverkennbare Porträtähnlichkeit widersprechen jeder Vorstellung vom Salvator mundi. Cesare Borgia hat sich hier in einer Gott lästernden Weise wiedergeben lassen; es ist überliefert, daß alle, die in der Festung an der Büste vorbeikamen, niederknien und dem Papstsohn, Eroberer und vielfachen Mörder göttliche Ehren erweisen mußten. Auch das ist Bild eines Zeitalters gewesen.

Sechs Kilometer westlich von Civita Castellana liegt, was von Falerii Novi geblieben ist, und das ist viel. Nächst der jedoch über fünfhundert Jahre jüngeren Aurelianischen Mauer Roms ist keine römische Stadtmauer so erhalten geblieben wie die von Falerii Novi – ein über zwei Kilometer langer Mauerring in Trapezform mit fünfzig Türmen und neun Toren, darunter dem Haupttor der Festung. So also sah eine Stadtfestung der Römischen Republik im Zeitalter des Ersten Punischen Krieges aus! Im Inneren des Ringes liegt ein Gehöft, nicht weit vom alten Theater, vom Forum, von den Bädern und den Ruinen einer romanischen Kirche, deren Kloster verschwunden ist.

Das «Wunder der Welt» – Paterno

Bald nach Civita Castellana, das wir auf der Via Flaminia in südlicher Richtung verlassen, zweigt eine Straße nach Faleria ab. Lange müssen wir suchen, bis wir den holprigen Feldweg gefunden haben, der einige Kilometer weit wieder auf Civita Castellana zu durch Weinberge, Felder und Haselnußplantagen nach Schloß Paterno führt, wo das Zeitalter der Ottonen zu Ende ging. Auf einem mäßigen Hochplateau endet der Weg, und auf der anderen Seite der hier beginnenden Senke, durch die ein Ziegenpfad läuft, liegen die Reste des Schlosses. Tausende von Königskerzen wachsen aus dem Gesträuch, wie Leuchter in einer Krönungsprozession. Hirten haben dort, wo der Kaiserjüngling Otto III. zum letzten Male davon geträumt hat, Völker hüten zu können, zwei Hütten aus Stein an das Mauerwerk geschichtet, um ihre Herden und sich selber vor Unwetter zu schützen. Der Soracte, die Berginsel der Tiberebene, liegt uns nun ganz nahe gegenüber, so als sei er der einzige Berg der Welt. Schroff fällt der Fels in eine der vielen Schluchten. Im Norden ragt das Kastell von Civita Castellana, Äonen sind einander verbunden – wie Geschwister, die sich wortlos anschauen, ohne daß eins den Zugang zum anderen fände.

Auf Schloß Paterno starb am 23. Januar 1002 Kaiser Otto III., der Halbgrieche und letzte Ottone, das «Wunder der Welt», wie die Zeitgenossen ihn nannten, im Alter von nur zweiundzwanzig Jahren. Bei ihm stand sein Freund und Lehrer, der Franzose Papst Silvester II., den die Zeit in zahllose Legenden verhüllte, weil sein alles umfassendes Wissen unheimlich, unglaubhaft wirkte, so daß man einen mächtigen Zauberer, sogar den Ur-Faust in ihm verkörpert glaubte. Papst und Kaiser hatten ein Reich geschaut, das Antike und Orient mit dem erst im Werden begriffenen Abendland zu einem *Sacrum Imperium,* einer *Civitas Dei* mit Rom im Mittelpunkt verbinden sollte. Ihr Fehler war, Rom nur als Idee, nicht als den glühenden Krater egoistischer Interessen verwilderter Adelsparteien und einer täglich die Ansichten wechselnden Masse von Römern zu sehen und nicht zu erkennen, daß ihre Sache verloren, ihr Gedanke Illusion geworden war im Augenblick, als sie, Unterlegene des Aufruhrs, heimlich aus der Hauptstadt ihrer Welt fliehen mußten. Aber sie erkannten auch nicht, daß ein Kaiser anderes tun müsse, als der Stilisierung eines byzantinischen Hofzeremoniells nachzusinnen.

Auch waren die unmittelbaren Fragen des Reiches nicht im Gewölk des Thaumaturgischen zu lösen, mochten die Heiligen, die den Jüngling im Leben umstanden, auch zu den größten der

frühmittelalterlichen Kirche gehören, angefangen von Nilus von Rossano, dem wir schon am Strand von Gaëta begegnet sind, bis zu Adalbert von Prag und Bernward von Hildesheim, Odilo von Cluny zu Bruno von Querfurt, Romuald von Ravenna zu Heribert von Köln, Gregor von Calabrien zu Franco von Worms.
Auch im Jahre 1002 kann das Schloß keinen anderen Zugang als den Ziegenpfad gehabt haben, auf dem wir gekommen sind. Nur auf diesem Weg, den wir langsam zurückgehen, konnte der tote junge Kaiser seinen Auszug gehalten haben, um die denkwürdige Reise nach Aachen anzutreten, wo er noch heute neben Karl dem Großen im Dom ruht, wie es sein Wunsch gewesen war.
Papst Silvester ließ man schließlich nach Rom zurückkehren, wo er noch anderthalb Jahre gelebt hat – den Ereignissen der Politik entrückt und mit den Rätseln seiner vielen Wissenschaften beschäftigt. Das Volk von Rom blickte in staunender Scheu auf den angeblichen Magier im Lateran, dem Zahlen und Sterne ihre an kein Idealreich, keine Einheit von Tiara und Kaiserkrone, von Osten und Westen gebundenen tiefsten Geheimnisse enthüllten und ihn langsam die Möglichkeiten und Träume vergessen ließen, an deren Verwirklichung er noch in Paterno zusammen mit dem sterbenden Kaiser bis zum letzten Augenblick geglaubt hatte.

Italischer Olymp – Der Soracte

«So hebt er aus der Ebene sich empor
Gleich einer Woge, die, von weither rollend,
Im Augenblick des Brechens innehält
Auf ihrer Kräuselung ...»

In diesem Bild der Bewegung und der Unverrückbarkeit hat Byron seinen höchsten Natureindruck aus Latium mit sich genommen und im vierten Gesang des *Childe Harold* festgehalten. Doch der Soracte kann auch als ein Proteus erscheinen, wenn man im Abendlicht auf der Via Salaria nach Rom fährt und wie gebannt dem ewigen Wechsel der Formen und Linien zusieht.

«Der Soracte ist das Herrlichste auf der ganzen Reise. Er steht da wie ein Tyrann der weiten Gegend und beherrscht alles, ewig fest auf sich selbst gegründet. Die scharfen Einschnitte, das Schroffe des ganzen Konturs der Länge und der Breite nach machen ihn zu einem bezaubernden Bilde furchtbarer Majestät. Das Kloster, ob es gleich darauf wie auf einem Adler ein Zaunkönig sitzt, bekommt doch gleichfalls davon einen erhabenen Anstrich. Nicht weit von Civita Castellana gewinnt er eine entzückende Farbe, einen wahren feierlichen Es-Ton durch die grünen Eichen bei heiteren Abenden.» Wie alle Anschauung von Natur und Welt, transzendiert Wilhelm Heinse, der ein Jahr vor Goethe nach Italien kam, den heiligen Berg Latiums in die Steigerungen einer Instrumentalmelodie.

«Der Berg Soracte steht einzeln gar malerisch da, wahrscheinlich ein zu den Apenninen gehöriger Kalkberg.»

Goethe interessierte nichts Geschichtliches, und die Tatsache des Kalkberges stand für ihn über dem Malerischen, Bildhaften, das Byron beim ersten Anblick so hingerissen hatte.

«Schnee auf den fernen Bergen. Der Soracte hat keinen und setzt daher Menschen in Verlegenheit, die gerne das bekannte Horazische

‹Siehst du Soractes schimmernde Gipfel tief
Vom Schnee bedeckt? Schon duldet der ächzende
Wald seine Last nicht mehr ...›

in Erfüllung sehen möchten. Es muß aber ein ungewöhnlich kalter Winter gewesen sein, als Horaz dies schrieb.» Heute würde

Friedrich Theodor Vischer, der geistreiche Humorist der deutschen Literatur, der so ernst über Rom und römische Landschaft geschrieben und gedichtet hat, häufiger im Winter Schnee auf dem Soracte sehen als in der Mitte des vorigen Jahrhunderts.

Das neunhundert Jahre alte Städtchen auf einem weiten Vorsprung des Soracte heißt Sant'Oreste, doch deutet keine Sage darauf hin, daß der von den Erinnyen gehetzte Orestes jemals nach Latium gekommen ist. Der Name wird schwer zu klären sein. Am wahrscheinlichsten ist, daß er aus dem Namen des heiligen Edistus, eines Märtyrers aus der Zeit Diokletians und Schutzheiligen von Sant'Oreste, gebildet worden ist.

Der Aufstieg zum Gipfel des Soracte ist nicht anstrengend. Den steinigen Pfad säumen im Herbst Abertausende blaßrosa Zyklamen. An jeder Biegung drängen neue Schönheiten sich auf, neue Überraschungen, neue Ausblicke aus den jahrhundertealten Steineichen und Ölbäumen. Tief unter uns ruht das Tibertal im Licht des Mittags.

In wenig mehr als einer halben Stunde gelangen wir zur Höhe. Aus den Ruinen eines alten Klosters und hinter Felsvorsprüngen hervor betrachten meist Ziegen mit der ihnen eigenen Neugier die Näherkommenden, dann umringen sie uns, etwa hundert an der Zahl, höchst interessiert, teils staunend, teils fordernd. Ebenbilder der kretischen Ziegen-Nymphe Amalthea, der Amme des Zeus, die plötzlich ihr Vergnügen daran finden, mit fast tänzerischer Gewandtheit auf die schräg aus den Felsen wachsenden niedrigen, kräftigen Bäume zu klettern.

Der Apollo Soranus vom Soracte war zugleich der Sonnengott von Latium. Zu Beginn unseres Jahrhunderts ist in Civita Castellana eine Inschrift gefunden worden zu Ehren des «Sancto Sorano Apolloni». Seinen Kult begingen heroische Priester, wie sie sonst nirgends in der römischen Geschichte zu finden sind. Sie schritten unversehrt über glühende Kohlen, in denen sie das Abbild der Sonnenglut sahen.

«Höchster der Götter, du Schützer des heil'gen Soracte,
Apollo,
Dem vor allem wir ja geweiht und fichtenes Feuer
Nähren auf dem Altar und voll Vertrauen verehrend
Mitten durchs Feuer fest auf den glühenden Kohlen
dahingehn...»

So betet der Etrusker Arruns in der *Äneis,* ehe er Camilla, die Königin der Volsker, die Penthesilea von Latium, im Kampf durchbohrt, um dann vor seiner eigenen Tat zu entfliehen. Der Apoll vom Soracte sang also keineswegs nur Hymnen zur Lyra und förderte, von den Musen geleitet, die Dichter, sondern griff ebenso häufig und sehr listig in politische, familiäre und kriegerische Wirren ein.

Mit dem Apollo Soranus gemeinsam wurde die Dea Feronia, die Wohltäterin der Menschen, die teils etruskische, teils sabinische Göttin der Gärten und Wälder, der Quellen und Blumen, aber auch – dies ihr so «menschlicher» Charakter – der befreiten Sklaven verehrt. Beider Fest wurde gleichzeitig im Frühling gefeiert. Ein Hauptheiligtum der Göttin, deren Bild nur auf wenigen Münzen erhalten ist, ein bekränzter jugendlicher Kopf, befand sich in einem herrlichen Hain dort, wo heute Sant'Oreste steht. Die Verwandtschaft zum Mythos des jünglingshaften Jupiter Anxur von Terracina, in dessen Nähe das zweite große Feronia-Heiligtum stand, ist auffallend. Der Sohn der Feronia war der Riese Erilus, König von Palestrina, der drei Seelen und damit drei Leben besaß, ein undeutbares mythisches Rätsel.

Das Volk des Tibertales und der Sabina brachte der milden Göttin die Erstlinge aller Frucht. Der Tempel war überreich an

Schätzen, die der Italien siegreich durchquerende Hannibal von Karthago im Jahre 217 v. Chr. raubte. Tempelschätze waren für bankrotte Feldherren, ob sie nun Römer waren oder nicht, bis in die Kaiserzeit oft die letzte finanzielle Rettung. Aus dem Namen Feronia ist später Fellonica geworden, der Name einer Quelle, die noch immer am Soracte fließt.

Die Mythenwelt des Soracte kreiste nicht nur um die liebliche Gestalt der Feronia oder um den Sonnengott Soranus. Im Altertum entsprang auf der Höhe des Berges eine Quelle, die bei Sonnenaufgang besonders stark floß und für die Vögel tödlich war. Und Tödliches ist in dem Wolfsmythos des Soracte. Wölfe raubten während eines Apollo-Festes das Opferfleisch von den Altären. Die Opfernden verfolgten die Bestien zu ihren Höhlen, aus denen den Verfolgern ein grausiger Gestank entgegenschlug und sie mit Pest behaftete. Das Orakel auferlegte den Kranken für eine bestimmte Zeit, wie Wölfe zu leben und zu rauben, ehe Heilung möglich sei. Von diesen Wolfsmenschen leiteten sich bis in die römische Kaiserzeit ganze Familien her, die Sorano-Wölfe, die dem Apoll geweiht waren, die Fähigkeit zur Deutung des Vogelfluges besaßen und gleichfalls unversehrt über Feuer schreiten konnten, was auch im Tempel der Feronia geschah. Sie wurden vom römischen Senat von allen staatlichen und militärischen Verpflichtungen befreit, weil man in diesen Feuerproben – es sind die Anfänge des späteren Johannisfeuers! – die Gabe stellvertretender Entsühnung und Reinigung erblickte. Die Wolfshöhlen des Soracte können nichts anderes als die bis zu hundert Meter tiefen Grotten am Nordosthang bei dem halbverfallenen Kapellchen Santa Romana sein, die das Volk die Meri nennt und aus denen in der Antike giftig betäubende vulkanische Dünste quollen.

Auf der Stelle des einstigen Apollotempels steht heute, umwoben von einem dichten Netz aus Legende und Geschichte, die schon

aus dem 6. Jahrhundert stammende Kirche mit Einsiedelei San Silvestro. Erst die frühen Benediktiner haben den noch weitgehend vorhandenen Tempel in eine Kirche verwandelt. Die ewige Fortdauer derAnbetung ist geblieben.
Der heilige Papst Silvester I. hielt sich, wie auch die um die Mitte des 13. Jahrhunderts in Rom in einer Kapelle der Kirche Quattro Coronati gemalte Silvesterlegende erzählt, während der letzten abendländischen Christenverfolgungen in einer Höhle des Soracte versteckt, wo ihn Kaiser Konstantin d. Gr., auch er anfangs ein Hasser der Christen, habe aufsuchen und anflehen lassen, ihn von der Pest zu heilen. Silvester habe den Kranken durch die Taufe geheilt und zum Dank als Geschenk vom Kaiser Rom erhalten. Gegen Ende des 5. Jahrhunderts begann man in Rom unter Papst Symmachus mit der literarischen Ausarbeitung der kirchenpolitischen Silvester-Legende; in der Mitte des 8. Jahrhunderts setzte man unter Stephan II. die Konstruktion der Legende für die kirchenpolitischen Interessen fort. Die eine wie die andere Fälschung ist kaum ohne Wissen dieser beiden zweideutigen Päpste entstanden. Es traf sich gut, daß der arme Papst Silvester I. die Gründe für sein angebliches Zurückgezogensein auf dem Soracte nirgends niedergelegt hat. So konnte eine staunenswerte Skrupellosigkeit ihn für ihre Zwecke nutzen, konnte das Märchen von der sogenannten Konstantinischen Schenkung Roms an den Papst in der Christenheit weiter verbreitet werden; konnte man die unwissenden Gläubigen bis ins Spätmittelalter, als die Fälschung endlich nachgewiesen wurde, auf der Bühne mit einem erbaulichen Weihespiel über das Thema unterhalten. Jahrhundertelang hat man die Legende für Wahrheit gehalten oder halten wollen, soweit sie die politische Macht des Papsttums unterbauen half. Sogar Dante glaubte an die historische Wahrheit und macht dem Papst zum Vorwurf, daß er das Geschenk des Kaisers nicht demütig zurückgewiesen habe; und als Guido da Montefeltre, der im

achten Höllenkreis als züngelnde Flamme die Strafe ewiger Verdammnis leidet, dem Dichter erzählt, Bonifaz VIII. habe ihn rufen lassen und hinterhältigen Rat gefordert, wie die Colonna von Palestrina wirksamer vernichtet werden könnten, findet sein wilder, bitterer Hohn über die Lockung des Papstes kein anderes als jenes,

«wie Konstantin den heiligen Silvester
aus des Soracte Höhle rief zur Heilung
vom Aussatz ...»

Dantes Worte sind an der Fassade von San Silvestro auf einer Marmortafel eingemeißelt, obwohl sie ja nichts als beißender Hohn sind.

Auch Petrarca hat die Legende geglaubt, doch er hat zweifelnde, sehr modern anmutende Betrachtungen darangeknüpft: «Silvester, der erste der reichen Päpste, lebte in der Einsamkeit des Monte Soracte, der seinen Gewohnheiten entsprach, so wie sein Name dem Ort entsprach. Und doch, um die Wahrheit zu sagen, entströmten der demütigen und unkultivierten Einsamkeit jene Reichtümer – möge es Gott gefallen, daß sie gut sind! –, welche die Städte kaum aufzuweisen vermögen. Vom Soracte kam das goldgestickte Schuhwerk, vom Soracte der elfenbeinerne Krummstab, der bis dahin Hirtenstab gewesen und somit unter dem Prunk der Stadt seinen ländlichen Ursprung nicht vergaß; vom Soracte der in seinen Farben flammende Mantel und die mit kostbaren Steinen übersäte Krone, das weiße Pferd, der vergoldete Thron und der purpurne Baldachin für das verehrungswürdige Haupt; vom Soracte alles in allem jene triumphale Gewandung, der ganze Prunk der Kirche, die man militant nennt und die nunmehr schon lange herrscht. Aus den Wäldern ist der Prunk gekommen, die Könige staunen, wenn sie ihn erblicken, und wer ihn aufmerksam betrachtet, der fühlt sich vielleicht versucht, zu bestreiten, daß eine ehrfurchtgebietende Einsamkeit Ursprung so großer Verehrung geworden ist.»

Ariost drückt sich sehr viel naturalistischer aus und sagt, der einst in Düfte gehüllte Berg Soracte ströme jetzt einen kräftigen Gestank aus. Diese Meinung hat dem Klassiker der Hochrenaissance jedoch bei den Päpsten nicht geschadet.

Aber es lebt nicht nur die politische Legende des Soracte. Bei den Wolfshöhlen soll zur Zeit Silvesters das zehnjährige Mädchen Romana, die Tochter eines römischen Präfekten Calpurnius, sich niedergelassen haben, von Silvester getauft worden sein und durch ihr kindliches Gebet im Schnee zwei Rosen zum Blühen gebracht haben. Die Heilige wird noch heute in Sant'Oreste verehrt. Ein zarter, poetischer Schleier liegt über ihrer Gestalt, die wohl historisch ist.

Im 6. Jahrhundert lebte der heilige Nonnosus aus Sant'Oreste im Kloster San Silvestro. Von ihm erzählt Papst Gregor I. d. Gr., sein Gebet habe den riesenhaften überhängenden Monolithen, den Sasso die San Nonnoso, am Westhang des Soracte unterhalb von San Silvestro, von der Stelle bewegt, um das wenige Gartenland der Mönche zu erweitern. Im 11. Jahrhundert nahm ein deutscher Bischof die Reliquien des Nonnosus mit und brachte sie in dem Dom von Freising. Von dort kehrten sie im 18. Jahrhundert nach Sant'Oreste zurück, wo man den Heiligen als zweiten Patron verehrt und besonders stolz darauf ist, daß ein Unteroffizier aus Freising, der sich im Zweiten Weltkrieg als Helfer der Bevölkerung ausgezeichnet hatte, nach dem Krieg Priester wurde und in Sant'Oreste unter dem Schutz des Nonnosus seine Primiz feierte.

Neue Bilder des Soracte drängen sich auf, nicht mehr im Zwielicht von Mythos und Legende, sondern aus geschichtlich deutlicher faßbarer Zeit. 747 entschloß sich Karlmann, der Sohn Karl

Martells, die Macht im Frankenreich seinem Bruder Pippin, dem Vater Karls d. Gr., zu überlassen, Mönch zu werden und Buße zu tun. Der Anlaß dieser ungewöhnlichen Bußfertigkeit wird stets verschwiegen. Karlmann hatte als allmächtiger fränkischer Hausmeier, in unserer Sprache etwa Diktator mit außerordentlichen Vollmachten, soeben das erste große Gemetzel der frühkarolingischen Zeit organisiert und den gesamten alemannischen Adel in Cannstatt umgebracht. Er zog sich, später von Petrarca darum gepriesen, auf den Soracte zurück, erweiterte Kloster und Kirche, die er vorfand und die Papst Zacharias ihm schenkte, und scheint noch drei andere Klöster auf dem Berg gegründet zu haben.

Neugierige Besucher störten den fürstlichen Einsiedler so aufdringlich, daß er den Soracte nach zwei Jahren wieder verließ und nach Monte Cassino zog. Aber auch hier fand er keine Ruhe. Erneut wurde er in die Welt gejagt und starb als Gefangener seines Bruders in einem französischen Kloster.

Die kleine Krypta von San Silvestro ist ohne Zweifel die noch erhaltene Urkirche. Hier stand wohl auch der heutige Hauptaltar, dessen ornamentaler Reliefschmuck zu den kostbarsten Zeugnissen der karolingischen Zeit in Latium gehört; es ist der Altar des gewandelten Mönches Karlmann. Verschlungen, verknotet, verfangen wie die Linienrätsel seiner Bandornamentik ist die Geschichte des Soracte-Gipfels.

Zur Zeit der Ottonen endlich lebte am Fuße des Berges Benedikt vom Soracte, ein Mönch, der die wichtigste Chronik Roms im 10. Jahrhundert geschrieben hat, unbeholfen in Stil und Sprache, ungenau in vielen Zusammenhängen, aber lebendig in der bewegten Klage und der glühenden Empörung über eine der dunkelsten und würdelosesten Epochen des Papsttums, der Erniedrigung Roms in den wilden Kämpfen zwischen Kaiser und Papst.

Bald nach Karlmann besuchte der Mönch Rachis, der abgedankte König der Langobarden, den Soracte, um dessen Heiligtümer zu bereichern. Später folgten weniger heilige Vorgänge. Kaiser Heinrich V. nahm in Rom Papst Paschalis II. und das Kardinalskollegium gefangen und internierte sie, ehe er das reiche Tiberland brandschatzte, im Jahre 1111 in San Silvestro. Und 1155 erschien der junge Friedrich Barbarossa mit Papst Hadrian IV., der gleichfalls nicht ganz freiwillig mitgekommen war. Nachdem sie zu Füßen des Soracte Arnaldo da Brescia, den tragischen theologischen Republikaner und begeisterten Reformer, hatten hinrichten, verbrennen und seine Asche in den nahen Tiber hatten streuen lassen, feierten Kaiser und Papst in San Silvestro das Peter-und-Paul-Fest, beruhigt, daß wieder einer der lästigen Mahner ausgelöscht war, der sich jener Verweltlichung der Kirche entgegengestellt hatte, welche auch nach seiner Ansicht auf dem Soracte ihren Anfang genommen hatte.
Je weiter wir uns vom Berg entfernen, desto stärker vermeinen wir zu sehen, wie er sich in seine eigene Vergangenheit einschließt. So hat ihn Giosuè Carducci erlebt:

«Campagna-Einsamkeit, du großes Ruhebett,
Ewiger grauer Zeuge du, Soracte ...»

VIII

Schicksal und Weltgeschichte – Sutri

Träfe die Legende zu, daß die Pelasger, die mythischen Ureinwohner Griechenlands, Sutri gegründet haben, dann wäre das Städtchen mit wenig über dreitausend Einwohnern auf dem mäßig hohen Kegel am Rande der waldigen Berge, die den Lago di Vico umgeben, wohl eine der ältesten Stadtgründungen Europas. Älter als Rom ist Sutri sicher; der berittene Gott Saturn mit dem Ährenbündel in der Hand, den Sutri im Wappen führt und aus dessen etruskischer Form Sutrinas der Name der Stadt abgeleitet werden kann, scheint es zu beweisen.

Das altrömische Sprichwort «quasi ire Sutrium», beinahe nach Sutri gehen, ist aus einem von sagenhaften Zügen durchwirkten geschichtlichen Ereignis entstanden. 391 v. Chr. eroberten die Römer die bedeutende Etruskerstadt, zwei Jahre später eroberten die Etrusker sie zurück und verjagten die mit Rom kollaborierenden Bewohner.

Die so überraschend Exilierten begegneten auf der Straße – vermutlich nach Rom – dem Helden Marcus Furius Camillus, dem Zerstörer Vejis. Er führte die Verzweifelten mit sich, vertrieb die Etrusker noch vor Anbruch der Nacht, nachdem sie kaum zwölf Stunden über die Stadt geherrscht, und ließ die müden Sutrianer wieder in ihren Betten schlafen. «Quasi ire Sutrium» bedeutete fortan für die Römer eine Angelegenheit, die rasch erledigt wird. An den Befreier erinnert noch eines der fünf Stadttore von Sutri, die Porta Furia.

Halb versteckt an der Via Cassia, kurz vor der Auffahrt in die Stadt, liegt eines der rätselhaften Denkmale Latiums, das erst 1835 wieder ausgegrabene etruskische Amphitheater, das zwanzigtausend Zuschauer aufnehmen konnte. Die nicht übermäßig große Ellipse ist nicht gebaut, sondern aus einem Tuffhügel herausgemeißelt. Unendliche Ruhe strömt aus den Wipfeln der alten Steineichen in dem angrenzenden Park, die über das Rund hinausragen. Klarheit über die Entstehungszeit des Theaters wird kaum zu erlangen sein. Es wird behauptet, Etrusker hätten es in augusteischer Zeit aus dem Gestein geschält. Aber es ist schwer zu glauben, daß ein im Architektonischen so urtümliches Werk aus einer glanzvollen Epoche höchster baukünstlerischer Raffinesse stammen soll, und so besteht die These einer viel früheren Bauepoche wohl zu Recht.

Welche Tragödien sind hier gespielt worden? Welche Dichter haben hier die Zuhörer ergriffen? Waren es Werke der für immer verlorenen etruskischen Literatur? Wir erfahren die Trauer über das Unwiederbringliche, die Zerstörung einer Kultur selten so persönlich wie im Amphitheater von Sutri.

Das an der Außenseite des Theaters gleichfalls aus dem Tuff gehauene, später in ein Mithräum verwandelte Etruskergrab ist, nach den Fresken zu schließen, schon sehr früh zu einem Oratorium der Madonna del Parto, der Madonna von der glücklichen Entbindung, geweiht worden: ein an vieldeutiger Sinnfälligkeit reicher Übergang vom Tode über die Auferstehung zum Leben. Der Eingang an der von langen Hängepflanzen überwachsenen steilen Tuffwand läßt eher einen ländlichen Weinkeller als das Heiligtum dreier Religionen vermuten, das sich dreischiffig mit Gewölben und Bögen in das Innere des Felsens dehnt. In der winzigen Vorhalle von Santa Maria del Parto befinden sich Fresken; eines stellt die Epiphanie des Erzengels Michael vom Monte Gargano in Apulien dar, dessen Kult die Langobarden als Gründer des Heiligtums am Gargano besonders gepflegt und nach Latium getragen haben. – Alle Örtlichkeiten und Berge, die hier Sant'Angelo oder Monte Sant'Angelo heißen, leiten sich von diesem Mi-

chaelskult her; besonders die Sutrianer standen schon früh in intensiver kultischer Bindung an die Ursprünge auf dem Gargano. So zeigen stark verblichene Fresken im Inneren Pilger, die anbetend zum Erzengel ziehen.
Eng mit Sutri ist die Karlssage verbunden. Etwa zwei Kilometer von Sutri auf der Via Cassia nach Capranica liegt linker Hand ein Tor, von dem ein Pfad zu einem Etruskergrab führt, das von jeher Grotta d'Orlando heißt, Höhle Rolands. Berta, die Schwester Karls d. Gr., verband sich heimlich mit Milone di Aglante, mußte vor dem Zorn des Bruders fliehen, lebte mit dem Geliebten in der Höhle von Sutri und gebar ihren Sohn Rotolando – so genannt, weil der Säugling zum Eingang der Höhle rollte –, den späteren Roland. Als Karl d. Gr., von der Kaiserkrönung des Jahres 800 aus Rom zurückkehrend, sich in Sutri aufhielt, schlich der Knabe zweimal zur kaiserlichen Tafel und raubte für seine hungernde Mutter zweimal die Schüsseln. Und als der Kaiser den unbekannten Frechling beim drittenmal festhielt, raufte der erboste Knabe ihm den Bart, riß sich los, wurde verfolgt und erreichte die Höhle, wo die kaiserliche Schwester gefunden wurde. Der Versöhnung folgte die Erhebung Rolands zum Paladin und Senator von Rom.
Oberhalb vom etruskischen Theater und vom Oratorium, im Parkbereich der Villa Staderini, liegen die hohen Mauerreste des sogenannten Castello di Carlomagno, die indessen aus dem 14. Jahrhundert stammen; sie erheben sich jedoch auf den Grundmauern eines sehr viel älteren Schlosses, das den Namen eher rechtfertigen würde und in welchem sich Papst Leo III., der den Kaiser gekrönt und damit die zweite Geschichte des Abendlandes eingeleitet hatte, vom neuen Imperator Augustus, Karl d. Gr., verabschiedet haben soll.
Wir fahren die Anhöhe hinauf, auf der Sutri mit seinen frühen Kostbarkeiten liegt. Im Jahre 728 schenkte der langobardische

Eroberer Liutprand die Stadt, sehr widerstrebend übrigens, Papst Gregor II. Der Papst untermauerte sein flehentliches Gesuch, ihm die Stadt, die der König erst fünf Monate zuvor erbaut hatte, zu überlassen, mit viel Geld. Der König klagte bewegt, er «sei nun aller Möglichkeiten beraubt». Es war das erste Mal, daß die Kirche eine Stadt zum Geschenk erhielt. Aus den Anfängen von Sutri wurde der Kirchenstaat im eigentlichen Sinne geboren. Sutri sollte die Schicksalsstadt des Papsttums bleiben, nicht anders als des Kaisertums.

Die siebenschiffige Krypta des Domes, ein Werk langobardischer Meister, stammt aus dem 8. Jahrhundert, der älteste Dom aus der ersten Hälfte des 10. Jahrhunderts; er wurde unter Innozenz III. erweitert und vom Papst selber 1207 konsekriert. Der Campanile aus dem gleichen Jahre steht noch fast unverändert, der herrliche Cosmatenboden des Mittelschiffs fiel den späteren Barockisierungen glücklicherweise nicht zum Opfer. Würden diese aufgeklebten Stillosigkeiten entfernt, so käme der alte, schöne Dom mit seinen Säulen wieder zutage.

Es gibt Beweise, daß die Krypta, als eigentliche Urkirche von Sutri, die Stätte ist, wo am 20. Dezember 1046 die denkwürdige Synode stattfand – jenes Weltereignis, dessen Datum zu wissen im gestaltlosen Geschichtsunterricht unserer Gymnasialzeit wichtiger war als die Erkenntnisse des Geschehens selber.

An jenem Tage setzte der neunundzwanzigjährige Kaiser Heinrich III., der Religiosität, Bildung, Willensstärke, Redegabe, politisch klares Denken mit ritterlicher Würde und Menschlichkeit in Einklang miteinander verband und der sich, ganz der Reform von Cluny verschworen, als Rex sacerdos empfand und den Gottesstaat aus dem unverfälschten Geiste des Christseins zu verwirklichen strebte, drei rivalisierende Päpste ab. Damit machte er Zuständen des Papsttums ein Ende, die an der Grenze des Erträglichen angelangt waren. Die Tiara war zum Handelsobjekt,

die Kurie zum Auktionshaus, der Thron Petri zur Sitzgelegenheit für Meistbietende aus gegnerischen Adelsgeschlechtern geworden. Die vier deutschen Päpste, die der Kaiser zwischen 1046 und 1055 erheben ließ, sind alle Spiegelbilder seiner eigenen Persönlichkeit gewesen und haben das Papsttum erneuert – ein Werk, das in der Unterkirche von Sutri begonnen hat. Aber auch der Samen kommenden Unglücks ist im Laufe der drei Tage währenden Synode in Sutri, als die kaiserliche Macht auf unerreichbarer Höhe sich erwies, gelegt worden. Genau dreißig Jahre später wartete der Sohn des Kaisers, Heinrich IV., in Canossa drei Tage lang darauf, von Gregor VII. von Bann und Exkommunikation gelöst zu werden. Es war der gleiche Papst, der als Hildebrand von Soana Ratgeber seines kaiserlichen Vaters und als solcher Teilnehmer an der Synode von Sutri gewesen war, wo er später auch die Absetzung des letzten Papstes aus dem Hause Tusculum erzwang, dessen Schatten uns im Tale von Galeria wiederbegegnen wird.
Und wieder etwas über dreißig Jahre später, 1111, bestätigte Heinrich V., der Enkel, in Sutri Vereinbarungen, die den Papst wieder als den Unterlegenen zeigen. 1121 mußte ein von ihm selbstherrlich inthronisierter Gegenpapst nach achttägiger Belagerung in Sutri vor dem rechtmäßigen Papst kapitulieren, um im Kerker über seine angemaßte Würde weiter nachzudenken.
Am 9. Juni 1155 wurde Sutri, richtiger gesagt, der kleine Lago di Monterosi vor der Stadt an der Via Cassia, Zeuge des demütigenden Schauspiels, als Friedrich Barbarossa dem von Rom ihm entgegenziehenden Papst Hadrian IV. den Ehrendienst verweigerte, ihm die Steigbügel zu halten, worauf der Papst den Friedenskuß verweigerte und das Kardinalskollegium angsterfüllt nach Civita Castellana floh. An diesem Tage von Sutri begann, ungeachtet zweifelhafter politischer Windstillen und brüchiger Waffenstillstände, der in gegenseitigem Haß alle Maße und Grenzen über-

steigende apokalyptische Kampf zwischen dem Papsttum und dem staufischen Kaisertum, der erst hundertdreizehn Jahre später auf dem Schafott Konradins enden sollte. Nicht weit von der an der Via Cassia gelegenen kleinen Kapelle Madonna della Cave, der Höhlen-Madonna, bei den verschütteten Katakomben von San Giovenale und der großen Etrusker-Nekropole in der Tuffwand vor dem Amphitheater, heißt noch heute eine Wiese Prato di Barbarossa, denn die Namen von Erniedrigung und Triumph in der Geschichte der Völker vergehen so wenig wie die Namen und Stätten des Todes.

Sutri, auf seinem Felsen im Kranz von Wäldern und Nekropolen, Äckern und Röhricht, ist nie eine Stadt des Glücks für die Päpste gewesen. In der Nacht des 28. Juni 1244 brach eine Gruppe von wenigen unkenntlich verkleideten Reitern aus Sutri nach Westen auf. Einer von ihnen war Papst Innozenz IV., der, alle Straßen vermeidend, durch die dichten Wälder um Sutri vor Friedrich II. nach Civitavecchia floh, um zu Schiff nach Frankreich zu eilen und von dort zehn Jahre lang den letzten Kampf gegen den Kaiser zu führen, in welchem alle großen Ideen des Mittelalters vom Frieden der beiden höchsten Mächte der Erde für immer untergingen.

Auf der Straße nach Viterbo können die Gedanken sich mit dieser Flucht des Papsttums vor dem Kaisertum beschäftigen, das ihm die Steigbügel vierhundertvierundvierzig Jahre lang nur widerwillig gehalten hat. Die Flucht des Papstes ist nichts anderes als das Abschütteln jahrhundertelanger geschichtlicher Lasten gewesen. Aber er war sich nicht bewußt, daß eine fliehende Macht eine verlorene Macht ist.

Rebellin zwischen Papst und Kaiser – Viterbo

Ehe wir nach Viterbo kommen, zweigen wir in Vetralla auf eine Nebenstraße ab, die schon bald am Casalone, einem großen Gutshof, endet. Vor den neuen uns bevorstehenden Eindrücken suchen wir wieder eine jener Stunden der Ruhe, deren man in Latium häufig bedarf und die wie ein einsiedlerisches Loslösen von der Magnetkraft der Geschichte sind.

Vom Casalone aus ist die etruskische Nekropole von Norchia nur zu Fuß über einen schmalen etruskischen Tuffpfad zu erreichen, durch Wiesen, Macchia und Wald. Sie liegt wie ein Kranz um die Reste eines Kastells der Vico, das gleich zahllosen Kastellen der gegen den Kirchenstaat rebellierenden Adelsgeschlechter Latiums 1435 von Kardinal Vitelleschi, dem Zerstörer Palestrinas, vernichtet wurde.

Im einhüllenden Frieden des Hügels von Norchia stehen die monumentalen Tempelgräber einer Etruskerstadt, über deren Namen Unklarkeit herrscht. Sie soll Orche geheißen, schon im 9. Jahrhundert v. Chr. bestanden und vor allem eine von den anderen Etruskerkulturen stark sich unterscheidende Kultur besessen haben. Ja, es wird uns immer zweifelhafter, ob überhaupt von «den Etruskern» gesprochen werden kann. War die Welt der einzelnen Stämme nicht jedesmal eine Welt ganz für sich, geeint nur durch die mythische Trinität der Götter Tinia, Uni und Menvra, deren Köpfe man an einem der Tempelgräber wiedergegeben glaubt? Daß Tinia, der Göttervater, Jupiter entsprach, ist sicher. Aber war Uni der Juno gleich oder der Meergöttin Leukothea, was mit den seefahrenden Etruskern in Zusammenhang gebracht werden könnte? Menvra, deren Kult besonders in Veji in Ehren stand, entspricht der italischen Minerva. Welcher Gedanke aber hat diese Götter zur Trinität zusammengefügt?

Die Tempelgräber von Norchia geben von allen Totenstätten der Etrusker die meisten Rätsel auf. Sind sie in ihrem Nebeneinander Königsgräber einer Monarchie, die, den Pharaonen ähnlich, nur für die Transfiguration des Herrschers gelebt hat? Allein die Oberteile, Friese und Architrave der Tempel ragen aus der Macchia, die unaufhaltsam und gewalttätig Besitz ergreift von der Tragödie der Geschichte und das Unerklärbare zudeckt.

Viterbo, die größte Stadt Latiums, ist ihrer geschichtlichen Bedeutung nach seine Hauptstadt, und es hat, ebenso stolz auf seinen Gott-Gründer, den doppelköpfigen Janus, wie auf seine um 1100 erworbenen Bürgerrechte und seinen Reichtum als Handelsstadt, immer die Feindschaft Roms auf sich gezogen, mit dem es mehrere Kriege führen mußte. Von Karl d. Gr. 774, als er die Langobarden auch in Latium endgültig unterworfen hatte, Papst Hadrian I. zum Geschenk gemacht, wurde Viterbo für Rom, das ununterbrochen gegen die weltliche Herrschaft der Päpste rebellierte oder zu rebellieren versuchte, zugleich unerreichtes Vorbild bürgerlicher Freiheiten, trotz nomineller Oberherrschaft der Päpste, und damit Gegenstand eines fast besessenen Neides. Viterbo wußte als wichtigste Stadt des Kirchenstaates die Konflikte Roms mit den Päpsten politisch klug zu nutzen, neigte indessen stets dazu, sich den Kaisern anzuschließen, sofern diese die Privilegien ihrer Freiheit achteten.

Gottfried Tignosi, deutscher Herkunft, jedoch aus Viterbo stammend, Lehrmeister Heinrichs VI., Prophet des kommenden Messias-Kaisers Friedrichs II., hat die Taten Barbarossas im Gedicht geschildert – wahrscheinlich zur Zeit, als der Kaiser einen seiner drei Gegenpäpste in Viterbo residieren ließ, mit denen er das Papsttum fast zwanzig Jahre lang beunruhigte und bedrängte.

Viterbo hat den Päpsten nie Glück gebracht. Innozenz III. führte Krieg mit der Stadt, in der sich eine weitläufige Ketzerbewegung gefestigt hatte. Den Viterbesen schrieb er seinen berühmten Brief über die Häresie als göttliche und menschliche Majestätsbeleidigung. Es kam soweit, daß ein Johann von Benevent als «Papst» der Katharer seinen Sitz in der Stadt nahm, um hier schließlich den entsetzlichen Feuertod sterben zu müssen.

Dann begegnete Innozenz III. in Viterbo zum ersten Male Otto IV., dem vierten Staufer. Er versuchte vergebens, Bestätigung für den erweiterten Kirchenstaat zu erlangen. Unter Tumulten mußte er Otto IV. die Kaiserkrone aufsetzen. Und Jahrzehnte später, als unvermutet die Möglichkeit eines Friedens zwischen Kaiser und Papst gegeben schien, ging von Viterbo der endgültige Bruch aus, machte der berüchtigte Rainer Capocci von Viterbo, der erste jener Kardinal-Condottieri, die der Kirche so vielen moralischen Schaden zugefügt haben, der apokalyptische Hasser Friedrichs II., durch Vertragsbruch und Blutbad jede Verständigung für immer unmöglich. Bei Capocci lernte das Papsttum die «Theologie» des Verfluchens, und Friedrich II., dem die Stadt widerstand, äußerte im gleichen Stil und mit der Empörung des Getäuschten, er wünschte, noch nach seinem Tode könne sein Gebein sich aufmachen, um Viterbo zu vernichten und das Blut seiner treulosen Bewohner zu trinken, und müsse er um dessentwillen den ersten schon im Paradiese stehenden Fuß wieder zurückziehen.

Die Neigung Viterbos für das Imperium war vergangen, wenn Friedrich II. auch drei Jahre vor seinem Tode sich noch einmal umstimmen ließ und die Viterbesen begnadigte, nicht ohne ihnen seinen neunjährigen Sohn Heinrich als König aufzudrängen – etwas Neues in der italienischen Stadtgeschichte.

Ursache jedoch des gleichsam inneren Verlustes der Stadt war nicht der haßbesessene Kardinal, sondern ein Kind, die Stadtheilige Rosa von Viterbo. Nächstenliebe, Buße und Gebet bildeten die Waffen des 1235 geborenen Mädchens, das mit zwölf Jahren zu predigen anfing und seine ihm leidenschaftlich anhängenden Mitbürger zur Papsttreue aufrief. Es wußte nichts vom Haß, nichts von der abgründigen Bosheit Capoccis, nichts von den Listen der Papstpolitik. Es sah nur den gottgesetzten Heiligen Vater und lebte seinen Glauben in der Tat des Wortes – ein ebenso zarter wie erstaunlich starker Charakter. Auf kaiserlichen Befehl wurde Rosa verbannt und konnte erst nach dem Tode Friedrichs II. zurückkehren. Zwei Jahre später, 1252, starb sie, erst siebzehnjährig. Die Legende schreibt ihr, wie Elisabeth von Thüringen, ein Rosenwunder zu. Ihr Leib ruht in Santa Rosa, und man feiert die Heilige jedes Jahr am 3. September mit einer halb theatralischen, halb sportlichen Prozession, bei der ein siebenundzwanzig Meter hoher Campanile mit einer Statue der Heiligen von neunzig weißgekleideten Gepäckträgern getragen wird, die den Weg zum Sanktuarium bergauf im Trab zurücklegen müssen. Nach den Anfängen dieses eigentümlichen Gebarens forscht man vergebens.

Rosa hat die Stadt der Kirche zurückgegeben. Päpste kamen fliehend, um hier zu sterben, andere verließen seine ganz in der alten Form erhaltenen großartigen hohen Mauern als Neugewählte. Wieder andere blieben, weil das vulkanische Rom und seine Geschlechterkämpfe ihnen zu gefahrvoll waren.

Der Franzose Klemens IV. hat Viterbo nie verlassen. Sein Bild ist am farbigsten geblieben. Wir stehen auf dem Domplatz, wo sich einmal das älteste Kastell, an der Stelle eines Heraklestempels, erhob. Die Überlieferung dieses Tempels des Halbgottes, dessen Mythos mit den Ciminibergen verschmolzen ist, hat sich bis ins Mittelalter fortgesetzt.

An dem Papstpalast, dem Stolz der Stadt, haben drei Päpste ge-

257 Etruskische Gräber von Norchia – Verschollene Königswelt in der Macchia

baut. Alexander IV., der in Viterbo gestorben ist, hat 1257 damit begonnen. Der hier gewählte Urban IV. baute während der drei Jahre seines Pontifikates daran weiter, und Klemens IV., der in der Stadt lebte und starb, vollendete ihn 1266, zwei Jahre vor seinem Tode. Die Hauptteile des alten Palastes sind die offene gotische Loggia, von der nur noch eine der wunderbaren Arkadenreihen steht, und der große Konklavesaal, in welchem vier Päpste gewählt worden sind.
Zum letzten Male treten uns im Palast von Viterbo die Staufer, König Manfred und Konradin, entgegen, dessen letzte Wege in Latium wir schon verfolgt haben. Im Jahre der Vollendung des Palastes fiel König Manfred bei Benevent in der Entscheidungsschlacht gegen Karl I., den Klemens IV. mit Neapel-Sizilien belehnt hatte; gab der Papst dem Bischof von Cosenza jene barbarische Weisung, den Toten, dem sogar Karl I. ein Grab gegönnt hatte, herauszuscharren und wie Aas fortzuwerfen. Dante hörte die Klage des toten Königs, es ist eine der nie alternden Stellen seines Weltgedichtes:

«Hätte der Hirte von Cosenza, der zur Jagd
auf mich vom Papste Klemens ward gehetzt,
damals dies Antlitz Gottes recht gelesen,
so ruhten noch die Knochen meines Leibes
beim Brückenkopf nicht weit von Benevent,
unter dem Schutz des schweren stein'gen Hügels.»

Mit den Worten vom «stinkenden Kadaver jenes Pestmenschen Manfred» verlieh Klemens IV. seinem kalten Haß schaurigen Ausdruck.
Wir blicken von der Loggia in das Land nach Tuscania hin. Von dieser Loggia aus hat der Papst Konradin exkommuniziert; hier sah er ihn am 22. Juli 1268 mit seinem Heer in der Ebene vorüber-

ziehen nach Rom und sprach dabei über den von ihm aus der Kirche unschuldig ausgestoßenen, scheinbar siegreichen und noch hoffenden Knaben das prophetische Wort vom Lamm, das zum Opfertode geht – die erhabenste christliche Formulierung als Drapierung des erbarmungslosen Triumphes über einen Unterliegenden. Klemens IV. wußte die Schlüssel des Himmels und der Erde, die ihm als Papst anvertraut waren, nicht zu handhaben und dem Knaben Konradin das Reich des Erbarmens aufzuschließen, wäre es auch nur mit der Bitte um Gnade an den von ihm investierten grausamen französischen König gewesen. Er vergaß, daß er als Priester Barmherzigkeit hätte fordern müssen, und wurde so mitschuldig, als das Haupt Konradins, des Opferlammes, für die Schuld seiner Väter, doch anders, als der Papst es gemeint hatte, in Neapel fiel.
Am Hof in Viterbo lebte zur Zeit der Tragödie der heilige Thomas von Aquino und schrieb an seinem Traktat *Über die Herrschaft und den Lohn der Könige;* doch die kühle Erhabenheit seiner philosophischen Gedanken läßt nicht ahnen, in welcher Weise ihn der Untergang des Knaben, dessen Haus die Grafen von Aquino eng verbunden, sogar verwandt waren, bewegt haben könnte.
In der Basilika San Francesco alla Rocca über der Via Cassia steht das gut restaurierte schöne Cosmatengrab Klemens' IV. Unter der Ädicula liegt die Statue, deren nicht altes, abweisend-streng blickendes Gesicht das erste wirkliche Papst-Porträt ist. So sah der Mann aus, der Justizminister Ludwigs des Heiligen von Frankreich, vorbildlicher Familienvater, Witwer, Kartäusermönch, Kardinal und Papst gewesen ist, integer in seiner Lebensführung, ohne jede Andeutung von Nepotismus gegenüber seiner zahlreichen legitimen Kinderschar – und doch ohne einen wahrhaft menschlichen Zug: der letzte Papst in der Reihe derer, die in der Vernichtung des Stauferhauses das Programm ihrer Pontifikate erblickt haben.

Nach dem Tode Klemens' IV. kam es zum längsten Interregnum der Papstgeschichte, weil die achtzehn Kardinäle in Viterbo sich nicht zu einigen verstanden und Karl I. die gegnerischen Gruppen erfolgreich gegeneinander gehetzt und ausgespielt hatte, um seine Politik möglichst lange ohne Papst fortführen zu können. Schließlich griff Bonaventura, der machtvolle Heilige, Franziskanergeneral und «doctor seraphicus» unter den Kirchenlehrern, der aus dem nahen Bagnoregio stammte, zu einem wirksamen Mittel, weil er sich für die Kirche schämte. Er ermächtigte den Stadtpräfekten, die Kardinäle im Konklavesaal einzusperren. Der Präfekt tat ein übriges und ließ das Dach des Saales abdecken und den Wählern die Tagesrationen sehr spürbar kürzen. Im Steinboden des Saales sind noch die Löcher für behelfsmäßige Stäbe zu sehen, über welche die Kardinäle Tücher spannten, um wenigstens vor der Witterung geschützt zu werden. Nun erst gelangten sie zu der von Bonaventura gewünschten heilsamen Einsicht, daß, nach fast drei Jahren des Wartens, Eile notwendig sei. Sie wählten zwar keinen ihres Ranges, dafür den menschlich sympathischsten Papst des Jahrhunderts, Gregor X., einen klugen Mittler, der die kaiserlose Zeit beenden und mit Rudolf I. die Habsburger auf den Thron erheben half.

Europäische Schicksale sind nicht nur vom Papstpalast Viterbos ausgegangen. Nur einen Straßenzug weiter liegt die kleine Kirche Il Gesù aus dem 11. Jahrhundert. 1272 ermordeten hier Guido und Simon von Montfort, die Enkel des berüchtigten Heerführers gegen die Albigenser, den englischen Prinzen Heinrich von Cornvallis hinterrücks, während er in der Messe kniete, vermutlich in Gegenwart König Karls I., zu dessen Heer die Mörder gehörten.

«... vor Gottes Angesicht durchbohrt' er
das Herz, das an der Themse man verehrt»,

sagt ein Kentaur zu Dante im siebenten Höllenkreis und deutet dabei auf den Schatten des in siedendem Blut büßenden Guido. Selbst die Untat der beiden Montforts hing mit den Staufern zusammen: Heinrich III. von England förderte die Kandidatur seines Bruders Richard von Cornvallis, des Vaters des Ermordeten, auf die Stauferkrone nach dem Tode Konrads IV., des Vaters Konradins. Simon II. Montfort, Earl of Leicester, löste daraufhin eine Revolution aus, nahm die Königsfamilie gefangen, unterlag in einer Schlacht gegen Eduard I., den Sohn des Königs und Thronfolger, und wurde durch diesen umgebracht. Das Verbrechen an dem wehrlosen, allgemein beliebten, noch ganz jungen Prinzen empörte die damalige Welt um so mehr, als Heinrich von Cornvallis nach Viterbo gekommen war, um auf Wunsch Eduards I. die beiden Montforts wieder zu versöhnen.

Nach außen mußte Karl I. sich gleichfalls entrüstet zeigen und Guido als den Haupttäter entlassen. Im stillen konnte er sich freuen, denn auch der Prätendent Richard von Cornvallis starb in Verzweiflung wenige Tage nach dem Mord und bedeutete für den König von Neapel-Sizilien, dem an deutschen Königskronen wenig lag, keine Gefahr mehr. In den Tagen der Tragödie von Viterbo konnte Karl I. sich ohne Einschränkung als den mächtigsten Monarchen seiner Zeit betrachten.

Die im letzten Weltkrieg sinnlos bombardierten vielen alten Bauwerke Viterbos sind ausgezeichnet wiederhergestellt worden, wie auf dem Platz links der Fassade des Domes San Lorenzo das romanische Haus des Valentino della Pagnotta aus der Mitte des 13. Jahrhunderts, dem in seiner melodischen Linienführung jede Schwere fehlt – oder die dreischiffige Kathedrale, die, vom Klebe-

262/263 Die Loggia des Palastes von Viterbo – Päpste zwischen Macht und Machtlosigkeit

barock befreit, ihre romanischen Grundformen zurückgewonnen hat, was die zwanzig monolithischen Säulen mit ihrer reichen Kapitell-Skulptur zu höchster Wirkung bringt. Am Eingang steht der Sarkophag des Viterbo-Papstes Johannes XXI., des einzigen Portugiesen unter den Päpsten, der im achten Monat seiner Regierung durch eine einstürzende Zimmerdecke erschlagen wurde. Er war von Beruf ursprünglich ein bekannter Arzt, aus Berufung aber ein Universalgelehrter, dessen philosophische, naturwissenschaftliche und medizinische Werke noch bis ins 15. Jahrhundert als Lehrbücher an den europäischen Universitäten hochgeschätzt wurden. Sein Buch über die Seele hat ihn zum ersten Psychologen des Abendlandes gemacht. Nichts war ihm, den Dante im Paradies verklärt erblickt, «der unten glänzt in zwölf gelehrten Bänden», so lästig wie das Papstsein.

Das Erlebnis Viterbos als eines Mittelpunktes romanischer, gotischer und Quattrocento-Architektur, die Gemälde und Fresken seiner Renaissance-Meister, wie die des Lorenzo da Viterbo in Santa Maria della Verità vor den Mauern, des Antonio da Viterbo, des Balletta da Viterbo, des Bernardino da Viterbo in den Kirchen ihrer Stadt, verlangt ein gelassenes Betrachten, ein kontemplatives Eindringen, ehe man die so anziehende Geistigkeit dieser reichen Kultur an sich erfährt: Santa Maria Nuova, die im romanischen Zeitalter über der ältesten Kirche Viterbos errichtet wurde, mit dem Jupiterhaupt über dem Portal, der für die Gedankenmacht des Thomas von Aquino, welcher von ihr herab den Gläubigen gepredigt hat, fast zu zarten, feingliedrigen Kanzel und dem kleinen Klosterhof als dem einzigen Werk lombardischer Kunst, das Viterbo geblieben ist; das Stadtviertel San Pellegrino, das als völlig unberührtes Mittelalter eine abgerundete Vorstellung frühen Bauens und Wohnens gibt, einzigartig in seiner Art in ganz Italien, wo jeder Stein die bewegte Geschichte des 13. Jahrhunderts gesehen hat, jedes Haus, jeder Palast sein Wesen ändert, im klaren Mittagslicht, bei strömendem Regen, in der frühen Morgensonne oder bei Sonnenuntergang, wenn die schwarzen Häuserfronten und Außentreppen, die Säulen und Altane, die Fensterbögen und Loggien nie gesehene Tönungen annehmen; San Sisto, ganz an die Stadtmauer gelehnt, eine schon aus dem 9. Jahrhundert stammende Kirche auf den Mauern eines heidnischen Tempels, der bis in jene Zeit als Kirche verwendet worden war; der gotische Zentralbau von Santa Maria della Salute und das oktogonale Oratorium Santa Maria della Peste aus der Ideenwelt Bramantes; die vielen frühen Grabmäler in zahlreichen alten Kirchen, an deren Spitze in San Francesco alla Rocca, wo wir bereits das Monument Klemens' IV. sahen, das Grabmal des Viterbo-Papstes Hadrians V. steht, der nur vier Wochen regiert hat und nur fortlebt, weil Dante ihn als das Muster eines Geizhalses zeigt. Sein Grabmal, mit dem Arnolfo di Cambio als bahnbrechender Schöpfer in die Kunstwelt eingetreten ist, stellt ein Meisterwerk nicht nur im musivischen Spiel der Ädicula dar, sondern mehr noch in dem ganz lebendigen Porträt des schlafenden Papstes; die Klosterhöfe, die von der Romanik in Santa Maria del Paradiso vor der Stadt über die Gotik des Museo Civico und des Penitenziario zur Renaissance der Santissima Trinità bis zum Barock des Palazzo Comunale reichen und auf verhältnismäßig kleinem Raum alle baugeschichtlich-plastischen Wesenselemente zeigen; die Treppen, die Rosetten, die durch alle Zerstörungen hindurch geretteten Campanili; und endlich Viterbos Brunnen, die vielen kleinen, deren schönster, in seiner dugentesken Romanik, die Fontana di Pianoscarano ist, nicht weit vom Palazzo degli Alessandri aus der gleichen Epoche, und deren königlichen Gipfel die zwischen 1206 und 1279 von mehreren Künstlern erbaute, immer wieder vervollkommnete Fontana Grande bildet. Ihre Wasser, die schon in der Antike unter dem Namen Fons Sepalis flossen und noch immer aus dem

Aquädukt des römischen Konsuls Mummius Niger Vigetus gespeist werden, ergießen sich aus zwei oberen Schalen in ein griechisches Kreuz.
In Viterbo steht der älteste Palast der Farnese, deren Name fast selbstverständlich mit allen wichtigen Orten vom Lago di Bolsena bis zum Lago di Vico verbunden ist und die in Viterbo schon im 12. Jahrhundert eine hervorragende Rolle gespielt haben. In dem Palast, den sein Großvater Ranuccio erbaut hat, könnte Papst Paul III. geboren sein. Nach dem Sacco di Roma von 1527 lebte hier der Medici-Papst Klemens VII. als Flüchtling und Gast seines späteren Nachfolgers. Hier begegnete ihm einer der größten Männer Viterbos, der als Charakter, Priester und Gelehrter – seine weitreichenden Sprachstudien erstreckten sich auf das Griechische, Chaldäische, Hebräische, Türkische, Persische und Arabische, auf biblische und talmudische Textkritik, auf Plato und die Theologie – vielbewunderte Augustiner-Kardinal Ägidius von Viterbo. Ägidius sagte dem Papst die ungern gehörte Wahrheit, der Untergang Roms sei nur das in Jahrhunderten vorbereitete Ergebnis gesinnungslosen politischen Schwankens und würdeloser Liebedienerei der Päpste den Mächten gegenüber, weitab von den wahren Forderungen und Aufgaben der Kirche Christi. Klemens VII., der diese Eigenschaften zur höchsten Virtuosität entwickelt hatte, war nicht der Mann, kluge Argumente anzuhören. Dachte er dabei an die Päpste von Viterbo?
An zwei Stellen nehmen wir Abschied von Viterbo, der Hauptstadt des alten Patrimoniums Petri. Der erste gilt der Rocca. Noch sind die Zerstörungen des Weltkrieges nicht restlos behoben an diesem Kastell, das den Namen seines Erbauers beschwört, eines Mannes, dem der Kirchenstaat einmal seine Rettung und Existenz verdankt hat, während die Päpste machtlos in Avignon saßen; eines Mannes, ohne den die Päpste wohl niemals nach Rom zurückgekehrt wären; eines Mannes, der Rittertum

Die Piazza San Pellegrino in Viterbo – Bewahrtes Mittelalter

und Staatskunst mit kirchenfürstlicher Würde und Einfachheit zu einem Persönlichkeitsbild von hohem Glanz vereint und in einer Epoche niederer Leidenschaft bewahrt hat. Es ist der spanische Grande, kastilische Feldherr, dann Geistliche, Erzbischof von Toledo, zuletzt Kardinal Gil Albornoz. Innozenz VI., der beste der Päpste von Avignon, sandte ihn nach Italien, um dem von Lokaltyrannen und Banden bedrohten, aus allen Fugen geratenen Kirchenstaat wieder eine Form zu geben – eine Aufgabe, die übermenschliche Fähigkeiten erforderte, wenn die Befriedung im klugen Gesetz, nicht in Bluttaten enden sollte wie im nächsten Jahrhundert unter Vitelleschi. Albornoz hat dieses Werk in vierzehn mühevollen Jahren vollbracht. Er hat in Latium keinen Besiegten gedemütigt, sondern verpflichtet, und verantwortungsvolles Bürgerbewußtsein zu wecken verstanden. Er hinterließ ein Gesetzeswerk, die *Constitutiones Egidianae,* das als frühe Frucht bürgerlicher Gesetzgebung erscheinen kann und, wenn auch oft entstellt oder vergessen, bis in die Zeit Napoleons Geltung besaß. Er hat einer erstaunten Zeit das ungewohnte Bild staatsmännischer Vornehmheit, verbunden mit weitschauender Klugheit und unbeirrbarer Energie gezeigt und, nach unvermeidlichem Krieg, wo immer er ihn zu führen gezwungen war, versöhnt, was überhaupt noch zu versöhnen war.

Im Jahre 1334 erbaute er in Viterbo die erste seiner Festungen Latiums, die der Hilfe der Städter, nicht ihrer Unterdrückung dienen sollten. In die Rocca von Viterbo führte er von Tarquinia her, wo er gelandet war, den aus Avignon kommenden Papst Urban v. Wenige Wochen später, im Hochsommer 1367, starb der alte Kardinal, erschöpft, doch im Bewußtsein eines vollbrachten Lebenswerkes in Viterbo. Für kurze Zeit bestattete man ihn noch auf seinen Wunsch in San Francesco in Assisi in der von ihm gestifteten Cappella del Crocifisso, wo sich auf einem der Fresken auch sein einziges Bild befindet. Doch schon bald darauf ließ der Papst den Sarkophag in einem Trauerkondukt, wie man ihn weder vorher noch später gesehen hat, von einander ablösenden Adeligen, Fürsten und Infanten zu Fuß nach Toledo tragen. Dort ruht er in einem denkbar schlichten Monument in der Mitte der San-Ildefonso-Kapelle seiner Kathedrale. Keine schwülstige Panegyrik zählt seine Taten auf und nennt seine Titel. Nichts liest man als den Namen Ägidius Albornoz. Steht man vor diesem

269 *Der Klosterhof von Santa Maria della Verità in Viterbo – Ungestörter Friede der Jahrhunderte*

Sarkophag, kehren die Gedanken zurück nach Latium, wo so vieles an ihn erinnert, zurück nach Viterbo, wo er im Frieden der Erfüllung gestorben ist.
Manche Päpste haben die Rocca Viterbos erweitert und verschönert bis ins 16. Jahrhundert. Unter ihnen auch Pius II., der Viterbo liebte. 1462 feierte er hier das Fronleichnamsfest. Vom Platz vor der Rocca aus nahm der Festzug des Papstes, der das Allerheiligste trug, seinen Anfang durch die herrlich geschmückten und drapierten, von Blumen überfluteten, von Gesängen widerhallenden Straßen durch die Reihen der Jubelnden, die er von ihren Sünden absolviert hatte. Die Memoiren Pius' II. ergehen sich lange in der Erinnerung: «Die Sonne stand hoch, ihre Strahlen durchdrangen die Wände und verwandelten das Tabernakel in einen Himmelssaal, die Wohnstatt des Königs der Könige. Es war wie im Paradies, als Sänger gleich Engeln liebliche Hymnen sangen, bewundernswert kunstvoll verteilte Lichter die Sterne des Himmels nachbildeten und bald menschliche Stimmen mit süßen Weisen, bald Instrumente in melodischen Harmonien ertönten.» Die Kardinäle überboten einander in der Inszenierung lebender Bilder und bewegter Darstellungen aus der Heilsgeschichte: umgeben von singenden Knaben steht Christus, dessen Blut in eine Schale fließt; Christus teilt das Abendmahl mit den Jüngern; Thomas von Aquin trägt das Altarsakrament; der Erzengel Michael köpft den Drachen, wobei kläffende Dämonen zu Boden stürzen; schlafende Soldaten und wachende Engel umstehen das Grab Christi, von welchem, als der Papst vorbeizieht, ein Knabe an einem Seil wie schwebend herabgelassen wird und eine Hymne singt, worauf Christus im Donner einer Pulverexplosion aus dem Grabe aufersteht und in Versen seine Erlösungstat schildert; über dem Grab Mariens schwebt Gottvater mit Engeln in der Glorie, indessen Maria aufersteht, von Engeln emporgetragen wird, im Schweben ihren Gürtel löst und einem Apostel in di

Hand fallen läßt, unter Jubeln, Gesang und Instrumentalmusik von Christus empfangen und zur Rechten des Vaters niedergesetzt wird; endlich der kreuztragende Christus mit Dornenkrone und Wundmalen. Lange vor der Zeit wurde an diesem Tage in Viterbo das barocke Sakraltheater geboren.

Der zweite Abschied von Viterbo ist lyrisch. Gegenüber vom Palazzo Comunale, etwas erhöht in der Fassade der romanischen Kirche Sant'Angelo in Spata, steht ein großer römischer Sarkophag, den das Volk seit jeher Grabmal der schönen Galiana nennt. Rosa ist die Heilige, die Schützerin, Galiana hingegen zum Bild aller Frauenschönheit Viterbos geworden. Sie lebte vor 1150, und man nannte sie das «sechste Wunder von Viterbo». Die Legenden, die sich um das Schöne spinnen, sind so unvergänglich wie jene, die das Heilige umranken. Ein römischer Adeliger verliebte sich besinnungslos in Galiana, die nichts mit ihm zu tun haben wollte. Er belagerte Viterbo in der, natürlich vergeblichen, Hoffnung, es erobern und das Stadtwunder rauben zu können. Listig bat er darum, man möge ihm Galiana wenigstens noch einmal von ferne zeigen. Galiana war dazu bereit, doch als sie auf die Torre del Branca bei der heutigen Porta Faul trat, durchbohrte der verzweifelte Liebhaber sie mit einem Pfeil. Drei Jagdszenen der griechischen Mythologie zieren den Sarkophag Galianas, die zum Symbol der vergeblichen Jagd des Menschen nach dem vollkommenen Schönen überhöht erscheint.

Wege wie Strahlen – Land um Viterbo

Viterbo, dessen Ruhm als «Stadt der schönen Frauen und der schönen Brunnen» und einer liebenswerten Bevölkerung keine Floskel ist, hat die realen Mauern seiner äußeren Grenzen, aber auch seiner dramatisch-reichen Geschichte überstiegen und sich jenseits seiner Vergangenheit aus praktisch-tätigem Wesen heraus moderne Industrien geschaffen, ohne damit die Landschaft zu zerstören. Sollte man der Stadt drei von aller Hast freie Tage widmen, um sie zu ergründen, so sollte man der nächsten Umgebung wenigstens einen, besser zwei Tage schenken.

In einer halben Stunde ist Tuscania erreicht, die Stadt, welche der etruskischen Welt nicht weniger als der Welt romanischer Kunst zugehört – die Stadt, die im Februar 1971 durch ein Erdbeben furchtbar verwüstet worden ist. Ihr Doppelgesicht hat sie zu einem der interessantesten Mittelpunkte der Kultur Latiums gemacht. Sie liegt isoliert wie keine andere Stadt der Provinz im Hügelland zwischen der Maremma und den Bergen des Lago di Bolsena. Schon das Näherkommen, gleich aus welcher Richtung, ob von Viterbo, von Tarquinia, von Canino, von Vetralla oder von Marta am Lago di Bolsena, ist ein Schauspiel eigener Art.

Der Tuffstein der Stadt, die weitläufige Ruine der alten Burg und die Kirchen wirken zu keiner Tageszeit so malerisch wie im Lichte des frühen Nachmittags, das Zeit genug läßt, den wandernden Schatten auf den langsam rötlich sich färbenden Fassaden der Kirchen nachzugehen. Als Hauptstadt eines etruskischen Teilstaates hat Tuscania bereits im 7. Jahrhundert v. Chr. eine Bedeutung gehabt, die in den folgenden Jahrhunderten immer mehr wuchs. Den ältesten etruskischen Namen kennt man nicht. An der Mündung der Fiora bei Montalto di Castro lag der Hafen, denn die Etrusker bauten keine Hafenstädte. Die einzelnen Reiche reihten ihre Häfen aneinander. Teilweise kolossalische Grabkammern liegen um die Stadt verstreut, wie die labyrinthische Grotta della Regina bei Madonna dell'Olivo südlich der Stadt oder die Tomba del Calcarello, ein Sammelgrab, wo vor hundertvierzig Jahren siebenundzwanzig Terrakotta-Sarkophage gefunden wurden, mehr als je in anderen Nekropolen. Vor dem städti-

schen Krankenhaus hat man auf der Mauer Sargdeckel mit liegenden Figuren aufgereiht.
Der für die Etruskologie bedeutsamste Fund sind die heute in der Nationalbibliothek von Paris sich befindenden Würfel mit Zahlen und Worten, deren Entzifferung noch immer nicht möglich ist.
Im 3. Jahrhundert v. Chr. wurde Tuscania römisch. Doch muß die Bevölkerung einen starken städtischen Freiheitsgeist besessen und, wo es ging, gegen seine Herren rebelliert haben. Langobarden, Päpste, byzantinische Kaiser, Goten, deutsche Kaiser, Adelshäuser und dann endgültig die Kirche gierten nach der beherrschenden Stadtfestung und errichteten ihre Mauern auf den Mauern der Römer. Aber die Tuscanier vergaßen nie, daß sie auch einmal Freistaat gewesen waren. Als sie wieder einmal frei sein wollten, zwang Papst Bonifaz VIII. sie im Jahr 1300, die Stadt Toscanella zu nennen, was natürlich den Charakter der Menschen nicht änderte. Erst seit 1912 ist der alte Name wieder offiziell anerkannt. Tuscanias Kastell und weitgehend auch seine Mauern fielen der Zerstörungswut des schon oft erwähnten Kardinals Vitelleschi zum Opfer. Sechzig Jahre nach ihm, 1495, brandschatzte und plünderte Karl VIII. auf seinem Zug nach Neapel die unglückliche Stadt. Doch die Franzosen mußten ihre Plünderung vorzeitig abbrechen, weil ein orkanartiges Gewitter sie vertrieb. Diese unerwartete Hilfe schrieben die Tuscanier der Gottesmutter der Befreiung zu und ließen in Santa Maria della Rosa ein Fresko malen, das als Madonna Liberatrice verehrt wird.
Tuscania ist eine Stadt der Kirchen. Die beiden Hauptkirchen, San Pietro auf der Höhe der einstigen befestigten etruskischen Akropolis neben dem jetzt in ein Museum der tuskanischen Vergangenheit verwandelten früheren Palast der Bischöfe, und Santa Maria Maggiore, die etwas unterhalb liegt, gehören innerhalb

des europäischen Orbis Romanicus, zum Teil noch in der Protoromanik wurzelnd, zu jenen Bauwerken, die nie genug bewundert werden können. Beide sind Schöpfungen des 8. Jahrhunderts. Der Grundstein von San Pietro wurde in der ersten Hälfte des Jahrhunderts gelegt, in einer Zeit folgenreicher Umwälzungen für Italien und die Kirche, als die Langobarden den Höhepunkt ihrer Macht erreicht hatten und die Karolinger aus dem Dunkel der Geschichte aufzutauchen begannen. Santa Maria Maggiore wurde gebaut, als das Jahrhundert zu Ende ging, Karl d. Gr. Tuscania der Kirche schenkte und das westliche Kaisertum alle anderen Mächte ablöste, vor allem das Reich von Byzanz.
San Pietro setzt einen neuen Anfang, löst die Architektur aus römischen Überlieferungen, östlichen wie westlichen, und leitet den romanischen Äon ein. Seine Bauperiode reicht bis in das 13. Jahrhundert, bis zur Krönung des Außenwerkes in der Fassade, die Himmel und Hölle rechts und links von der dreiförmig kreisenden Rose des Empyreums als das ewig Bestehende zeigt: das Relief eines etruskischen Adoranten mit weit gebreiteten Händen in fast tänzerischer Geste trägt das Himmlische – der schlangenumwundene dreiköpfige Höllendämon trägt die Lemuren der Nacht, die noch einmal von einem dreiköpfigen Dämon angesogen werden.
Das dreischiffige Innere war kurz vor dem Erdbeben mit frageloser Vollkommenheit restauriert worden – die Fresken, Ambo und Ziborien, und die neunschiffige Krypta. Die ganze Arbeit der Restaurierung muß nun von vorne beginnen.
Santa Maria Maggiore ist reicher in der Arbeit der drei Portale. Das Giebelfeld des Mittelportals fügt das zweigeteilte Opfer Abrahams, das Lamm Gottes und, aus der Mitte nach rechts gerückt, eine fast greisenhafte Madonna mit einem Kind, welches das gleiche Gesicht wie die Madonna zeigt, nur kleiner, zu einer Dreiheit des Opfergedankens. Visionäre Kraft und ergreifende

archaische Unbeholfenheit reden aus dieser Schöpfung, welche die Gesetze der Komposition noch nicht entdeckt hat und doch etwas Großes darzustellen fähig ist.
Die figürlichen Darstellungen der Kapitelle und Friese der dreischiffigen Kirche, die kleiner als San Pietro ist, sind Chiffren einer Dämonologie, die im theologisch-geistigen Zusammenhang mit dem heiligen Raume noch ganz der Erforschung wartet. Die Kirche besitzt das einzige Taufbecken Latiums, in dem die Täuflinge untergetaucht wurden, und eine Kanzel auf vier Säulen mit einem Altar darunter, die als Sammlung langobardischer Ornamentplatten des 8. Jahrhunderts eine umfassende Anschauung früher Flechtwerkkunst in Stein ermöglicht. Auch hier müssen die Spuren des Erdbebens erst ganz behoben werden.
Wir kehren die gleiche Straße nach Viterbo zurück und wenden uns kurz vor der Stadt zu den Bagni di Bulicame.

«Wie aus dem Bulicame ein Bächlein fließt,
das unter sich die Sünderinnen teilen,
so strömte dieses durch den Sand dahin.»

Dante hat aus der Landschaft und den Städten Italiens die Fülle der Bilder und Vergleiche für die Eindrücke gewählt, die während seiner Höllen- und Himmelswanderung auf ihn eindringen. Vor dem Piccolominipapst Pius II. ist keiner so beobachtend durch Latium gezogen wie der Dichter am Kreuzweg der Zeiten. Viterbo hat er besonders gut gekannt. Als er auf der Straße nach Tuscania, noch fast im Schatten Viterbos, an den Bulicame kam, den kleinen kochenden Kratersee, aus dem die Dämpfe steigen,

276/277 Das Portal von Santa Maria Maggiore in Tuscania – Urtümliche Ergriffenheit romanischen Ausdrucks

fand er hier das irdische Bild des jene Sandwüste durchquerenden höllischen Flusses Phlegeton, über welcher Feuer auf die Gotteslästerer regnet.

Die sowohl auf ihr Dekor achtende wie hygienisch denkende Stadtverwaltung von Viterbo erbaute im Mittelalter an dem kleinen Fluß, der aus dem Bulicame abfließt, den Dirnen eine Wohnkolonie, wo sie ihr Gewerbe außerhalb der Blickweite der Stadt ausüben und das gesunde heiße Schwefelwasser in ihre Behausungen leiten konnten, die an historischer Stelle standen. Um den Bulicame ist das Gestein ganz von einer Schwefelschicht überzogen. Dantes Verse sind auf eine Tafel am See gemeißelt.

Die vielen Heilquellen, jede mit anderem Namen, waren schon bei den Etruskern berühmt. Dann bauten die Römer riesige Thermen, deren Reste, Bagno Bussete, an der Straße stehen. Im Mittelalter entstanden neue Bäder, in denen auch Päpste und Kardinäle Heilung von Gicht, Nervenleiden, Stoffwechselkrankheiten und anderem suchten und die durch die Landsknechte Frundsbergs zur Zeit des Sacco di Roma verwüstet wurden. Heute erheben sich an ihrer Stelle die modernen Stabilimenti Bagni di Viterbo. Seit über zweieinhalbtausend Jahren kommen die Menschen zu den nie versiegenden vulkanischen Quellen an den Monti Cimini, um Genesung zu finden. Wir kennen keine Bäder so alter Überlieferung.

Eine Nebenstraße verläßt die Via Cassia bei Viterbo an zwei Stellen und endet bei Castel d'Asso. Sie führt in eine Landschaft malerischer kleiner Tuffschluchten, silbergrauer Oliven, dichter Vegetation, durch die zwei Flüsse unter Bäumen ziehen, die sich nahe der steinigen Straße kurz vor Castel d'Asso vereinigen und als Rio Secco später in die Léia nördlich von Norchia münden.

278 Mittelalterliche Straße in Tuscania – Stehengebliebene Zeit

Eigenartig, daß kein Maler der Romantik diese Landschaft entdeckt hat. Sie wäre ein zweites Olevano geworden.
Die Reste des alten Schlosses stehen auf dem Boden einer Etruskerstadt unbekannten Namens, auf der dann die Römer Axia erbauten. Die Nekropole östlich der Ruinen von Castel d'Asso zeigt die Form von Würfelgräbern aus dem 5. Jahrhundert v. Chr., mit den nicht auf sie beschränkten, hier aber besonders deutlich erhaltenen Türen des Lebens und des Todes, die aus den Frontflächen der Gräber reliefartig leicht gemeißelt sind: die Straße, die, aus dem Leben kommend, in dem wie ein Tempelarchitrav vorgelagerten, sie abriegelnden Reich des Jenseits endet. Es ist das einfachste Bild der sterblichen Menschheit vom unausweichlichen Weg und Ziel des Lebens.
Wo bei Viterbo die Via Cassia und die Via Cimina auseinanderstreben, führt eine Straße nach San Martino al Cimino. So wenig wie zum Bulicame oder nach Castel d'Asso kommen Touristen hierher, und wir genießen die Ruhe der aus dem 9. Jahrhundert stammenden kleinen Stadt.
Französische Zisterzienser begannen, unabhängig von Fossanova und seinen Einflüssen unmittelbar auf dem zisterziensischen Ur-Stil von Pontigny aufbauend und ihn weiterentwickelnd, im Jahre 1215 die großartige Klosterkirche San Martino zu bauen und zum Leitbild der Viterbo-Gotik zu machen. San Martino ist, von den Kirchen Viterbos abgesehen, der eindrucksvollste Sakralbau des ganzen Cimini-Gebietes. Vom einstigen Kloster sind nur noch Reste vorhanden.
Der Kirche gegenüber steht der Palazzo Doria-Pamfili der Familie Innozenz' x., eines der kläglichsten Päpste der Geschichte, dessen kleinlich-verschlossene Häßlichkeit Velasquez im Porträt unsterblich gemacht hat. Im Palazzo von San Martino, den sie sich erbaut hat, starb 1657 an der Pest die berüchtigte Schwägerin des Papstes, Donna Olimpia Maidalchini, die ihrer Geburtsstadt

Inneres von San Pietro in Tuscania – Anfang eines neuen Kunst-Äons

Viterbo nicht zum Ruhm gereichte. Eine abschreckende Figur, beherrschte sie mit dem Papst zum Schaden der Kirche auch das Papsttum elf Jahre lang mit absolutistischer Gewalt – eine Frau ohne Geist und Bildung, eine Meisterin der finsteren Intrige, bei der für Geld, sehr viel Geld, alles zu haben war, jedes Amt, jede Pfründe, jede Gunst des ihr völlig hörigen Papstes. Vom nächsten Papst sofort aus Rom verbannt, zog sie nach San Martino, wo sie ihr überreiches Raubgut nur noch zwei Jahre lang genießen konnte.

Die Landschaft im Norden von Viterbo trägt ganz anderen Charakter. Gerade die Polytonalität landschaftlicher Gebilde über den Grundtönen auseinandertretender und doch wieder zusammenfindender Kulturzeiten und menschlicher Erscheinungen wirkt im Bereich der Cimini und Viterbos jedesmal mit neuer Kraft auf uns ein. Wir stehen vor den Resten von Ferentum, hoch über einem von Äckern durchzogenen, von Wald begrenzten Tal, in welchem das leuchtende Rot eines großen Mohnfeldes vorherrscht, vom leichten Wind wie ein Batistschleier bewegt. Eine andere Vergangenheit tritt an den Tag.

Wie die von den Römern vernichtete große Etruskerstadt geheißen hat, ehe die Sieger an der gleichen Stelle Ferentum erbauten, ist längst vergessen. Ferentum erlangte seine Blütezeit unter den ersten Imperatoren. Otho, der Nero seine Frau Poppäa Sabina abgetreten hatte und nach drei Monaten eines gesichtslosen Kaisertums Selbstmord beging – und Flavia Domitilla, die Frau Vespasians, wurden hier geboren.

Die Ausgrabungen sind weit gediehen, aber noch nicht beendet. Im Mittelpunkt steht das Bogenrund des Amphitheaters. Auf viereckigen Pylonen ruhend, ziehen die nur vom eigenen Gewicht gehaltenen Bögen aus schweren Quadern ihren Halbkreis bis zur Linie der noch erhaltenen Bühne. Die Sitzstufen sind für Festspiele erneuert worden, und man vermag sich die griechischen Klassiker, gesprochen in der Einsamkeit der Natur um Ferentum, die dem Dichterwort ein verlorengegangenes Gewicht zurückgibt, sehr gut vorzustellen.

Das römische Ferentum hat bis in das 12. Jahrhundert unversehrt bestanden. Im Jahre 1172 zerstörten es die Viterbesen, als kein Kaiser und kein Papst sie daran hindern konnte, weil beide nicht in Italien waren. Nie hat es einen sonderbareren Grund für einen Krieg gegeben. Die Ferentiner verehrten, nach der Weise der Byzantiner, Christus am Kreuz mit offenen, anstatt geschlossenen Augen. Das erklärten die Viterbesen für Häresie und nahmen es zum Vorwand für ihren Angriff. War es der abendländische Haß

der ersten Kreuzzugszeit im Jahrhundert nach der Kirchenspaltung von Ost und West? Oder war es nur ein willkommener Anlaß, sich einer rivalisierenden Nachbarstadt zu entledigen? Die Dokumente schweigen über die verschleierten Hintergründe dieses Kruzifix-Krieges, dem die letzte Stadt Alt-Roms zum Opfer fallen mußte.
Wir kehren auf die Via Cassia zurück, um die Fahrt durch die Monti Cimini fortzusetzen und auch hier von Jahrhundert zu Jahrhundert wie über sehr schmale Brücken zu gehen, vorwärts und rückwärts.
Zwischen Viterbo und Bagnaia liegt das große Heiligtum Santa Maria della Quercia, der Madonna von der Eiche, deren Wunder vom Volk hoch gefeiert werden. An der Kirche, dem Kloster und den beiden Chiostri hat, von Antonio da Sangallo angefangen, eine ganze Schar von Architekten und Bildnern der Renaissance gearbeitet, darunter mehrere aus Viterbo. Aber die Vielheit der Künstler hat doch ein Werk von baulich-plastischer Geschlossenheit geschaffen, wie es im Land um Viterbo sonst nicht zu finden ist, wenn man erwägt, daß die Bauperiode fünfundfünfzig Jahre bis 1525 umfaßt. Das doppelte Arkadenwerk des größeren Klosterhofes von Daniele da Viterbo läßt, indem es die Elemente beider Stile vereint, den Spitzbogen unten, den Rundbogen oben, die Gotik zum letztenmal in Erscheinung treten. Die wundervolle hohe Fassade in Verbindung mit den breiten feierlichen Treppen kündet eine neue Stilwelt an.

Seele des Wassers – Villa Lante

An einem regenlosen, verhangenen Herbsttage oder aber zur Zeit, wenn die Blüte der Rosen und Rhododendren ihre Höhe erreicht hat und die vereinzelten schwarzblauen Wolken des ersten Frühsommergewitters, noch von der Sonne getönt, über ihr und dem gesättigten Grün der Ciminiberge liegen, offenbart die Villa Lante erst ihre volle Schönheit; verraten die beiden nur durch Treppen und Buchsgänge getrennten, nebeneinanderliegenden palaisartigen Pavillons inmitten barocker Gartenarchitektur erst ganz ihren tieferen Sinn: festliche Auftakte zu sein im «Gesang der Geister über den Wassern». Um des Wassers willen ist die weiträumige Anlage an der leicht sich senkenden Hügelfläche im Provinznest Bagnaia östlich von Viterbo entstanden, der Barockgarten wie verborgen in einem großen Park aus uralten Steineichen. Beide sind belebt durch fünfzehn Brunnen, die teils in dem als weites Jagdrevier gedachten Park verstreut liegen, teils nach den ausgeklügelten Gesetzen von Wasserspielen in einer langen Längsachse und einer kurzen Querachse symmetrisch architektonisch gruppiert sind und zu den wunderbarsten Wassererlebnissen Italiens aus der Hochblüte des Villenbaus nach der Mitte des 16. Jahrhunderts gehören.

Ziemlich sicher ist, daß die Villa Lante von Jacopo Vignola, dem Schöpfer des Palastes von Caprarola und so mancher Paläste am Lago di Bolsena, erbaut worden ist. Den Auftrag zum Bau der beiden Pavillons erteilte Kardinal Francesco Gambara, Bischof von Viterbo, ein Neffe der gefeierten Dichterin Veronica Gambara, der Fürstin von Correggio. Doch konnte zu seinen Lebzeiten nur die Palazzina Gambara vollendet werden, denn nach der Überlieferung wurde dem Kardinal der Weiterbau durch den späteren heiligen Carlo Borromeo auf Befehl des gestrengen und sparsamen Papstes Pius' v. untersagt. Die Palazzina Montalto ist nach 1587 durch den nächsten Besitzer der Villa, Kardinal Alessandro Montalto, den Nepoten Papst Sixtus' v., peinlich genau nach den vorliegenden Entwürfen als Gegenstück zur Palazzina Gambara gebaut worden, zu einer Zeit, als die Lebenshaltung der Kirchenfürsten wieder sehr viel üppiger geworden war. Heute sind die beiden Palast-Pavillons, als Privatbesitz einer römischen Gesellschaft, prachtvoll und wohnlich restauriert worden.

Die Lebenselemente der Villa Lante bilden Brunnen und Wasserspiele, wobei jeder einzelne der fünfzehn Brunnen ein architektonisches oder plastisches Werk eigenen Charakters und weitschweifender Phantasie ist.

Im Pegasus-Brunnen, dessen eine Hälfte wie eine halbkreisartige Kulisse zur hochgelegenen großen Wiesenfläche des äußeren Parkes aufragt, bäumt sich das geflügelte Dichterroß, umringt von vier Wasserputten, deren Strahlen bis zur höheren der beiden Balustraden und den Büsten der neun Musen reichen, als seien sie Sinnbilder aufstrebender dichterischer Inspiration.

Auf der äußersten Höhe des Parkes liegen nebeneinander mitten im dichten Grün der wuchernden Vegetation der verträumte Rundbrunnen mit dem auf seinen Hinterfüßen stehenden zierlichen Biber – und das Quadrat des Conservone, jenes Bassins von der Größe eines kleinen Sees, wo die Fische für die Tafel der Kardinäle gehalten wurden. Zugleich aber ist das Bassin das die Brunnen speisende Wasserbecken, das wiederum sein Quellwasser aus einem bärtigen Doppel-Januskopf in der Mitte des in der Farbe dunkelgrünen Samtes in seinem sandsteinernen Rahmen liegenden unbewegten Wasserspiegels empfängt. Einem Dichter der deutschen Romantik wären hier, aus dem Wasserschatten emportauchend, Melusine oder Undine erschienen, um mit ihm zu reden.

Von hier führt der Waldweg vorbei an dem vom Montalto-Wappen überhöhten, wie zufällig auf einem Rasenstück sich erhebenden Brunnen der Löwenkinder in den Barockgarten mit seinen Wasserwundern. Den einleitenden Akzent bildet beim Giardino della Duchessa, dem Garten der Herzogin, voller Rosen aller Sorten, ein anmutvolles Bauwerk aus zwei Loggien, denen später in der Tiefe die beiden Villa-Pavillons entsprechen. Im Hintergrund zwischen den Loggien mit ihren fast anachronistischen Fassaden im Stile Bramantes liegt im wilden Gerank zahlloser Wasserpflanzen der Regenbrunnen oder Brunnen der Sintflut. Die Strahlen der Wasserspiele schießen aus den Dachsimsen der Loggien hervor, begegnen sich in der Form des Mittelschiffes einer gotischen Kathedrale, um vom Spitzbogengewölbe ebenmäßig herabzuregnen. Das Schauspiel, Statisches und Bewegtes eins werden zu sehen, ist von einer ganz unerwarteten Schönheit.

Von nun an führen die Gänge in gestalteter Regelmäßigkeit zwischen Wassern, Vasen, Balustraden und Urnen über zweihundert Meter hinunter – vorbei am Brunnen der Delphine zum Giganten-Brunnen, den der Neptun-Brunnen und der Venus-Brunnen flankieren. Dazwischen liegt eine etwa zehn Meter lange steinerne Tafel, der Tisch des Kardinals, aus dessen Mitte sich kleine Springbrunnen erheben. Immer neue Wasserspiele werden irgendwo durch einen unmerklichen Griff in Bewegung gesetzt und strömen über die moosigen Muschelringe hinab, während wir langsam zu dem amphitheaterartigen Brunnen der Lichter und den Rückfronten der Pavillons gelangen. Hier entfaltet sich das Finale der Wasserspiele, die plötzlich aus den Mosaiken der Wege und den Steinvasen hervorbrechen und sich zu einem scheinbar verwirrenden, doch nach geheimnisvollen Gesetzen geordneten Ballett durchsichtiger Wesen aus der ungreifbaren Welt der Najaden vereinen. Dann hört das unendliche Strömen auf, und wir betreten den großen quadratischen Schloßgarten vor den Pavillons, in dessen Mitte sich der Mohren-Brunnen erhebt, der wohl zu den schönsten Schöpfungen seiner Art in Europa gehört und den Montaigne ausführlich beschrieben hat. Von jeder Seite des Vierecks leitet eine Barockbrücke zum Mittelpunkt, so daß vier getrennte «Seen» entstehen, in denen je eine steinerne Barke ankert. Über dem stufenartig gegliederten Mittelrund halten vier bronzene Jünglinge fast hellenistischer Formgebung – keiner

weiß, warum sie Mohren genannt werden – das sternengekrönte Bienenkorbwappen der Montalto in die Höhe, mit dem der Kardinal, Gouverneur des Kirchenstaates, Vizekanzler und Freund Tassos, sein Mäzenatentum, seine Baulust und den Ruhm seines Hauses nach außen sichtbar verkündet hat. Die Strahlen des Sternes setzen sich in Wasserstrahlen fort.
An der Rotunde des Mohren-Brunnen wenden wir uns um, blikken zurück in den Garten der strömenden Brunnen und begreifen, vielleicht erst in diesem Augenblick, Goethes Bild von der Menschenseele, die dem Wasser gleicht.
Im Park der Villa Lante wurde der neunzehnjährige Claude Lorrain zum Maler der latinischen Landschaft geboren. Über seine Bilder schreiben heißt, über Latium schreiben, denn sein Lebenswerk ist die vollkommene Biographie seiner Landschaft, seines Meeres, seiner Bäume, Berge und Flüsse. Hier ist dem fernen Jünger Elsheimers, dem jungen Schüler Agostino Tassis, mit dem zusammen er für Kardinal Montalto an den Fresken der Pavillons arbeitete, die Bahn seiner Kunst vorgezeichnet worden, die Latium im Drama, im Epos, in der Elegie der Farbe vergöttlicht hat. Aus diesen Brunnen, wo sich die Atmosphäre spiegelt, hat er den reinen Klang seiner Farben, aus diesen Bäumen die Flöte des Pan, die Kithara Apolls vernommen. Hier traf ihn jene Gewalt, die Schöpfung in Nachschöpfung verwandelt, wurde er sehend aus dem *fiat lux,* das ihn im Innersten getroffen hat. Claude hat das Licht Latiums entdeckt und in Bildern befreit, über denen der Glanz befriedeter Schönheit ruht, die Schönheit des Morgens, der Mittagshöhe, der Dämmerung, der Nacht. Die Villa Lante stand am Anfang seiner Wanderungen durch Latium bis in die umbrischen Täler von Narni und Terni, nach Isola Farnese und

288/289 Palazzine der Villa Lante – Vision des Claude Lorrain

zum Tal der Valchetta, zu den Wasserfällen von Tivoli und zum Aniene, in die Sabinerberge und in die lepinischen Berge, zum Capo Circeo und nach Civitavecchia, zum Soracte und zum Lago di Bracciano.

Für Jacob Burckhardt bedeutete Claude die nie ruhende Sehnsucht nach den Farben des römischen Landes. Noch als Greis beendete er sein Rom-Dasein mit dem Wunsch: «Ich denke mir bisweilen, ich wollte in einer Gegend des Claude Lorrain ausleben», dort, wo er sich des Unvergänglichen Latiums bewußt geworden ist und als junger Dichter Claude zum erstenmal als Gegenwart an sich erfahren hat. Ist auch sein schönes Sonett an Claude nicht von der Villa Lante inspiriert, so begleitet es doch zu ihren Gärten und Brunnen, Bildern und Gleichnissen:

«An Claude Lorrain
Geweihter Geist, den die Natur erkoren,
Als Hohepriester ihr mit reinen Händen
Des Abendopfers Weihrauchduft zu spenden,
Wenn schon die Sonne naht des Westens Toren, –

Vielleicht hast du im Leben viel verloren,
Bis du, entrinnend vor des Schicksals Bränden,
Dein Bündnis schlossest an des Waldes Enden
Mit den Dryaden und den süßen Horen.

Drum will ein tiefes Sehnen uns beschleichen
Nach Glück und Ruh, wann du den Blick geleitest
Vorbei den hohen immergrünen Eichen.

Zu schattigen Hainen dann die Landschaft weitest,
Paläst und Tempel baust, und jenen weichen
Nachmittagsduft auf ferne Meere breitest.»

Der Garten der Rätsel und Wunder – Bomarzo

Oft erfahren wir Latium als ein Land beinahe schmerzender Kontraste. Sechs Kilometer nördlich der Villa Lante, dem Ausdruck einer Kunst und Lebenskunst zu neuer Gestalt verbindenden Welt, liegt etwas abseits von der Straße nach Orte und zur Autostrada del Sole das ebenso schmutzige wie malerische Städtchen Vitorchiano mit seiner sehr gut erhaltenen Stadtmauer aus dem 13. Jahrhundert und mittelalterlichen Häusern. Die Treue Vitorchianos zu Rom hat ihm im Mittelalter den Ehrentitel der *Fedele,* der Treuen, eingetragen mit dem Privileg, dem römischen Hof die Mazzieri zu stellen, die Stabträger in den großen Prozessionen des Papstes; sie werden noch heute die Fedeli genannt.
Vitorchiano fühlt sich als Kleinst-Rom und zeigt in seinem Wappen stolz das S.P.Q.R., das Senatus Populusque Romanus, und die römische Wölfin.
Fremde kommen selten oder nie nach Vitorchiano, obwohl es eine der seltsamsten Naturschönheiten Latiums besitzt: ein weithin sich erstreckendes Tal, ursprünglicher noch und enger als das Tal von Castel Sant'Elia. Getürmt und verstreut, wie eben erst hingeworfen und gleichsam sich wieder aufbäumend, liegen riesenhafte Felsblöcke und Brocken mit glatten Flächen, manchmal Würfel wie von vorzeitlicher Gigantenhand behauen, durch das Tal verstreut, doch nicht in leerer Steinwüste. Die Vitorchianer haben, wo gerade Platz zu finden war, ihre Pflanzungen angelegt, und wir blicken in eine unendliche Fruchtbarkeit: Feigen- und Pfirsichbäume, Tomatenstöcke, Gemüsebeete, Reben und im-

292/293 Stadtbild von Vitorchiano – Gewachsen aus Felsen der Vorzeit

mer wieder Reben. Steigt man den schmalen Pfad hinab in das Tal, sieht man, daß der ganze Ort von solchen Blöcken erbaut ist. Hier könnte sich – und das ist der erste überwältigende Eindruck – der mythische Kampf zwischen Kentauren und Lapithen abgespielt haben.

Wir kehren zur Hauptstraße zurück, fahren ein Stück weiter nach Osten, biegen noch einmal ab und gelangen nach Bomarzo. Besäße die alte, bedeutende etruskische Stadt im sanften Bergland zwischen Viterbo und dem Tiber, um deren Besitz sich im frühen Mittelalter Byzantiner, Langobarden und Päpste gestritten haben, nichts als seine Lage mit dem Blick vom Orsini-Schloß in das Tibertal, es lohnte die Mühe, immer wieder hierher zurückzukehren. Die Funde aus etruskischer Zeit sind sehr reich.

Von Bomarzo aus – Polymortium heißt Todesstadt – erhoben die so oft geschlagenen Etrusker sich zum letztenmal mit dem Mut äußerster Verzweiflung gegen Rom, um in zwei Schlachten 310 und 281 v. Chr. am kleinen Schwefelsee Lacus Vadimonius beim nahen Bassano in Teverina – heute heißt der Teich Lago Vadimonio – für immer zu unterliegen und zu erlöschen; gerade an jenem See, der ihnen heilig war, in den jedoch von nun an die Römer ihre Waffen tauchten, um unbesiegbar zu werden.

In der Talmulde, die steile, mit Ölbäumen bepflanzte Tuffelsen umsäumen, hat ein Herr von Bomarzo, Francesco Orsini, genannt Vicino, aus einer Seitenlinie des großen Hauses, zwischen 1552 und 1554 den Garten der Rätsel anlegen lassen, «um seinem Herzen Luft zu schaffen», wie auf einem der beiden Obelisken am Nymphäum zu lesen ist. Aber auch daraus ist nichts über den bizarren Bauherrn und seine Ideen zu erfahren.

Nur eines ist zu ahnen: der Garten war gedacht als Ausdruck seiner abgöttischen Liebe zu Giulia Farnese, seiner zweiten Frau, die indessen nicht identisch ist mit der berühmten Giulia Farnese, der uns noch begegnenden Geliebten Alexanders VI. Vicino hat im Garten der Wunder eine Villa der Betrachtung gebaut, die verschwunden ist; eine der zahlreichen Inschriften in Stein, auch sie in der Nähe des Nymphäums, heißt übersetzt: «Im Ausruhen wird der Geist klüger.»

Vicino muß gleichzeitig ein leidenschaftlicher Liebender und ein grübelnder Philosoph gewesen sein. Wann Giulia gestorben ist, wissen wir nicht. Doch der Geliebte und Ehemann hat ihr Gedächtnis durch Jacopo Vignola in dem schönsten, intimsten Tempel der Erinnerung eternisiert, den Liebe je erdacht. Der Giulia-Tempel ist Vignolas kammermusikalisches Meisterwerk geworden. Ganz unvermittelt steht er auf der Waldwiese des alten Parks, als sei die schwellende panische Natur ringsum nur Zeugnis, daß die Liebe, die vor vierhundert Jahren hier gelebt, unsterblich ist.

Vignola hat Griechentum und Frührenaissance in der ihm eigenen ausgeglichenen und doch überreichen Phantasie zu etwas Neuem verbunden. Er hat die Schönheit und Seele der Frau, die kein Bildnis vermittelt, in sein von zwanzig schlichten Säulen getragenes Bauwerk verwandelt. Drei flache Halbrundstufen teilen sich in drei voneinander fortstrebende und noch einmal drei wieder zum Podest des kleinen Atriums unter dem Bogen und unter dem Dreiecksgiebel mit je drei Säulen zur Rechten und zur Linken wieder zusammenstrebende Stufen – gleich den Herzen der beiden, die sich hier geliebt haben. Die Cella unter der achteckigen zarten Kuppel ist leer. Möglich, daß hier einmal der Sarkophag Giulias gestanden hat; ebenso möglich, daß sie für den in seiner Gartenwelt zurückgebliebenen Vicino nie etwas anderes gewesen ist als ein Raum, den er mit seinen Gedanken an Gewesenes erfüllen konnte; mit einer Wirklichkeit, zu der die Welt keinen Zugang hatte, für die sie sich kein Bild machen durfte: Schlaf und Tod als brüderliche geflügelte Genien auf dem schmalen Grat zwischen Diesseits und Jenseits.

Die unter keinem kunstgeschichtlichen Begriff faßbare Welt gigantischer Phantasien und Improvisationen aus Stein in Vicinos verwildertem Park bildet den stärksten Kontrast zum Frieden des Giulia-Tempels. Vicino hat aus den Felsbrocken, die er vorfand, keine Grotesken, sondern Spiele und Rätsel hauen lassen. Nichts bezeichnet den Wesenskern des Parkes so wenig wie der Begriff «Parco dei Mostri», Park der Ungeheuer, wie er genannt wird.
Die Bildhauer, von denen wir nichts wissen, die von manchen für türkische Kriegsgefangene erklärt worden sind, haben mit ihrer Imagination den formlosen, unverrückbaren Stein gleichsam durchleuchtet und die figürliche Gestalt darin geschaut, als habe der Fels sie ihnen in seiner Sprache mitgeteilt.
Die Unterschrift unter einer mit dem Orsini-Wappen gezierten Wölbung einer Bank fordert den Spazierenden auf: «Ihr, die ihr begierig nach hohen, erstaunlichen Wundern durch die Welt irrt und wandert, kommt hierher, wo ihr die furchtbaren Köpfe von Elefanten, Löwen, Delphinen und Drachen findet.»
Auf einer Amphore vor einem verdorrten Brunnen mit mächtigem Neptun ist zu lesen: «Tag und Nacht wachen wir darüber, ob dieser Quelle irgendein Unrecht geschieht.»
Eine schlafende Diana im Moosgewand wird von einem kopflosen Hund bewacht.
Eine riesige Meerjungfrau mit nach rechts und links liebesgierig und wild ausladenden Fischschwänzen blickt seit Jahrhunderten in die immer dichter wachsenden Bäume.
An der riesigen Rückenfront einer weiblichen Meergottheit, die eine Amphore mit Agaven auf dem Kopf hält, tragen zwei Trito-

296 Der Elephant aus Stein im Park von Bomarzo – Unlösbare Rätsel der Phantasie nenkinder mit Libellenflügeln eine mit dem Kopf nach unten hängende nackte Frau.

Der Riesenkopf eines Ungeheuers birgt einen Raum mit steinernem Tisch, den Eingang bildet das klaffende Maul, dessen Oberlippe die Inschrift trägt: «Jeder Gedanke fliegt.»

Ein Elefant von natürlicher Größe hält einen toten Ritter im Rüssel und trägt einen Turm auf dem Rücken, vor welchem ein antreibender Mahout sitzt.

Und wieder eine Inschrift sagt: «Wer mit hochgezogenen Brauen und geschlossenen Lippen durch diesen Ort geht, bewundert die Schönheit der Welt weniger.»

Eine Schildkröte von felsenhafter, inselartiger Größe führt die Göttin der Zeit auf dem Rücken mit sich.

Ein Ungeheuer, halb Kröte, halb Schlange, trägt die Erdkugel und auf ihr ein Kastell.

Eine Inschrift redet vom «heiligen Wald, der nur sich selber und nichts anderem gleicht».

Ein nymphäumartiges Bauwerk unter Bäumen, in denen Waldtauben gurren, ist mit Reliefs nackter Mädchen und steinernen Ruhekissen geschmückt.

Vor einem etwa sieben Meter hohen Riesen, der einen anderen Giganten mit dem Kopf nach unten zu Boden schleudert, vielleicht Herakles und Antäus, sagt eine Inschrift im Felsen: «Wenn Rhodos stolz auf seinen Koloß war, so kann sich doch auch mein Wald dieses Riesen rühmen.»

Die bewegteste Gruppe endlich ist ein von Jagdhunden angegriffener fauchender Drache.

Ein kleines Gartenhaus neigt sich langsam immer mehr zur Seite in das nachgebende Erdreich. Die Vegetation bemächtigt sich unaufhaltsam der Rätselbilder in Stein, der kämpfenden Löwen, des Zerberus, des Neptun, der geflügelten Sphinxen. Je öfter wir durch den Wundergarten von Bomarzo gehen, desto deutlicher scheint uns, daß die Rätsel erst im Verfall ganz zu lösen sind: der vereinsamte Fürst suchte sich in der Phantastik und Überwelt seiner grotesken Steinbilder abzulenken von der Welt, die Giulia in den Sarkophag ihres Tempels mitgenommen hatte.

Othello und Desdemona – Gallese

Vom bezahlten Parkettplatz aus erleben wir den *Othello* und gehen nach Hause in der Gewißheit, daß es so etwas im Leben nicht gibt, nie gegeben hat. Doch, es hat diese Tragödie gegeben. Sie spielte sich ab in Gallese, das Heliskos, der Sohn Agamemnons, gleich Civita Castellana, gegründet haben soll. Der Name des mykenischen Flüchtlings ist sogar in den Ortsnamen eingegangen. Gallese, nördlich von Civita Castellana, kann man nur von Soriano oder Vignanello her oder aber von der Via Flaminia aus erreichen, die man bei Borghetto verlassen muß, um ein Stück in nördlicher Richtung bis Scalo Teverina und dann kurz nach Westen zu fahren.
Gallese, dessen Olivenpflanzungen ein besonders hervorragendes Öl spenden, liegt hoch über zwei sich hier begegnenden Flüssen auf einem jener steil abfallenden Tuffelsen, die in Nordlatium immer für Gründungen bevorzugt wurden; es ist von eigener, wilder Schönheit. Man weiß von Gallese nur aus der Etruskerzeit, aus der manches erhalten ist. Dann taucht der Name erst im Frühmittelalter wieder auf. Im 9. Jahrhundert kam hier ein Brüderpaar zur Welt, Marinus und Romanus, die beide Päpste wurden, schattenhafte Gestalten.
Als im Jahre 1555 Paul IV. Papst wurde, versorgte er, nach alter päpstlicher Gepflogenheit, zuerst seine Familie, die hochmögenden neapolitanischen Carafa. Der Nepot Giovanni wurde Herzog des den Colonna geraubten Paliano in Südlatium und kaufte sich

dazu noch andere Herrschaften und Städte, darunter Soriano und Gallese in den Monti Cimini.

Mittelpunkt von Gallese ist der Palast. Alexander VI. ließ ihn für seinen Bastard Giovanni, den wir aus Nepi kennen, durch Antonio da Sangallo den Älteren bauen. Die Della Rovere, die Familie Julius' II., bauten und verschönerten weiter. Dann kaufte ein Nepot Pius' IV., der berüchtigte Bischof von Konstanz, Kardinal Mark Sittich von Hohenems, Gallese für seinen Bastard Robert, der die Familie der Herzöge Altemps begründete; sie saß bis ins vorige Jahrhundert in Gallese.

Die Altemps vervollkommneten die herzogliche Residenz nach Zeichnungen von Domenico Fontana, der den schönen Portikus, die prachtvolle barocke Halbkreistreppe und die Prunksäle anlegte. Auch der Park ist eine Schöpfung der Altemps.

Das Volk von Gallese erzählte sich Spukgeschichten von fast nordischer Grausigkeit. Alle diese Geschichten sind erwachsen aus der einen, der Othello-Tragödie und dem Untergang der Carafa. Der Herzog von Paliano war verheiratet mit der Halbspanierin Violante Diaz Cardona aus dem Hause der Grafen von Alife, die zur Krone von Aragon gehörten. Sie war eine weitberühmte Schönheit, geliebt vom Volk, dem sie nur Gutes tat. Die Politik der kulturlosen Carafa, die sie an hoher Bildung weit überragte, war ihr zuwider. Ihr ganzes zartes Wesen zog ihr die Abneigung des Papstes, vor allem aber den Haß des furchtbarsten der Carafa, des Staatssekretärs Carlo, zu; er war der Bruder ihres Mannes, ein einstiger Condottiere und mehrfacher Mörder, dem Paul IV. den Kardinalspurpur umgehängt hatte, und der, ein vatikanischer Nero, Rom mit allen Mitteln unterdrückte.

Das herzogliche Paar hatte drei Kinder, zwei Söhne und eine Tochter. Violante wußte, daß ihr Mann sie immer wieder betrog, aber sie schwieg. Als Paul IV. gegen Ende seines Pontifikates viel zu spät die Augen über das Treiben seiner Nepoten geöffnet wurden, kannte seine Empörung keine Grenzen. Bis auf einen harmlosen dreiundzwanzigjährigen Kardinal und Großneffen wurden alle Nepoten verbannt. Der Herzog ließ sich mit seiner Familie im Schloß von Gallese nieder.

In der Othello-Tragödie spielte ein Onkel der Herzogin, Leonardo di Cardines, den Jago; einem schwärmerischen Neffen des Herzogs, Marcello Capece, dessen Gesellschaft die Herzogin, stets jedoch in Gegenwart einer Hofdame, gerne sah, war die Rolle des Cassio zugedacht. Wie alle professionellen Ehebrecher war der Herzog eifersüchtig bis zum Exzeß, was Cardines ausnützte, weil er Capece haßte. Eines Tages traf der Herzog, der meist im nahen Schloß von Soriano lebte, Capece mit einer Hofdame bei der zufällig mit Abrechnungen beschäftigten schreibenden Violante. Er verhaftete ihn, schleppte ihn mit sich nach Soriano, ließ ihn so lange foltern, bis der Unselige das sagte, was der Herzog von ihm hören wollte, und ermordete ihn anschließend.

Violante, wie gelähmt vor Grauen und ohne die geringste Ahnung der Zusammenhänge, wurde in Gallese als Gefangene behandelt. Capeces Tod ließ ihr auch den eigenen Tod bald zur Gewißheit werden. Es hat nie hilflosere Frauen gegeben als die ihren Männern rechtlos ausgelieferten Frauen des 16. Jahrhunderts. Am Untergang Violantes arbeiteten mit eisiger Überlegung der Herzog, der Kardinal, Cardines und ihr eigener Bruder Ferrante Graf von Alife. Die finstere Mordvorbereitung war mit minutiösen Maßnahmen zur «Rettung ihrer Seele» verbunden – «hast du zu Nacht gebetet, Desdemona – – nicht möcht' ich deinen Geist in Sünden töten». Alles mußte seine, wenn auch noch so makabre geistliche Ordnung haben. In der ganzen Tragödie zeigten sich, außer Violante selber, nur zwei wahrhaft lichte Gestalten, die beiden Kapuziner Antonio da Pavia und Antonio da Salazar, deren Handeln zugleich ihr Denkmal ist. Pausenlos zwischen dem Herzog in Soriano und der gefangenen Violante in

Gallese hin und her hetzend, versuchten sie das Letzte, die Mordkomplizen von ihrem Vorhaben abzubringen und sie von der Unschuld Violantes zu überzeugen. Nicht einmal der inständige Hinweis der beiden Mönche darauf, daß Violante im siebenten Monat mit ihrem vierten Kind schwanger war, hatte beim Herzog irgendeine Wirkung, auch nicht beim Kardinal, der auf der Ermordung bestand.
Inzwischen starb, verfolgt von den Flüchen der Römer, Paul IV. am 18. August 1559. Am 28. August, noch ehe ein neuer Papst gewählt war, vollzog sich der letzte Akt der Tragödie, nachdem der Mördergatte der vor Angst Besinnungslosen vorher noch das letzte Geld und ihre Juwelen abgepreßt hatte. Ihr eigener Bruder, Don Ferrante, erwürgte sie in Anwesenheit der tröstenden und verzweifelten Patres. Cardines-Jago sah interessiert und ungerührt zu. Der Herzog hatte sie zum letzten ermächtigt, aber kein Othello erwachte aus seinem Wahn, um zu rufen:

«Gibt's keinen Keil im Himmel
Als nur zum Donner? – Auserlesner Schurke!»

In einen Sack genäht, wurde Violante-Desdemona im Boden einer heute verschwundenen Kirche von Gallese versenkt. Jede Spur von ihr ist erloschen, kein Bild zeigt, wie sie ausgesehen hat. Der Mord an der Frau und dem Ungeborenen bewegte den Herzog nicht im geringsten. Er schenkte einem Priester ein Kleid der Ermordeten, um eine Altardecke daraus machen zu lassen, und lebte im übrigen zu Soriano mit der gefühllosen Befriedigung weiter, seine angebliche Familienehre gerettet zu haben. Er täuschte sich. Der neue Papst, Pius IV., rächte Violante und ließ den Prozeß einleiten, in den sich jedoch politische Machenschaften mischten, welche bald den Anfang, die Tragödie von Gallese, überdeckten.

Im März 1561 wurde der Kardinal in der Engelsburg erwürgt, wurden der Herzog, Alife und Cardines enthauptet. Damit war der Territorial-Nepotismus alten Stiles in Latium zu Ende.
In der Cappella Carafa zu Santa Maria sopra Minerva in Rom, in der das Grabmal Pauls IV. steht, umgeben von den unvergleichlichen Fresken Filippino Lippis, liegen unter dem Porphyrstein im Boden die Reste der vier Schuldigen von Gallese, ohne Namen, ohne Zeichen, ohne eine andere Erinnerung als die ihrer Schuld.

Richtender Dichter, gerichteter Papst – Soriano

«... ging nach Soriano auf Straßen, die zu dieser Jahreszeit ganz entzückend waren. Fluten blühenden Ginsters übergossen das ganze Land mit goldener Farbe. Andere Sträucher und vielfältige Pflanzen boten sich dem Auge dar in Purpur, Weiß und tausend anderen Farben. Wie grün war die Welt in diesem Monat Mai, Wiesen und Wälder lachten, und die Vögel sangen süß.»
Ob wir von Sutri, von Viterbo oder auf einer der vielen kleinen Straßen vom Tiber her in die Monti Cimini und zu ihrer «größten» Stadt, nach Soriano fahren, das sich, um eine ebenmäßige Bergpyramide gebaut, vor den dunklen Wäldern des langgestreckten Monte Cimino, des höchsten Berges der Gruppe, erhebt: wir erleben das Land jedesmal so, wie Pius II. es vor fünfhundert Jahren in dichterischer Begeisterung als eine Sinfonia Pastoralis empfunden und in sich aufgenommen hat.
Das sowohl als etruskische wie als phönizische Siedlung bezeichnete Soriano wird von Zinnen gekrönt, die schon aus der Ferne wie die Zacken einer altertümlichen Krone aussehen. Sie gehören zum Kastell der Orsini, dem am besten erhaltenen Schloß des 13. Jahrhunderts in Latium. Damals gehörte es einer Adelsfami-

lie mit dem Namen Guastapane – Brotverderber. Als das Haus der Orsini sich 1277 den Thron des Apostels errang und Giovanni Gaëtano Orsini als Nikolaus III. Papst wurde, war es mit den Guastapanes zu Ende. Nikolaus III. griff zu dem stets mißbrauchten üblichen Mittel aller Päpste, die sich und ihr Haus bereichern wollten, und erklärte die Guastapanes zu Häretikern. Daraufhin raubte er ihnen das Schloß, weil ihm die Lage mit dem unvergleichlichen Blick in die Tiberebene gefiel. Soriano wurde seine Lieblingsresidenz. Er erweiterte das Schloß, in welchem er schon 1280 starb.

In diesem Jahr war Dante fünfzehn Jahre alt – doch er war reif genug, um die Berichte vom politisch-finanziellen Nepotismus des seiner Habgier wegen allenthalben berüchtigten, politisch hochbegabten Papstes, des eigentlichen Vorbildes Bonifaz' VIII., zu verstehen. Die beiden sind geistige Zwillingsbrüder gewesen, und Dante muß weit mehr noch als wir gewußt haben, als er den neunzehnten Gesang des *Inferno* dichtete. Jenen Gesang, wo die simonistischen Päpste unter ihrem Wortführer Nikolaus III. im achten Höllenkreis mit den Köpfen nach unten in Flammenlöchern stecken und Nikolaus III. den ihn fragenden Dichter bereits für Bonifaz VIII. hält, denn einer drückt den anderen immer tiefer in das Flammengrab: die dichterisch schaurigsten wie logischsten Bilder für die Verkehrung des Religiösen in egoistische, dynastisch-materielle Interessen; der Verdrehung der Weisungen Christi an seine Stellvertreter in finanzielle Manipulationen.

Mit Soriano ist, noch als Nikolaus III. dort residierte, ein Ereignis von weittragenden Folgen verbunden, wenn auch bis heute noch nicht genau bewiesen ist, wo die geschichtlichen Tatsachen und wo die Legenden beginnen und enden. Daß Dokumente fehlen oder nie verfaßt worden sind, besagt wenig. Hat der Papst in Soriano Johann von Procida, den Urheber der Sizilianischen Vesper von 1282, oder einen seiner Beauftragten empfangen? Hat er, durch hohe Summen Goldes bestochen – hier war, was alle Herrscher der Zeit wußten, seine Widerstandskraft am geringsten –, den Sturz des ihm verhaßten Karls I. Anjou von Neapel-Sizilien tätig gefördert? Außer Zweifel steht, daß Nikolaus III. Johann von Procida, der ein bekannter Arzt war und den Papst einmal von einer gefährlichen Krankheit geheilt hatte, stets wohlwollend, ja dankbar entgegenkam. Johann von Procida war beim Tode Kaiser Friedrichs II. zugegen gewesen; und er soll den Handschuh, den Konradin vom Schafott in die Menge geworfen hatte, als ein Pfand kommender Vergeltung aufgefangen haben.

An einem Hang nahe bei Soriano liegt zwischen Weinbergen die an eigenartigen Reliefs reiche kleine romanische Eremitenkapelle San Giorgio. Von hier aus ist der Haupttrakt des weithin beherrschenden Schlosses mit der ebenmäßigen gotischen Fensterfront am vollkommensten zu sehen. Die Geschmacklosigkeit, ein solches Meisterwerk der Architektur in ein Zuchthaus zu verwandeln, blieb erst unserer Zeit vorbehalten. – Immer wieder zieht es den Blick zur Höhe des Turmes, und immer wieder denkt man dabei an die Verse des Dichters, die wilde Selbstanklage, die Nikolaus III. Dante entgegenschleudert; das zwischen Triumph und Verzweiflung aus den Flammen tönende Bekenntnis, nur Bereicherung und Größe der Bären – dem Wappentier der Orsini – habe ihn im Leben beschäftigt:

«So wisse denn, den großen Mantel trug ich,
Als echter Sohn der Bärin so begierig,
Die Bärlein alle zu bereichern, daß ich,
Wie dort das Geld, mich selbst hier eingesackt.»

Welche Pläne hat der seiner Ziele anscheinend so sichere, kluge Orsini hinter jenen Fenstern gehegt, ehe ein Schlaganfall ihn auslöschte? Hat er gewußt, daß die Zeit von Guelfen und Ghibellinen zu Ende gegangen war, die Zeit der Orsini und Colonna begonnen hatte? Daß die Habsburger mehr Händler als Herrscher waren und Frankreich schon bald für lange Zeit beherrschend und erniedrigend über das Papsttum kommen würde?

Das auf seiner Höhe vor dem grünen Gobelin des Monte Cimino wie entrückt schwebende einsame Schloß fordert zu einsamen Gedanken heraus. Nikolaus III. kannte die Menschen, verstand sie richtig zu behandeln und balancierte ausgleichend zwischen den Mächten. Hat der Papst sich selber gekannt, oder bedurfte es dazu erst der Hölle? Es gibt kein Porträt von ihm, keine Andeutung, wie er ausgesehen haben könnte — und Dante sieht nur die glühenden Fußsohlen des Verdammten; doch die Schuld, die Nikolaus III. dem rächenden und richtenden Dichter bekennt, ist Bildnis genug, weil sie jene Wesenswahrheit erkennen läßt, die der historischen Wahrheit am nächsten kommt.

Die Fürstenfamilie der Chigi-Albani, der barocken Nepoten Alexanders VII. wie Klemens' XI., war lange Zeit im Besitz von Soriano, für das sie viel getan hat und wo ihr heute noch der Palazzo Chigi gehört. Er ist eine von Vignolas vollendeten Schöpfungen. Vor dem Eingang zum Palast hat ein unbekannter Meister die in einem weiten rechten Winkel angelegte Fontana Papacqua geschaffen, das wohl originellste Brunnenwerk des Manierismus mit seiner aus dem Felsen gehauenen Kulisse aus Reliefs und Vollplastiken, einer bühnenartigen, phantastischen priapischen Quellenwelt mit Faunen, Faunenweibchen und -kindern, Masken, Ziegenböcken, Schlangen, Eulen, Fröschen und einem Moses in einer wasserspendenden Nische. Das Volk

307 Schloß Soriano in den Cimini-Bergen – Festung des verfluchten Papstes

von Soriano nennt den Brunnen die Regina delle Acque, die Königin der Gewässer. Von Kunstgeschichte weiß es nichts, wohl aber, daß es Besitzer einer Besonderheit ist, deren sich keine andere Stadt rühmen kann.

Auf halbem Wege zur Höhe des Monte Cimino gibt es neben einem Brunnen eine Stelle, von der aus man, über die Pyramide von Soriano hinweg, die Ebene zum Tiber in ihrer ganzen scheinbaren Grenzenlosigkeit und Weite überschaut und erkennt, daß die Schönheit des Geschauten das beschreibende Wort übersteigt. Man scheut das Subjektive des Beschreibens, sieht alle Farben der Welt und vermag doch nicht eine einzige zu nennen; glaubt etwas von der Ruhe des siebenten Schöpfungstages nachempfinden, die Unendlichkeit hören zu können, wie den zugleich nahen und fernen Ruf des Kuckucks in den Kastanienwäldern, wie das Schlagen der Drossel im eigentümlichen schwirrenden, trunkenen Flug.

Die Wälder des Cimino galten als so undurchdringlich, daß Livius in seiner Römischen Geschichte feststellen muß, der tapfere Konsul Quintus Fabius Rullianus habe das Dickicht erst im Jahre 310 v. Chr. zum erstenmal durchquert, um sein Heer gegen die Etrusker zu führen und am Lacus Vadimonius bei Bassano in Teverina, das uns nun gerade gegenüberliegt, ihre politische Macht endgültig zu brechen.

Im Jahre 1074 gelangte der stets kriegsbesessene Papst Gregor VII. auf einem Zug gegen den Normannenfürsten Robert Guiscard bis in die Cimini-Wälder und datierte seine Briefe in pathetischer Siegesgewißheit «aus dem Feldlager», ehe seine Soldateska ihm davonlief und er selber, nun viel weniger triumphal, nach Rom zurückschlich. Die Wälder sind nicht mehr ganz so dicht wie im Altertum. Unzählige der uralten Kastanienbäume sind abgestorben, haben ihre Stämme zu bizarren, abstrakten Formen gespalten und aus ihren Holzmassen neue Bäume herauswachsen las-

sen, manchmal bis zu sieben aus einem Stamm, die nach Hunderten von Jahren ebenso absterben und aus ihrem Vergehen neue Bäume emportreiben werden.
Dann hören die Kastanien auf. Je höher wir uns auf der sehr langsam steigenden, ganz neuen Straße dem weiten Platz nähern, wo sie endet, desto höher wird der Buchenwald mit seinen herrlichen, außergewöhnlich hohen Bäumen. Daß Claude Lorrain von der nahen Villa Lante aus zum Gipfel des Cimino gewandert ist, scheint nicht mehr zweifelhaft. Man glaubt, durch das lebendige Heiligtum des Silvanus zu gehen, des wohltätigen Gottes der Wälder, der in Latium höchste Verehrung genossen hat. Wälder wie diese machen den Mythos des Silvanus erst begreiflich.
Unter den Bäumen liegt der zweihundertfünfzig Tonnen schwere, durch einen Stab mit der Hand zu bewegende, auf einem anderen Felsbrocken balancierende Fels, den der ältere Plinius als ein «miraculum naturae» bestaunt hat. Für Terentius Varro, den ersten Enzyklopädisten des Abendlandes, ist er «totius mundi portentum», das Naturwunder der ganzen Welt, mit dem Unterton des Ungeheuerlichen gewesen.

Verklungene Feste, aufklingende Feste – Caprarola

Die Landschaft des Cimino hat Curd von Schlözer, der berühmte preußische Gesandte am Vatikan und Verfasser der ebenso berühmten *Römischen Briefe,* vor hundert Jahren «eine der schönsten Gegenden der Campagna» genannt. Sie ist darüber hinaus auch die erholsamste Gegend Latiums mit der besten, kräftigsten Luft. So fahren wir den weiten Bogen vom Monte Cimino über Canepina und Corchiano nach Caprarola und zum Lago di Vico, um ohne die Last der Geschichte, ohne die Schatten großer oder tra-

gischer Gestalten, ohne den Ansturm von Geschehnissen nur das zufällig Schöne entgegenzunehmen und dabei auszuruhen.
Die Kuppelkirche Madonna del Ruscello, die Madonna am Bach, an der Peripherie von Vallerano, ist eine Stiftung der Farnese und als eine originale Schöpfung des Barock von um so höherer Bedeutung, als das Barock in Latium meist nur als späte Verkleidung früher Stilformen auftritt.
Der Baumeister der Kirche ist unbekannt, aber man kennt die Künstler der geschnitzten Sängertribüne und des Prospektes der Orgel, der sicher größten von Latium.
Vignanello, die lebendigste kleine Weinstadt der Cimini, liegt ganz nahe bei Vallerano, hoch über zwei Flüssen auf einer Tufffläche, im Bereich eines architektonisch interessanten Schlosses der Fürsten Ruspoli mit seinem weiten Park. Das Weinland setzt sich in der Richtung des Tiber fort nach dem etruskischen Vassanello, dem Mittelpunkt der sehr alten Keramikkunst Nord-Latiums. Eine Keramikfabrik befindet sich in dem gedrungenen Kastell mit vier Rundtürmen, das die Orsini erbaut haben und wo Giulia Farnese La Bella von Capodimonte, der wir noch begegnen werden, gerne lebte, als die Zeiten ihres römischen Glanzes vorbei waren, und wo sie im Alter von nur fünfzig Jahren, doch noch immer eine schöne Frau, gestorben ist.
In San Salvatore aus dem 10. Jahrhundert und in Santa Maria aus dem 11. Jahrhundert mit seinen drei Schiffen besitzt Vassanello die ältesten Kirchen in den Cimini. Beide bewahren eine Reihe von Kostbarkeiten verschiedener Epochen vom 7. bis zum 15. Jahrhundert.
Etwa in der Mitte der Straße, die von Vignanello nach Corchiano

311 Die Staatstreppe in Schloß Caprarola – Kreisender Aufstieg zu barocken Festen

durch eine Landschaft führt, in welcher sich die etruskische und die faliskisch-attische Kultur von Civita Castellana begegnen und überlagern, liegt, unter zahlreichen anderen Gräbern, das eigenartige Etruskergrab Puntone del Ponte, fast schon ein kleiner Tempel. Hier wurden faliskische Keramiken gefunden.
Wir fahren nun nach Westen auf Caprarola zu. Kurz vor der mitten aus der Landschaft ragenden Kirche Santa Maria del Soccorso mit ihrer hohen, würdevollen Renaissance-Fassade im Stile Bramantes liegt eine Grabhöhle bei Resten einer etruskischen Anlage zur Regulierung von Wasser. An der Höhle ist eine etruskische Inschrift dem Buchstaben nach zu lesen «Larth Vel Arnies»; aber sie ist so wenig deutbar wie alle etruskischen Schriftzeichen.
Fábrica di Roma inmitten reicher Pfirsichpflanzungen und einer Farneseburg soll eine Gründung der Leute von Falerii Novi sein. In der Kirche San Silvestro haben die Veroneser Meister und Brüder Bartolomeo und Lorenzo Torresani Fresken geschaffen, die zu den wertvollen Werken der Freskenkunst des mittleren 15. Jahrhunderts in Latium gehören.
Carbognano ist der letzte Ort vor Caprarola – eine Gründung des 10. Jahrhunderts, deren mittelalterlicher Stadtteil sich sehr stilvoll zur Burg der Farnese fügt. Auch in den Räumen dieser Burg lebte Giulia Farnese gern, diese Frau, von der wir so wenig wissen und die mit ihrer Schönheit Papstgeschichte gemacht hat.
Die Cimini sind das Hauptgebiet der Haselnußpflanzungen und der Kastanienplantagen von Latium. Wir ruhen uns, aus dem kleinen Tal vor Carbognano heraufkommend, in einer dieser sonnendurchfluteten Waldungen aus, nahe bei Caprarola, dessen Bewohner sich die *caprolatti* nennen. Die Plantagenbesitzer teilen die Ernte in drei Teile. Die besten Kastanien werden nach Frankreich exportiert und dort kandiert; die zweitbeste Sorte wird für

den eigenen Gebrauch zurückbehalten, und die Kastanien der dritten und mäßigsten Qualität werden nach Rom geliefert und daher mit dem Spottnamen *romanelli,* Römerchen, bezeichnet. Alle scheinen mit dieser Praxis zufrieden zu sein.

Das große Schloß von Caprarola, eines der imposantesten Bauwerke Latiums, ist die feierliche Entrata des Manierismus in der Baugeschichte als Überleitung zum Barock und das unbestrittene Meisterwerk Jacopo Vignolas, der von 1559 bis 1575 daran gebaut hat und dem die Farnese die volle Entfaltung seiner künstlerischen Gaben ermöglicht haben. Der Bauherr war Alessandro Farnese, der Enkel Papst Pauls III., denn Caprarola, seit dem Jahre 1504 schon im Besitz der Farnese, war der Feudalsitz, den er von seinem Vater Pier-Luigi geerbt hatte. Der Kardinal, allgemein der Gran Cardinale genannt, war ein Mäzen hohen Ranges und sehr auf Größe und Macht des Hauses Farnese bedacht. Ganz allgemein hieß es, er habe die drei schönsten Dinge von Rom geschaffen: die Kirche Il Gesù, den Palazzo Farnese und seine Tochter Clelia, deren «engelgleiche Schönheit» Tasso in zarten Versen besungen hat. Das Schloß von Caprarola darf sich den drei Schönheiten als vierte zuzählen, mit der sich der Kardinal fast mehr als mit den anderen beschäftigt hat. Enttäuscht über die Vergeblichkeit aller seiner Bemühungen, Papst zu werden, nachdem er selber so manchem zur Tiara verholfen hatte, zog er sich nach Caprarola zurück. Er suchte Vergessen im Kreise seines Musenhofes, lebte für die Gegenreformation, die ihn in jungen Jahren weniger interessiert hatte, und widmete sich der Wohltätigkeit. Der heilige Carlo Borromeo, sein Kollege im Purpur, erschien einmal zu Besuch, sah die fürstliche Pracht und fragte: «Wie soll denn danach das Paradies noch aussehen? Wäre es nicht besser gewesen, das hier angelegte Geld den Armen zu geben?» Darauf entgegnete der weniger heilige und mehr praktisch denkende Farnese: «Sie bekommen genau das, was ihrer

Arbeitsleistung entspricht.» Er machte sich schlechter, als er war, denn bei seinem Tode trauerte das Volk von Rom seinem größten Wohltäter nach.

Vignola hat die Pentagon-Anlage einer Burg, die von Antonio da Sangallo dem Jüngeren, dem großen Vorbild Vignolas, für Pier-Luigi Farnese errichtet worden war, ausgestaltet und aufgestockt – einen Bau, in welchem Kaiser Karl v. zu Gast gewesen war. Der neue Baumeister konnte die gleiche Großzügigkeit in der Raumformung walten lassen wie sein Gebieter, der Kardinal, als Mäzen, der sich in den Ciminibergen ein Buon Retiro geschaffen hat, wie es im Italien seiner Zeit kaum einer der großen Signoren besaß.

Der Schloßbau entwickelt sich von dem bis in den letzten Stein durchgestalteten Rundhof als dem organischen Kern des Pentagons, um den Arkaden in zwei Stockwerken laufen, ein ewiges Kreisen gebundener Form in gebundener Form. Die Schönheit des Rundhofes hat, seit er vollendet ist, nur uneingeschränkte Bewunderung hervorgerufen.

Die Karossen der häufigen und zahlreichen Gäste fuhren in das Innere unmittelbar zu der von Säulen getragenen Wendeltreppe, der Scala Regia, der Königstreppe, von deren Schwingungen man sich in einem Gefühl des Schwebens wie von einem Melodienbogen Händels emportragen läßt. Sie ist eine der frühesten Treppen, die das Barock vorwegnehmen; die sehr flachen Stufen machten nicht nur das Hinaufgehen bequem, sie verhinderten auch, daß die prunkvollen Roben der Damen an den Stein stießen und dabei sich abscheuerten; statt dessen glitten sie ungehindert mit dem nächsten Schritt über den nächsten Stufenrand

315 Front von Schloß Caprarola – Beherrschende Pracht des Kirchenfürsten

weiter. Kunst, Kunstgeschichte und Mode gehören sehr eng zusammen.
Rechts und links vom Portal der Karossen schwingen sich Flachtreppen für Reiter in weit ausladenden Bögen zum großen Platz, von dem aus noch einmal Ecktreppen zum Schloßportal ansteigen. Auch hier sind Anfänge gegeben, ist die Genesis der Treppen-Triumphe zu suchen, welche die Feste der fürstlich-feierlichen Gesellschaft der kommenden Epoche gleich dem Grave eines Concerto Grosso einleiten sollten.
Weit geht der Blick vom Herkulessaal aus über das Land, den Monte Soracte und den Terminillo zu den Sabinerbergen bis nach Narni im Norden.
Wie die Architektur des Schlosses, bildet auch der reiche Freskenschmuck der weiten Säle eine der wichtigsten Äußerungen der Kunst Latiums in der zweiten Hälfte des 16. Jahrhunderts. In sieben der zwölf prächtigen Säle und Gemächer sowie in der Palastkapelle des Kardinals haben die Brüder Taddeo und Federico Zuccari, die Mitbegründer des römischen Manierismus, die Hauptwerke der ganzen künstlerischen Richtung in Latium geschaffen. Zwei der Säle, der Salone dei Fasti d'Ercole und der Salone dei Fasti Farnesiani, stellen, noch im Zeitalter der Gegenreformation, eine Analogie der Taten des Herakles am Lago di Vico bei Caprarola und der Taten des Hauses Farnese her, das in seinem weltlichen wie kirchlichen Glanz, vom Religiösen wie Christlichen unberührt, kaum weniger halbgöttliche Überhöhung für sich in Anspruch nahm als der Sohn des Zeus und der Alkmene. Diese Fresken der Farnese sind die letzte Familien-Mythologisierung der Spätrenaissance, die letzte Selbstglorifizierung der Söhne des Glücks in Taten, die in ihren Augen groß gewesen sind. Wie glanzvoll der Aufstieg dieser merkwürdigen Familie aus seinen dunklen Anfängen am Lago di Bolsena bis zu den Königskronen von Spanien und Neapel verlaufen ist, wird an

keiner Stelle so deutlich wie vor den Fresken von Caprarola – gerade weil das Dunkel hier verschwiegen und Giulia La Bella von Capodimonte nicht gezeigt wird.
Daß Karl v., der Gast von Caprarola, den Tyrannen Pier-Luigi, den Vater seines Gastgebers, später ermorden ließ, tat dem Glanze des Hauses Farnese keinen Abbruch. Elisabetta, die letzte Erbin, stieg als Gemahlin Philipps v. zur Königin von Spanien auf, ihr Sohn Karl III. war erst König von Neapel-Sizilien, dann König von Spanien.
So fiel Caprarola nach dem Untergang des Königreiches Neapel-Sizilien an die Krone von Italien und steht heute dem Präsidenten der Republik zur Verfügung, dessen großer, wohnlicher Pavillon, die Palazzina Vignolas, das einstige Gartenhaus des Kardinals, hoch oben im Karyatidengarten des Parkes liegt.
Die Genehmigung zum Besuch des Parkes zu erlangen, kostet in Rom einige Umstände. Ein Hydrauliker ist beauftragt, die Wasserspiele für uns in Bewegung zu setzen – die schönsten neben jenen der Villa Lante in Bagnaia. Durch einen Tannenwald zieht sich der in obere und untere Gärten geteilte Park langsam zur Höhe, bis zu den gezirkelten Formen des Pavillon-Gartens, dessen Geviert die großen Karyatiden begrenzen. Die Palazzina ist vielleicht die intimste Schöpfung Vignolas, und dem Blick von der mit Grotesken ausgemalten Loggia aus läßt sich schwerlich etwas Ähnliches in Latium gleichsetzen. Die Lage, die Luft, das unmerkliche Sinken des Tages, das klingende Wasser, die vom Flüssebrunnen in die steinernen Ketten aus Delphinen und Muscheln stürzenden Wellen – alles atmet die Ruhe eines Fürstensitzes, von dessen Besitzer einmal das Städtchen Caprarola gelebt hat. Aber es atmet auch die etwas beklemmende Stille des Versunkenen, die sich über die Zeiten gelegt hat wie das alles zudeckende Gras auf den vernachlässigten Beeten.

Der Krater des Herakles – Lago di Vico

Oberhalb von Caprarola führt die Via Cimina zwischen Ronciglione und Viterbo vorbei. Tief unten liegt der See, in welchem sich die dichten Wälder des Monte Venere und des Monte Fogliano spiegeln.

Wir sind zurückgekehrt an die Grenze des Mythischen, das über dem Anfang, in Sutri, wie ein urfernes Erinnern gelegen hat.

In das Bergland der Cimini kamen die Nymphen Melissa und Amalthea, die den Götterknaben Zeus in Kreta mit Milch und Honig genährt hatten, und hier suchte Herakles sie auf. Die Bauern wünschten einen Beweis seiner Kraft zu sehen, und so stieß er einen eisernen Hebebaum so tief in den Boden, daß keiner ihn wieder herausreißen konnte. Als er selber ihn wieder herauszog, strömte Wasser in den Krater: der Lago di Vico war entstanden, der eindrucksvollste Kratersee Italiens, berühmt durch seinen Fischreichtum.

Das alte wilde Geschlecht der Herren von Vico, mehr Raubritter als Repräsentanten des Rechtes, übte vom 12. Jahrhundert an erblich die Stadtpräfektur in Rom für die Kaiser aus. Der Präfekt von Vico, wie das jeweilige Haupt der Familie hieß, war immer der Schrecken der Päpste und der Bevölkerung. Seine Macht bis in die Toscana hinein überragte zeitweise die aller anderen Geschlechter. Eine Kastellstadt mit dem Namen Vico war der Sitz des gefährlichen Hauses, das auch lange Zeit über Viterbo geherrscht hat. Doch dieses Vico ist restlos verschwunden. Keine Grabung, kein Fund hat bis heute seine einstige Lage feststellen können. Jacopo, den letzten Stadtpräfekten, ließ der Statthalter Papst Eugens IV., der furchtbare Condottiere-Kardinal Vitelleschi, der Latium «befriedete», indem er es verwüstete, 1435 in Soriano köpfen. Die letzte Burg der Vico in Vetralla, wo Jacopo kapituliert hatte, fiel erst 1944 Bombardements zum Opfer.

Die Via Cimina überquert kurz vor Ronciglione den Rio Vicano, den Fluß, der das Wasser des Kratersees in den Tiber leitet. Ronciglione, seit jeher eine von den Kaisern und Päpsten umstrittene und begehrte Stadt, gelangte endlich in den Besitz der Farnese, die es zur Industrie- und Verlagsstadt ausbauten. Der Charakter des Stadtbildes ist geprägt vom mittelalterlichen Teil mit seinen ursprünglichen Häusern und Campanili sowie vom barocken Teil, besonders von den nicht großen, aber architektonisch geschmackvollen Barockpalästen. Der dreigeteilte Brunnen vor dem Dom mit den steinernen Lilien der Farnese, den drei Einhörnern und dem Kranz der Masken schenkt, wie der «Römische Brunnen» Conrad Ferdinand Meyers, sein Wasser von Schale zu Schale weiter, strömt und ruht, um den ewigen Kreislauf zu wiederholen und selber Gedicht zu werden. Er gehört zu den Meisterwerken der Brunnenkunst in Latium.
Wir durchstreifen eine Haselnußplantage bei der kleinen Straße, die westlich des Sees nach San Martino verläuft, und kommen zum Ufer. Der See breitet sich vor uns in zarten Pastellfarben aus. Die Vulkane der Geschichte, die den Tag erhitzt haben, verlöschen unmerklich in dem schlafenden See, beruhigen sich, noch zögernd, unter den üppigen Kastanien-, Buchen- und Eichenwäldern an den Lavahängen des Monte Venere.

XI

Unter der Zeit versunken – Veji und Galeria

Die Via Cassia, die mit der Via Flaminia und der Via Salaria die Trias der klassischen Römerstraßen im Norden von Rom bildet, läuft am längsten durch Latium, ehe sie nördlich vom Lago di Bolsena Umbrien erreicht. Von ihr zweigt die Via Claudia zum Lago di Bracciano ab – und weiter nördlich die Via Cimina, die zum Lago di Vico und zu den Monti Cimini führt. Die Via Cassia ist die Hauptstraße zwischen dem Tiber und den großen Seen Latiums. Fast an der Stelle, wo die Via Claudia nach Westen abbiegt, führt eine kleine Straße nach Isola Farnese. Hier gelangen wir in das Rom am nächsten liegende Zentrum der einstigen etruskischen Welt. Wir kommen nicht des hübsch auf dem Hügel gelegenen Ortes Isola Farnese wegen, wo einmal die deutschen Könige Otto IV. und Heinrich VII. zum letzten Male vor Rom übernachtet haben, ehe sie die Kaiserkrone empfingen. Wir suchen vielmehr auf der Piazza jemanden, der uns zu den sehr versteckten Denkmälern etruskischer Vergangenheit um Veji herum begleitet. Wo immer wir etruskische Spuren verfolgen, suchen wir einen solchen Begleiter, dies jedoch nicht, um uns der Schar derer anzuschließen, in deren Wirkungsbereich jährlich für einige Milliarden Lire Kostbarkeiten aus etruskischen Gräbern entwendet und im Schwarzhandel verkauft werden, sondern weil diese Leute mehr kennen und wissen als andere.

Durch dichten Buschwald, den man über Viehhürden erreicht, windet sich eine längst verfallene Etruskerstraße mit nur noch wenigen Pflastersteinen abwärts in ein im Kreis angelegtes Coemeterium, einen Gräberplatz mit Grabnischen in der Form von

Columbarien. Eine der Grabkammern hebt sich aus den anderen heraus. Hat hier ein König von Veji geruht?
Auf dem Wege zu den unterhalb des Coemeteriums liegenden Resten von Veji überqueren wir einen großen Acker. Unabsehbare Scherbenmengen liegen herum, vom Regen emporgespült, Fragmente von Statuen aus Ton, Bruchstücke bemalter Vasen – eine unter Futtergras schlafende zerstörte Kultur. Was mögen Schwarzgräber hier gefunden haben? Die Archäologie scheint sich noch nicht um den Acker gekümmert zu haben.
Durch eine von Buschwerk überwachsene schmale Schlucht aus Tuff bei Isola Farnese, so versteckt, als solle das hinter ihr Liegende für immer verborgen bleiben, führt ein steiniger Pfad, der in eine alte Römerstraße übergeht, in das kleine Tal von Veio, dem etruskischen Veji. Nur das Rauschen eines Wasserfalls unterbricht die Lautlosigkeit der Campagna. Was in den Ruinen des Apollo-Tempels – außer ihm ist nur eine große Brunnenanlage erhalten – ausgegraben wurde, darunter der Apoll von Veji, ist heute in der Villa Giulia, dem etruskischen Museum Roms, ausgestellt. Aber die Erde hat noch nicht alles herausgegeben. Das bisher nicht ausgegrabene Gelände oberhalb der Ruinen, also der eigentliche Festungsberg von Veji, muss auch nachts streng bewacht werden, denn immer wieder versuchen sich römische Antiquare als nächtliche Schatzgräber. Wir dachten an einen bekannten Skandal, als man vor einigen Jahren den reichen Raub eines solchen heimlichen Gräbers in Rom entdeckte.
Bis vor vierhundert Jahren wußte man nicht einmal etwas über die Lage von Veji. Über den Ursprung der Königsstadt, die so bedeutend wie Alt-Rom gewesen ist, wissen wir nichts. Bekannt sind nur zwei Ereignisse, die in sehr entgegengesetzten Dichtungen fortlebten. Das erste Ereignis ist die Niederlage, die Veji den Fabiern, jener aus Rom ausgewanderten mächtigen Adelsdynastie und ihren viertausend Untertanen im Jahre 477 v. Chr. an der

nahen Cremera bereitete, die heute Fosso Valchetta heißt, und dreihundertsechzig Fabiern das Leben gekostet hat an der Stelle, wo der Clan sich einen neuen eigenen Staat zu gründen gedachte, ein anderes Rom. Und das zweite Ereignis ist Vejis eigener Untergang. Veji war so mächtig wie Rom, sogar mächtiger, denn es führte mit Rom Kriege schon in der sagenhaften Zeit des Romulus. Doch auch die frühesten Bildhauer Roms, deren Werke als verloren gelten müssen, kamen aus Veji. Und aus Veji brachte der Zerstörer der Stadt, Marcus Furius Camillus, den Kult der Juno nach Rom.

Von den riesenhaften Befestigungsanlagen Vejis auf dem Plateau über dem Apollo-Tempel vermögen wir uns keine Vorstellung mehr zu machen. Die Mauerringe waren so gewaltig wie die von Athen und Troja, denn Rom hätte sonst nicht, wie die Griechen über Troja, erst durch List über die Metropole gesiegt. Es war damals kein Trojanisches Pferd, sondern die Belagerer bohrten einen Gang ins Innere der Festung, dessen Reste noch vorhanden sind – deutlicher gesagt, was man heute sieht, könnten sehr wohl diese Reste sein. Die Belagerung dauerte einen Sommer und einen Winter, nicht, wie in den Fragmenten eines noch vorhandenen Heldenepos zu Ehren des Siegers Marcus Furius Camillus zu lesen ist, zehn trojanische Jahre.

Sie ist mit einem imposanten Bauwerk verbunden, bei dessen Entstehung, wie Livius berichtet, sich Mythik und Geschichte berühren. Ohne ersichtlichen Grund begann der Albaner See plötzlich so beunruhigend anzusteigen, daß die Gefahr einer unabsehbarer Katastrophe für die Campagna drohte, sollte der See über seinen Kraterrand stürzen. Das Orakel von Delphi, an welches sich eine römische Gesandtschaft um Hilfe wandte, gab den Rat, einen Kanal zu bauen und so das Wasser für die Ebene nach dem Meer hin zum Segen werden zu lassen. Veji werde fallen, sobald der Kanal durch den Kraterrand gebohrt sei. Den zweieinhalb Kilometer langen, etwa zwei Meter hohen Wassertunnel am Seeufer unterhalb von Castel Gandolfo, durch den vor wenigen Jahren zum erstenmal zwei Hydrologen hindurchgegangen sind, bohrten sehr wahrscheinlich Etrusker in römischen Diensten. Sie haben bessere Arbeit als die Sklavenheere geleistet, deren Tunnel wir bei Avezzano gesehen haben. Das System des Kanals, des sogenannten Emissario, funktioniert heute wie vor über zweitausend Jahren. Ein hauptamtlicher Wassermeister bedient die Wassersperren in dem schön gebauten Atrium aus etwas späterer Zeit und regelt das dauernd schwankende Niveau des Sees.

Das geschichtliche Ereignis von 396 v. Chr. stand an Tragik der Zerstörung Trojas nicht nach. Das Ende Vejis ist das Ende der etruskischen Vormacht gewesen, und die Römer verhöhnten die Unterlegenen, die als Sklaven verkauft wurden, in Festspielen von wirkungsvoller Grausamkeit, wobei am Schluß der «Vejenterverkauf» mit einem Krüppel-König an der Spitze den barbarischen Höhepunkt bildete.

Nicht alle höhnten. Properz, der das Geschichtliche nicht mit dem Maße römischen Ruhmes, sondern menschlich-tragischer Bedingtheit messende Elegiker des augusteischen Zeitalters, hat Vejis Bild festgehalten, wie es noch heute auftaucht, wenn man über den Wildwuchs der Hochfläche geht, auf dem es geglänzt hat:

«Veji, du altes, auch dich befehligte damals ein König;
auf deinen Marktplatz ward golden der Thron ihm gestellt:
heute ertönt in den Mauern das Horn des gemächlichen Hirten,
und über eurem Gebein werden die Felder gemäht.»

Veji, dessen König der Tiber selbst gewesen sein soll – Veji, das einmal die reichste Stadt aller Etruskervölker war, wurde, wie jede römische Eroberung, zu einer der vielen, Leben und Kultur egalisierenden Kolonien gemacht. Schon unter Kaiser Hadrian verschwand es aus der Geschichte. Man fand im römisch gewordenen Veji die überlebensgroße vatikanische Statue des Tiberius als Jupiter. Den schönen Marmor der Stadt holten sich im 13. Jahrhundert die Leute von Orvieto für den Bau ihres Domes, der auf einem ähnlich unvergleichlichen Plateau emporragt wie die untergegangene Akropolis von Veji. So ist wenigstens in Stein und Lage eine Kontinuität der Kultur geblieben.

Noch versteckter in der «grande macchia», und nur über Weiden und Wiesen erreichbar, finden sich am Fosso di Formello, einem reißenden Flüßchen, rätselhafte Werke der Etrusker. In die Felsbrocken, die aus dem Wasser ragen, haben sie runde Becken gemeißelt – zum Spülen von Wäsche oder zum Halten von Fischen? – und unter der wilden Vegetation eine Galerie, den sogeannnten Ponte Sodo, von fünfundsiebzig Metern Länge gehauen, durch die der Formello strömt. Wie sehr stehen wir noch am Anfang der Erkenntnis dieses merkwürdigen Volkes, seiner Zivilisation und seiner Staatsform.

Kurz nach der Abzweigung der Via Claudia von der Via Cassia verläuft eine schmale Straße in südlicher Richtung, und dann eine noch schmalere süd-östlich bis zu einem Holzgitter. Ein verwittertes Schild mit der Aufschrift «Privat» und der Drohung mit bissigen Hunden, Selbstschüssen und Giftbrocken schreckt uns nicht. Mit Ausnahme des Privatbesitzes glauben wir nichts von den angekündigten Gefahren und betreten den halb sandigen halb steinigen Weg durch das weite Latifundium. Nach über einem Kilometer sind wir am Ziel. Vor uns liegt in völliger Vergessenheit ein kleines Tal, durch das der Fosso Arrone fließt. Es ist das Tal der Etruskerstadt Careia und heißt heute Galeria. Kaum jemand kommt hierher, und es ist beruhigend zu wissen, daß die Ruhe von Galeria, einem der malerischsten Täler Latiums, noch lange ungestört bleiben wird.

Galeria ist jene Etruskerstadt, die am längsten bestanden hat. Erst im 9. Jahrhundert ist sie von den Sarazenen zerstört worden. Auf den Trümmern der ehedem ansehnlichen Stadt bauten sich die Grafen von Tusculum, die auch einmal Ninfa besessen hatten, ein Kastell, und ein Zweig dieses Geschlechtes, das Latium wie eine Riesenspinne umklammert hielt, nahm den Namen der Grafen von Galeria an. Nachdem die Tusculaner vom 10. bis zum 11. Jahrhundert das Papsttum für sich usurpiert und bereits sechs ihrer Mitglieder der Kirche als Päpste aufgenötigt hatten, inthronisierten sie den siebenten und letzten, Benedikt x., der sich ein halbes Jahr hielt, dann abgesetzt und von seinem rechtmäßigen Nachfolger Nikolaus II. in Galeria, wohin er sich geflüchtet hatte, belagert wurde und sich ergeben mußte.
Bald darauf war die Macht der Tusculaner endgültig gebrochen, und auch Galeria scheint erneut verfallen zu sein, denn 1321 erschienen die frommen Orvietaner und plünderten, wie zuvor in Veji, die Marmorpracht des Schlosses, um ihren Dom auch damit zu bereichern. Damals fragte in Latium keiner, woher man sich das Notwendige oder Begehrte holte, denn die Päpste saßen in Avignon, und das Land war in völlige Anarchie versunken.
Als die Orsini in den Besitz von Galeria gelangten, erlebte das Schloß wieder glanzvolle Tage. Die Herren empfingen Kaiser Karl v., als er 1536 Rom besuchte. Unbekannt sind die Ursachen, derentwegen das Kastell 1809 für immer verlassen wurde.
Die über zwanzig Meter hohen, gewaltigen Mauerruinen sind von Efeumassen, wie sie dichter, fast gewalttätig Besitz ergreifend, kaum zu denken sind. Sie begrenzen das Tal schützend nach einer Seite hin, einer lebendigen Mauer gleich und dauerhafter als der von Menschen geschichtete und gefügte Stein, der unter dem Grün völlig verschwunden ist.
Unter dem Bild dieser grünen Mauer, die selber lebt und das Vergangene zugedeckt hat, wird die Geschichte Latiums in ihrer ver-

wirrenden Vielfarbigkeit sichtbar. Hier im Tale von Galeria, dem Traum der Stille, die nur ein paar Vogelstimmen als einzige Laute unterbrechen, erheben sich die Gestalten wieder, die das Land um Rom mit ihren Schicksalen erfüllt und das Leben Latiums gestaltet haben – erwacht das Miteinander und das Gegeneinander in den Kontrapunkten der Geschichte. Das Gewesene, das einmal wirklich lebendig war, kann niemals wirklich tot sein.

Italienische Atriden – Schloß Bracciano

Hoch über dem Lago di Bracciano erhebt sich die von fünf zylindrischen Türmen beherrschte mächtige Burg der Orsini aus der zweiten Hälfte des 15. Jahrhunderts. Der Fürst Odescalchi in Rom gibt die individuelle Erlaubnis, das Schloß zu besuchen.
Wir gehen durch mehr als zwanzig Säle und Salons in zwei Stockwerken, gehen ziellos über die Höfe, die hochgelegenen Wehrgänge und wieder in den stillen Garten zu den Mauerbrüstungen hoch über dem kreisrunden See, dem von den Monti Sabatini begrenzten Lacus Sabatinus der Römer, auf dessen Grund nach der Sage die Stadt Sabatia liegt. Am stärksten wirkt der Zauber des Sees von der Höhe des Schlosses in einer Vollmondnacht, der Nacht der sabinischen Göttin Luna Noctiluca, der Nachterhellenden.
Bracciano ist das einzige der klassischen Schlösser Latiums, das seit seinem Bestehen bewohnt ist, bis zum Ende des 17. Jahrhunderts von den Orsini, von da an, mit Ausnahme einiger Jahrzehnte, als die Torlonia sich des unvergleichlichen Besitzes erfreuten,

327 Außenansicht des Schlosses von Bracciano – Schweigen über alten Tragödien

von den Odescalchi. Vieles haben diese Räume und Türme gesehen, diese Fresken von Taddeo und Federico Zuccari, von Schülern Piero della Francescas, von Antonio Pollaiolo, von hochbegabten, phantasievollen Schülern Antonio Pisanellos und von Antoniazzo da Romano, dessen Monumentalfresko im Haupthof mit zwei figurenreichen Szenen zu den hohen Meisterwerken der Freskokunst gehört und der mit etwa sechzig Schülern am Wandschmuck mehrerer Räume gearbeitet hat. Wir gehen den Ereignissen nach, die das Schloß belebt, aber auch umdüstert haben. 1478 schlossen Frankreich, Mailand, Florenz, Ferrara, Rimini und Bologna mit Napoleone Orsini, dem Erbauer des erst von seinem Sohne Gentile Virginio vollendeten Schlosses, hier ein Bündnis gegen Papst Sixtus IV., den rastlosen Verschwörer gegen den Frieden der italienischen Staaten. Seine Nepoten hatten mit seinem Segen soeben in Florenz die berüchtigte Pazziverschwörung eingefädelt, um das Haus Medici, an der Spitze Lorenzo il Magnifico, Napoleons Schwiegersohn, zu beseitigen. Nachdem Sixtus IV. sein Vorhaben scheitern sah, schloß er gezwungenermaßen Frieden. Als in Rom die Pest ausbrach, kam er sogar für zwei Monate als Gast nach Bracciano, wo noch ein Zimmer nach ihm benannt ist. 1494 hielt sich König Karl VIII. von Frankreich auf seinem Eroberungszug gegen Neapel, den er mit einer Demütigung Alexanders VI. verband, zehn Tage in Bracciano auf. Der Borgiapapst rächte sich drei Jahre später für die Unterstützung der ihm feindlichen französischen Politik und unternahm seinen ersten Krieg gegen die Orsini, um mit ihren Gütern seine Bastarde zu bereichern. Sein Heer unterlag kläglich bei Soriano am Monte Cimino. Die Orsini ließen zur Erinnerung an ihren Sieg eine bronzene Gedenktafel aufstellen, die vor einigen Jahrzehnten unter Gerümpel wiedergefunden worden ist.

1560 erlebte Bracciano den Höhepunkt seines Glanzes. Paolo Giordano Orsini heiratete die durch alle Gaben des Geistes und

der Schönheit ausgezeichnete Isabella Medici, die Tochter Großherzog Cosimos I. von Toscana, die in das Schloß Geist und Kultur, Bildung und Kunst brachte. Sie sprach die alten und neuen Sprachen, bezauberte alle mit ihrem Gesang, schrieb Gedichte und verstand wunderbar zu improvisieren. Die Güte ihres Herzens band die Menschen an sie. Doch der alternde Orsini lernte in Rom die dämonische Vittoria Accoromboni kennen, verliebte sich in sie, ermordete auf ihr Geheiß nicht nur ihren Mann, einen Neffen des späteren Sixtus V., sondern erwürgte auch in bestialischer Weise die unselige, schuldlose Isabella. Als eisige «Lady Macbeth» herrschte nun Vittoria mehrere Jahre lang in Bracciano, bis zum Schrecken des verbrecherischen Paares Sixtus V. Papst wurde und den Mord an seinem Neffen zu rächen gedachte. Doch Orsini floh rechtzeitig und starb ruiniert in Venedig; Vittoria entwich nach Padua, wo ein anderer Orsini sie als den Fluch seines Hauses ermorden ließ, unterstützt hierbei von den Medici. Der Staat Venedig duldete indessen diese eigenmächtige Justiz auf seinem Gebiet nicht und ließ den Orsini hinrichten.
Mehrere Dichter haben sich an dem atridischen Stoff versucht, doch keiner hat die Darstellungen Stendhals und Tiecks erreicht, der mit seinem großen Roman den literarischen Realismus einleitet.
Das Volk am See hat das Entsetzen über diese Tat mit Leidensgeschichten über die Unglücklichen in den Kerkern und in den *trabocchetti,* den höllischen Fallbrunnen, verbunden, die tief im Gemäuer liegen.

330 Der Hof von Schloß Bracciano – Verhallende Schritte des Mörderpaares

X.

Stadt der Genießer – Montefiascone

«Weithin öffnet sich die Gegend,
Unten glänzt ein blauer See,
Trümmer einer alten Burg
Blicken aus dem dunkeln Eppich.
Wie der Weg sich senkt,
Steigen Inseln, Felsen aus dem Wasser,
Sanft verschmolzen,
Lieblich erhellt,
Als wenn der violblaue Duft
See und Insel und Fels
Löste in lieblichen Traum.
Ja, dies sind die lichten Formen,
Die warmen, heiteren Töne,
Die der Zaubrer aus Lothring
So wundervoll schafft.»

Das war Ludwigs Tiecks erster, ihn überwältigender Eindruck, als er im Sommer 1805 bei San Lorenzo Nuovo am Nordrand des riesigen Kraters anhielt, in dessen Tiefe sich der See von Bolsena dehnt, der größte der Kraterseen Latiums. Nach seiner Gewohnheit schrieb Tieck, der noch am Tage zuvor die Landschaft so erlebt hatte, wie sie zu Beginn des 17. Jahrhunderts auf den Bildern des Frankfurters Adam Elsheimer erscheint, seine ersten Empfindungen – es ist früher dichterischer Impressionismus – nieder, die ihn, wie vom «Zaubrer aus Lothring», von Claude Lorrain gemalt, erschüttern und fesseln: der See, das Licht, die Isola Bisentina, das Vorgebirge von Capodimonte, die kleinere

Isola Martana und die ferne hohe Kuppel des Domes von Montefiascone im Südosten.

Ein Vierteljahrhundert nach Tieck atmet der junge Hector Berlioz, der Klassiker der französischen musikalischen Romantik, die gleiche fast mit Gewalt auf ihn eindrängende Ruhe, steigt aus dem Wagen, der ihn nach Rom fährt, vergißt die jüngst zurückliegende seiner vielen Liebestragödien, wandert an den sonnigen Ufern des Sees einen ganzen Tag lang bis in die Berge von Viterbo und skizziert die Musik zu seinem *Lélio ou le retour à la vie,* deren einen Satz er *Chant de bonheur* nennt; Tieck hätte sein Gedicht ebenso nennen können.

Montefiascone ist erst im 5. Jahrhundert zur Zeit der Goteneinfälle entstanden, wohl an der Stelle, an der das Heiligtum der etruskischen Gottheit Voltumna stand, von der man nicht einmal weiß, ob sie Gott oder Göttin gewesen und deren Wesen uns ganz unbekannt ist. Sie muß aber höchste Verehrung genossen haben, denn bei ihr versammelten sich alljährlich die Repräsentanten des – ebenfalls nicht genau definierbaren – etruskischen Zwölf-Städte-Bundes, die anscheinend nur bei dieser Begegnung für einen kurzen Augenblick ihre inneren Rivalitäten vergaßen. Fünf Jahre nach dem Untergang Vejis kamen sie zum letztenmal am See zusammen, denn angesichts Roms, das im folgenden Jahrhundert eine Hauptstadt nach der anderen nahm – Tarquinia, Vulci, Volsinii und Caere –, ging der Glaube an die helfende Gottheit verloren.

Auf der Höhe des Hügels der Stadt überragen die massigen Reste des an Avignon erinnernden, wenn auch lange vor diesem entstandenen Papstschlosses die unendliche Schönheit der Seelandschaft. Urban IV., der erste der Franzosen, die von nun an hundert Jahre lang das Papsttum beherrschen sollten; der die Anjou gegen die Staufer nach Italien gerufen und damit einen der verhängnisvollsten Entschlüsse des Papsttums gefaßt hat, ist der

Erbauer des Schlosses von Montefiascone. Im Jahre 1261 wurde mit dem Bau begonnen. Die meisten Päpste der folgenden dreißig Jahre haben hier im Sommer residiert, denn sie alle haben Rom entweder niemals oder nur kurz betreten, weil die inneren Unruhen es nicht zuließen. Urban v., jener Papst, der für drei Jahre aus Avignon nach Rom kam, um es dann wieder zu verlassen, ließ das «französische» Schloß 1369 wiederherstellen und verschönern.
Doch bereits Enea Silvio Piccolomini, der mit soviel Naturleidenschaft durch Latium wandernde Papst Pius II., nennt es in seinen Memoiren «einen wahren Palast des Äolus», wo der Wind «durch Hallen, Speiseräume und Zimmer» wehte, so daß er schon nach einem Tage seiner Arthritis wegen wieder ausziehen mußte. In der Renaissance beauftragten Julius II. und Leo x. den älteren Antonio da Sangallo mit neuen Verschönerungen und Erweiterungen. Wieder kamen Päpste, um sich der Ruhe am See zu freuen. Als letzter kam Paul III. Und er war es, der den endgültigen Verfall nicht nur duldete, sondern sogar förderte. Es war eine Rache besonderer Art, die dem so Listenreichen entsprach, denn Montefiascone, das seit dem 12. Jahrhundert ununterbrochen eine freie Stadt mit eigenem Bürgerstolz gewesen war, hatte sich einst geweigert, dem gleichen Papst, als er noch Kardinal Alessandro aus dem Hause der am See mächtigen Farnese war, Montefiascone als Hauptstadt eines Familienherzogtums zu überlassen. So mußte eines der schönsten und interessantesten Denkmäler der Architektur in Latium ohne Krieg aus nichtigem Anlaß zugrunde gehen. Arme Leute wohnen in den Mauern, ihre Wäsche hängt unter Sangallos hohen Bögen; Enten und Gänse watscheln um die Türme.
Der Dom Santa Margherita, ein oktogonaler Zentralbau des Veroneser Meisters Michele Sanmicheli, eines Schülers Bramantes, trägt das Wahrzeichen der Stadt, die schon weithin sichtbare Kuppel Carlo Fontanas, des bedeutendsten Schülers von Bernini.

Der Dom gehört der Renaissance an. Während einer vier Jahre dauernden Restaurierung kam 1962 eine hohe Krypta aus dem Jahre 1483 zum Vorschein, ebenfalls ein Rundbau mit oktogonalem Zentralteil aus mächtigen Bögen: ein Bauwerk von bewegender «karolingischer» Schlichtheit aus gefügtem Stein, zu dem Bramante die Zeichnung entworfen hat. Unter der Kuppel der Krypta hat man einen modernen Altar aufgestellt und das Oktogon zur Taufkapelle erhoben. Sie ist der in Tarquinia geborenen, in Montefiascone, der Stadt ihres Wirkens, verstorbenen und im Dom begrabenen Lucia Filippini geweiht, der heiligen Lehrerin und ersten Gründerin von Mädchenschulen.

An der Ausfahrt nach Orvieto liegt die dreischiffige Kirche San Flaviano, die einzige Doppelkirche Italiens – doppelt in der Weise jedoch, daß die Oberkirche mit ihren wie karolingisch gedrungenen Säulen galerieartig um die Unterkirche läuft, die aus ihr das Licht empfängt. Zwei alte Kirchen an der gleichen Stelle gingen während der Goten- und Langobardenzeit zugrunde. Die heutige Kirche ist 1032 grundgelegt und 1965 nach langen, hervorragenden Restaurierungsarbeiten dem Kult wieder geöffnet worden. Ihre Architektur vereint romanische und gotische Elemente, zu denen in den Säulenkapitellen der Unterkirche noch byzantinische Formen hinzukommen. Ornament, Figur, Umschrift und Groteske bilden in diesen Kapitellen eine Einheit merkwürdigen Charakters, der dadurch noch gesteigert wird, daß die unbekannten Künstler sich zum Teil von etruskischen Formen haben inspirieren lassen. Damit wäre am Ort des Zwölf-Städtebund-Kongresses der Etrusker eine Kontinuität bewiesen, die sonst nirgends feststellbar ist.

334 Fassade von San Flaviano in Montefiascone – Einheit der Kunstformen

In den drei Halbkreuzapsiden der Hauptapsis wird das erste Beispiel des späteren gotischen Chorumgangs erblickt. San Flaviano ist die Hofkirche Urbans IV. gewesen. In der Oberkirche stehen noch sein Thron und sein Altar.
Die Luft des hochgelegenen Montefiascone scheint schon früh dem Lebensgenuß außergewöhnlich förderlich gewesen zu sein. 1282, nach der Sizilianischen Vesper, dem Aufstand gegen die barbarische Tyrannei der Franzosen, zog der in Orvieto unter der persönlichen Aufsicht Karls I. residierende französische Papst Martin IV., der Rom nie betreten hat, sich angsterfüllt nach Montefiascone zurück. Aber selbst die der Sizilianischen Vesper folgenden Umwälzungen vermochten ihn nicht zur Besinnung auf die hohen Aufgaben seines Amtes zu bringen und von der gründlichen Beschäftigung mit dem Wesen der Küche und der Tafel abzulenken. Dante hat den freundlich-bequemen Genießer in das Purgatorium der *Göttlichen Komödie* verbannt – in den Kreis, wo die Schlemmer büßen und wo Martin IV., für den die gebratenen, weitberühmten Aale aus dem See von Bolsena, die er vorher in Süßwein hatte ersäufen lassen, eine bevorzugte Rolle im Dasein spielten, sich vor dem scharfen Auge des Dichters versteckt. Mit beißender Ironie weist Dante durch das doppeldeutige Wort «purgare» auf die heilsame Buße von Fasten und Reinigen hin, der sich der pflichtvergessene Nachfolger Petri für unbestimmte Zeit nach dem ewigen Urteilsspruch zu unterziehen hat.
Im Steinboden von San Flaviano liegt ein anderer Genießer begraben. Die Füße der Gläubigen, die in Jahrhunderten über die Grabplatte hinweggeschritten sind, haben die Züge der liegenden Figur und die Umschrift verwischt. Heute achtet man darauf, daß kein weiterer Schaden mehr geschieht, und so hat der unter der Platte ruhende brave Augsburger Falstaff aus dem Hause der Fugger endgültig Frieden gefunden – denn seine Mühen, allenthalben der besten Weine Herr zu werden, waren groß gewesen.

Inneres von San Flaviano in Montefiascone –
Ruhestätte des Trunkenen

Johannes Fugger, der sein Prälatendasein dionysisch verstand, schloß sich im Jahre 1111 dem Zuge Kaiser Heinrichs v. nach Rom an – weniger, um sich sachkundig mit dem deutschen Investiturstreit zu beschäftigen, als um die italienischen Weine zu kosten. Seinem Diener Martin oblag es, ihm stets eine Tagesreise vorauszureiten und alle Osterien, deren Weine seines Herrn würdig waren, mit dem lateinischen Est – «hier ist er» – zu bezeichnen. Als er nach Montefiascone kam und, als Gipfel aller Weine, den Muskateller vom See schlürfte, schrieb er an die Tür der Osteria, wo er ihn entdeckt hatte, dreimal EST EST EST. Fugger, dem bereits der Name der Stadt, Flaschenberg, von glückverheißender Vorbedeutung war, entschloß sich daraufhin, den Kaiser mit Papst Paschalis II. allein sich auseinandersetzen zu lassen und sich nur noch dem vertieften Studium des Muskatellers zu widmen. Er hat den Bacchusdienst mit dem Leben bezahlt. Seinen Besitz überließ er der Stadt, die ihm alle Entzückungen des Weines geschenkt hatte, und stellte nur die Bedingung, es müsse ihm ein Weinfaß in das Grab von San Flaviano mitgegeben werden. Sein humorvoller Diener hat ihm die Grabschrift gesetzt: «EST EST EST – wegen allzu vielem EST ist mein Gebieter Johannes Fugger hier gestorben.» Der köstliche Wein von Montefiascone hat den Namen EST EST EST behalten.

Als Papst Julius II. 1506 seinen ersten Krieg in Norditalien begann, aß er in Montefiascone zu Mittag, in einem so baufälligen Gasthof, daß der Fußboden erst gestützt werden mußte. Der Papst hatte Witz, und er kannte den EST EST EST, als er den schwankenden Boden betrat: «Diese Vorsichtsmaßnahme ist notwendig, damit wir nicht in die Tiefe stürzen und es dann heißt, wir hätten in Montefiascone zuviel Wein getrunken.»

Auf den Spuren Fuggers sind im Laufe der Zeit viele begeisterte Weinkenner nach Montefiascone gekommen. Einer von ihnen, Friedrich Matthison, der Dichter der von Beethoven komponierten *Adelaide*, kam 1795 mit einer deutschen Fürstin dorthin. «In Montefiascone hielten wir Mittag und taten uns gütlich mit dem berühmten Nektar EST EST EST. Nicht umhin konnte man, den Geschmack sowohl des Herrn als des Dieners zu preisen. Bis zum Überdruß wurde die alte bacchanalische Tradition schon erzählt und wieder erzählt. Der Grabstein des famosen Märtyrers der Weinseligkeit befindet sich in einer Kirche San Flaviano. An der Aufschrift fehlt kein Jota. Allerdings würde sie einem Tempel des Bacchus, in Horazens Zeitalter, zur schicklicheren Zierde gereicht haben als einer christlichen Kirche.»

Dem dritten Genießer schenkte Montefiascone das Leben. 1721 wurde Giovanni Battista Casti geboren, der lebenshungrige Abbate und Casanova von Montefiascone, Professor der Beredsamkeit am Priesterseminar, eine der pikantesten Gestalten des Ancien régime. Er vergrub seine Talente jedoch nicht am Lago di Bolsena, sondern brachte es rasch zum Hofdichter Kaiser Josefs II. und Katharinas der Großen. Die Zarin verhätschelte ihn, ahnte indessen nicht, daß der scharfsinnige Casti sie in seiner nichts verschweigenden Satire, dem *Poema Tartaro,* karikieren würde, einem Werk, das Byron später weidlich für seinen *Don Juan* ausgenützt hat. Lorenzo Da Ponte, daseinsbejahender Abbate wie er, wußte zu verhindern, daß Casti, der die besten Opernlibretti des Jahrhunderts geschrieben hat, je mit Mozart in Berührung kam. Casti verstand sich zu rächen und schrieb seinen erotischen Zeitspiegel, die *Novelle Galanti.*
Seine durchaus nicht von Entsagung geprägte Lebensphilosophie legte Casti mit achtzig Jahren in seinem Hauptwerk, den *Animali parlanti,* den redenden Tieren, nieder, ehe er 1802 starb, der letzte galante Abbé, der geistreichste Sohn Montefiascones.

Stadt des Wunders – Bolsena

Jeder sollte, ehe er von Montefiascone nach Bolsena weiterfährt, die erste nahe Berührung mit dem See suchen. Die Muschel eines Nebenkraters verbindet das Ufer mit der hochgebauten Stadt. Reben, die in schwingenden Bögen gezogen werden, und Ölbäume drängen wie eine Flutwelle, die nicht Untergang, sondern Segen mit sich bringt, an die Straßenwindungen heran. Alles ist ein im *crescendo* anschwellender Lobgesang auf die Fruchtbarkeit. Ehe man hinunter zum Ufer kommt, erhebt sich links ein kleiner Olivenhügel. Er ist an einen Norweger verkauft worden, der hier ein «Norwegerdorf» baut, um den skandinavischen Fremdenverkehr zu beleben. Pan und die Dryaden müssen weichen, und es ist eine Frage der Zeit, bis der Friede am See nur noch Erinnerung sein wird.

Der Himmel hat sich bedeckt, während wir uns Bolsena nähern, aber immer wieder fällt ein einzelner Sonnenstrahl gleich einem Scheinwerfer der Schöpfung hier und dort durch die Wolken auf den bewegten See wie auf eine unendliche kreisrunde Bühne, über die unsichtbare, ahnbare Gestalten kommen und gehen, deren Sprache man versteht, wenn auch nicht hört. Plinius, Strabo und Petrarca sind die Straße nach Bolsena gewandert, haben die Natur bewundert, den Fischreichtum gepriesen und an dem Phänomen der kurzen Erscheinung von Ebbe und Flut gerätselt, als siede in den Tiefen noch der nie erloschene Vulkan; eine Erklärung für diese Erscheinung ist bis heute nicht gefunden.

Bolsena war die wohl schönste und prunkvollste Stadt der Etrusker. Sie nannten sie Velzna. Die Stadt lag etwas weiter nördlich vom heutigen Bolsena in der Richtung nach Orvieto. Bei den Römern hieß sie Volsinii Veteres. Sie war die heilige Stadt der Schicksalsgöttin Nortia, in deren Tempel jährlich ein Nagel eingeschlagen wurde, der die Unwiderruflichkeit der menschlichen Geschicke symbolisieren sollte, das Alte in den Orkus bannte, das Neue heraufsteigen ließ.

«Dir geht voran die harte Notwendigkeit,
Und Keile trägt und mächtige Nägel sie
In ehrner Hand, nicht fehlt die strenge
Klammer, das flüssige Blei nicht minder.»

In diesem Zeichen sieht Horaz Fortuna und Geschick als Eines, als den ewig gefügten Bau der Welt, jene Idee, die Rom von den Besiegten Velznas mitgenommen und auf das Kapitol übertragen hat, wo die Hammerschläge auf den Jahresnagel im Tempel des Jupiter Capitolinus forthallten. Auch jetzt noch holten sie etruskische Auguren zu Rat, wenn sie spürten, daß schwere Schicksale drohten.

Die Römer führten vier meist vergebliche Kriege gegen Velzna, erst im fünften blieb der Konsul Marcus Fulvius Flaccus Sieger. Es war im Jahre 265 v. Chr. Vor der Zerstörung Velznas ein Jahr später schleppten die Römer, wie Plinius berichtet, rund zweitausend Statuen fort. Wir wissen nicht, ob eines der vielen etruskischen Bildwerke in den Museen der Welt noch aus Velzna stammt oder ob sie alle verlorengegangen sind. Die Bevölkerung des zerstörten Velzna wurde von den Römern nach dem gewohnten Verfahren «umgesiedelt» nach Bolsena, das nun Volsinii Novi hieß. Es wurde das Sybaris von Latium. Die Langobarden vertilgten es im 7. Jahrhundert. Das Französische Institut in Rom gräbt die alte Stadt seit 1946 wieder aus. Während von Velzna kaum noch etwas vorhanden ist, sind zahlreiche alte, meist geplünderte etruskische Nekropolen im Umkreis von Bolsena aufgefunden worden.

Nach dem Langobardensturm entstand Bolsena neu. Doch an Stelle von Tempeln, Bädern, Villen, Thermen und Mausoleen, von Glanz und Prunk vegetierte ein Landstädtchen durch die folgenden Jahrhunderte, das Petrarca «als klein und unvornehm» charakterisiert. Der wandernde Pius II. urteilte ähnlich.

Bleibt die Frage ungeklärt, warum die Etrusker der Schicksalsgöttin im Gebiet der meisten Vulkane Latiums das größte Heiligtum erbaut haben, so versteht man, daß die Römer den Vertumnus, der mit der Ceres und der Pomona eine Dreiheit bildete, als

342/343 Fassade von Santa Cristina in Bolsena – Märtyrerin und Hostienwunder

Gott der Fruchtbarkeit gerade am See von Bolsena verehrt haben. Properz hat den Gott in einer seiner schönsten Elegien gefeiert. Vertumnus, der wie die Natur Sich-Verwandelnde, der als Krieger, Jäger, Gärtner, Fischer, Hirte, als Jüngling oder Mädchen Erscheinende, war der Gott des Reifens aller Frucht.

Wir lagern auf einer Höhe über Bolsena. Die beiden Inseln, die Isola Bisentina und die Isola Martana, ruhen in scharfen Umrissen. Der Name Vertumnus ist verschwunden, aber der Gedanke, den andere Völker gedacht, stirbt sowenig, wie der Überschwang der Natur sich ändert, mit der das Göttliche, das uns Gott ist, diese Ufer beschenkt hat.

Wir stehen auf dem Platz vor Santa Cristina, der aus dem 11. Jahrhundert stammenden dreischiffigen Hauptkirche von Bolsena. Die großzügige Fassade, zu deren Linken der mittelalterliche Campanile aufstrebt, ist im Auftrag Kardinal Giovanni de' Medicis, des späteren Leo x., errichtet worden – makellose florentinische Renaissance, vielleicht ein Werk des Bildhauers Andrea Sansovino.

Ein reicher Freskenschmuck sienesischer Meister und Kunstwerke verschiedener Jahrhunderte fügen sich in die gotischen Kapellen, die zu den übermäßig wuchtigen romanischen Säulen des Mittelschiffes kontrastieren.

Wie die Kirche hieß auch der See im Mittelalter Lago di Santa Cristina, denn um die Wende vom 3. zum 4. Jahrhundert erlitt die junge Cristina von Bolsena, Schutzpatronin der Stadt, die mit der sogenannten großen Märtyrerin Cristina aus dem syrischen Tyros identisch ist, auf Befehl ihres heidnischen barbarischen Vaters, des Stadtpräfekten Urbanus, in Bolsena den Märtyrertod. Nachdem das Ertränken mißlungen war, weil der schwere Stein, den man um den kindlichen Hals gebunden, zu schwimmen anfing und das Mädchen ans Ufer zurücktrug, brachte der ungerührte Vater sein Kind auf andere Weise um. Der angebli-

che Stein mit dem zarten Abdruck des kleinen Fußes der Heiligen wird mit Vorliebe gezeigt, denn er trägt heute die Mensa jenes Altares, an dem sich das Wunder von Bolsena ereignet hat.
Von der Hauptkirche gelangt man durch die barocke Cappella del Miracolo in die ältesten Teile des ganzen Komplexes, wo unter einem von vier kostbaren, nicht hohen, alten korinthischen Säulen getragenen langobardischen Baldachin der kleine Altar der Messe von Bolsena steht. Raffael hat sie in der Stanza d'Eliodoro im Vatikan auf einem seiner bedeutendsten Fresken gemalt. Auf die Entfaltung mittelalterlicher Frömmigkeit, des ganzen Glaubenslebens ist das Ereignis der Messe von unabsehbarer Wirkung gewesen.
Der voller Zweifel an der Transsubstantiation der Gestalten Brot und Wein in Leib und Blut des Herrn im Jahre 1264 nach Rom ziehende böhmische Priester Peter von Prag sah, während er in Bolsena die stille Messe feierte, die Hostie sich in wirkliches Fleisch verwandeln. In heiligem Entsetzen unterbrach er die Messe und stürzte, das blutgetränkte Corporale, die Hostie und den Kelch zusammenraffend, in die Sakristei. Von diesem Augenblick an verschwand er auch bereits wieder aus der Geschichte, die ihn nur für diese Stunde hat aus dem Dunkel hervortreten lassen. Kein Zeugnis redet mehr von ihm. Das Wunder wurde sogleich dem im nahen Orvieto residierenden Urban IV. berichtet, der umgehend einen Bischof nach Bolsena schickte, um die einer solchen Realpräsenz teilhaftig gewordenen Sakralgegenstände nach Orvieto zu bringen. In der Begleitung des Bischofs, so wird berichtet, befanden sich auch zwei sehr unverdächtige Zeugen, die Heiligen Thomas von Aquin und Bonaventura, die damals in Orvieto lebten. Später folgte ihnen der Papst selber, begegnete den Zurückkehrenden am Ponte del Sole zwischen Bolsena und Orvieto und trug die kostbaren Reliquien in die Stadt. Einer sehr strengen Verfügung Innozenz' III. folgend,

wurden die Zeugnisse des eucharistischen Wunders mit äußerster Diskretion aufgehoben. Kurz darauf ordnete der Papst die Feier des Fronleichnamsfestes für die ganze Kirche an. Das Ereignis von Bolsena bildete hierbei nur den letzten Anstoß, den Gedanken der seligen Juliana von Lüttich zu verwirklichen und das große eucharistische Fest zu dekretieren, was dem Papst, der die Selige gekannt hatte, als er noch Archidiakon von Lüttich gewesen war, vor allem am Herzen lag. Thomas von Aquin verfaßte selber das Offizium des Festes.
Im Jahre 1338 schuf der Sienese Ugolino di Vieri das herrliche vergoldete Silber-Reliquiar, in welchem das Corporale noch heute im Dom von Orvieto aufbewahrt wird und das selber noch einmal in einem stählernen Tresor eingeschlossen ist. Die Reliquie ist uns gezeigt worden, obwohl sie sonst nur am Fronleichnamstag die Prozession begleitet. Auch die Hostie Peters von Prag ist, wenn auch zerfallen, in dem Reliquiar noch vorhanden.
Bis in die jüngste Zeit sind historisch-kritische Schriften erschienen, die an der Schranke des Mirakels enden. Die Namen der wissenschaftlichen Autoritäten, die noch 1949 die letzte der nicht wenigen Verifizierungen des Corporales vorgenommen haben, sind bekannt. Vier der Steine, auf die vor siebenhundert Jahren Tropfen des Blutes gefallen sind, während Peter von Prag in die Sakristei eilte, werden in Santa Cristina gezeigt und verehrt.
Schwer nur läßt sich über Wunder schreiben und reden – sowenig wie über die Existenz Gottes und über alles, was der menschlichen Erkenntnis im Bereich des Glaubens entzogen ist. Doch es ist unmöglich, den Altar unter den vier Säulen ohne Ergriffenheit zu sehen, den Gedanken über das Mysterium Fidei und die Wege göttlicher Gegenwärtigkeit auszuweichen. Das Wunder von Bolsena hat fortgewirkt – bis in die *Autos Sacramentales* Calderóns.
In dem kleinen Heiligtum neben der Kapelle liegt die ausdrucksreiche Keramik-Statue der Cristina, gleich anderen Meisterwer-

Fischer mit Netz am Lago di Bolsena – Schleiergewebe des harten Lebens

ken der Kirche eine Schöpfung Giovanni della Robbias. Auch der ursprüngliche Sarkophag des Mädchens steht hier, deren Reste erst 1880 wiedergefunden wurden. Den Sarkophag hat man seinerzeit in den von hier aus zugänglichen, bisher nur bis zu einer Tiefe von etwa dreihundert Metern durchforschten Katakomben gefunden, die sich tief in den Berg hinter der Kirche erstrecken. Es müssen die Verstecke der frühesten Christen Bolsenas sein, denen der heilige Fronto – entweder einer der zweiundsiebzig Jünger Christi oder ein Schüler von Petrus, später Bischof in Frankreich – das Evangelium gepredigt hat.

Giulia la Bella – Capodimonte

Die Monti Volsini bilden den nördlichen Kraterrand des Lago di Bolsena, die Grenze zur Toscana. Je weiter wir nach Westen fahren, desto weniger vermögen wir, vor allem im Frühling, der Versuchung zu widerstehen, ziellos von Ort zu Ort des gleichzeitig wilden wie lieblichen flüssereichen Weinlandes mit seinen Hochflächen aus vielfarbenem Tuff zu wandern, seinen schmalen Tälern, den zahllosen etruskischen Felsengräbern, die immer häufiger werden, je näher die etruskischen Mittelpunkte um Tuscania und Vetralla rücken, wohin uns andere Wege führen sollen.
Da ist Gradoli mit dem monumentalsten aller Paläste der Farnese; Grotte di Castro mitten in der Verschwiegenheit seiner Hügel; Látera, wo Marc Aurel zum Imperator ausgerufen worden sein soll; der kleine, Ruhe ausströmende Lago di Mezzano, den man von Látera aus nur zu Fuß erreichen kann; Valentano, das einen so unwiederholbaren Blick auf den See gewährt; Ischia di Castro, wo Antonio da Sangallo einen Palast gebaut und das noch einen schönen mittelalterlichen Ortsteil bewahrt hat; Farnese, das der mächtigen Familie, an die westlich vom See jeder Ort erinnert, den Namen gegeben und wo gleichfalls ein imposanter Palast steht; Castro, das noch etwas weiter westlich liegt, schon aus dem 8. Jahrhundert stammt und später nur noch aus einer Säule bestand mit der Aufschrift «Qui fu Castro», hier stand Castro, vom Erdboden vertilgt im Jahre 1649 durch Innozenz x., der gegen die Farnese Krieg führte. Am See liegen, etwas abseits von Valentano, die Ruinen des römischen Visentium oder Bisentium, das selber auf den Grundmauern einer reichen Etruskerstadt unbe-

349 Aufgang zum Schloß von Capodimonte – Hausmacht durch Laster

kannten Namens errichtet, von den Langobarden, dann von Urban IV. im Jahre des Wunders von Bolsena vernichtet, noch einmal erbaut und zu Beginn des vorigen Jahrhunderts für immer verlassen worden ist.

Die schöne Olivenstraße von Valentano hinunter nach Capodimonte beschließt den Welt-Kreis des Sees; noch einmal tritt die Dynastie der Farnese aus der Zeit heraus, so wie Tizian sie auf den Porträts seiner Geniehöhe im Nationalmuseum von Neapel gesehen hat: Papst Paul III. ohne Kopfbedeckung, alt, bärtig, scharf beobachtend; sein Sohn Pier-Luigi, der letzte «Cesare Borgia» der Spätrenaissance – für den der Vater das bis an die Meeresküste Latiums sich ausdehnende Herzogtum Castro als Sprungbrett für das viel größere Herzogtum Parma-Piacenza geschaffen hat –, dargestellt als Held und Feldherr in kunstvoller Rüstung mit Marschallstab, obwohl er weder Held noch Feldherr, sondern nur ein feiger Tyrann gewesen ist; Paul III. noch einmal, im purpurroten Camauro und gleichfarbiger Mozzetta über der lang hinfließenden elfenbeinfarbenen Albe, ein durchsichtig-bleicher Greis, bedeutend ebenso wie listig-lauernd zwischen seinen beiden Enkeln, Ottavio, dem späteren zweiten Herzog von Parma-Piacenza, der so wenig wert war wie sein Vater Pier-Luigi, und Alessandro, dem jugendlichen Kardinal und Bruder Ottavios, mit dem klug-sinnlichen Ausdruck, dem intelligent-hochmütigen Blick.

Je näher wir dem auf einer Halbinsel liegenden Capodimonte kommen, dessen schwarzes Farnese-Schloß in der abendlichen Sonne dunkel-purpurn wirkt, desto deutlicher zeichnet sich die Gestalt der Frau ab, die dort geboren wurde und das Glück des Hauses – die Letzte des Namens wurde später Stammutter der spanischen Bourbonen – begründet hat, nicht mit Macht und Geld, sondern mit ihrem Leib. Ganz Italien nannte Giulia, die Schwester Pauls III., La Bella. Vielleicht ist ihre ungewöhnliche, sehr diesseitige Schönheit im blaugoldenen Staatskleid auf Tizians gleichnamigem Bild dargestellt; vielleicht ist sie die lässig-liegende Gestalt der Justitia auf dem Grabmal Pauls III. von Guglielmo della Porta in der Apsis der Peterskirche, deren herrlichen nackten Marmorleib man später mit einer den Anschauungen der Gegenreformation besser entsprechenden Gewandung aus Goldbronze umhüllt hat; vielleicht ist sie aber auch die Madonna, die Pinturicchio im Auftrage Alexanders VI. in der Sala dei Santi in den Appartamenti Borgia des Vatikans gemalt hat. Alles kann richtig, alles kann falsch sein. Doch man würde das Madonnenbild glaubhaft finden, denn die achtzehnjährige Giulia war eindeutig die Geliebte des sechzigjährigen Borgia-Papstes, und ihr Bruder Alessandro, der dieses Verhältnis gebilligt, vielleicht sogar gefördert hat, erhielt zum Lohn für seine delikate Hilfsbereitschaft den Kardinalshut und damit die Möglichkeit, seinem Hause nicht nur mit allen schlau und gewalttätig angewandten Mitteln die erste Hausmacht zu festigen, sondern die Tiara selber zu erlangen. Die Gunst Alexanders VI. hinderte den neugebackenen Kardinal jedoch keineswegs, eines Tages bei Capodimonte eine große Maultierkarawane aufzubringen, die Seide und Brokate für Cesare Borgia nach Rom beförderte. An einem anderen Kardinal hätte Alexander VI. sich in seiner Weise zu rächen gewußt. Aber am Bruder seiner Geliebten?

Als Giulia einmal länger, als Alexander VI. es erlaubte, in Capodimonte lebte, ja sogar Miene machte, zu ihrem rechtmäßigen Mann, einem Orsini, zurückzukehren, bedurfte es vieler – uns erhaltener – Drohbriefe, ehe sie sich entschloß, in die Arme ihres geilen korpulenten Galans zurückzukehren. Beider Tochter Laura, die natürlich Orsini hieß, wurde später durch Heirat Großnichte Julius' II.

Das achteckige kleine Schloß mit dem stilvollen Quattrocentohof und der alten Zugbrücke, über die Giulia mit ihrem Bruder-Kardinal geritten ist, ist heute Privatbesitz. Kaum können wir uns

noch vorstellen, daß Paul III. als Kardinal in der Bucht eine ganze Flotte vor Anker hielt.
Vor dem hochgelegenen kleinen, etwas verwilderten Garten breitet sich der bewegte See, nicht wie ein Spiegel, sondern wie mit Juwelen besetzte rauschende blaugrüne Seide. Ganz nahe liegt die winzige Isola Martana. Auch sie hat das Ende einer Zeit gesehen. Hier ließ der Ostgotenkönig Theodahad seine Gemahlin und Feindin Amalasuntha, die einzige Tochter Theoderichs des Großen, einkerkern und im Jahre 535 erwürgen oder im Bade ersticken. Keine Spur auf dem heute unbewohnten waldigen Inselchen erinnert mehr an die Tragödie der unglücklichen Königin; nur in dem Städtchen Marta, der Insel gegenüber zwischen Capodimonte und Montefiascone, heißt noch eine Straße nach ihr.
Vielleicht lag im Mittelalter auf der halbmondförmigen Isola Martana auch das schreckliche Gefängnis für verbrecherische Priester, die Malta, in der die Gefangenen im steigenden und fallenden Wasser standen. Dante erinnert an diesen Ort der Qualen und der Sühne, als er über den schändlichsten Verrat spricht, den es geben kann, den Verrat für Geld am vertrauenden Gastfreund, den Bruch des geheiligten Gastrechts, wie ihn der Bischof von Feltre beging:

«... für solche Untat
Ist keiner in der Malta noch gesessen.»

Das tausendjährige Marta, das den Namen der Gotenkönigin bewahrt hat und das einen ganz eigenen Reiz ausstrahlt, ist ein Mittelpunkt der Fischerei. Östlich vom Ort bildet die Marta, die bei Tarquinia ins Meer mündet, den Ausfluß des Sees. Etwa einen Kilometer vom See entfernt riegelt die jahrhundertealte Cannara, ein Querbau mit Fanggitter, den Fluß ab als Reuse für

die Fische, vor allem die Aale, an denen sich bereits Papst Martin IV. in Montefiascone erfreute. Er hat diese Vorliebe seinen späteren Nachfolgern vererbt, vor allem dem ihm so ähnlichen Genießer Leo X., der die Reuse in Begleitung des großen Zeithistorikers Paolo Giovio, seines Biographen, besuchte.
Alljährlich am 14. Mai ziehen die Fischer und Bauern vom See hinauf nach der bei Marta liegenden romanischen Wallfahrtskirche Madonna del Monte, um im Angesicht des Sees und seiner Ufer, die ihnen ununterbrochen die Gaben des Lebens schenken, der Gottesmutter die Erstlinge des Jahres darzubringen.

Die päpstliche Regatta – Isola Bisentina

Lebensfülle und Mystik, Laster und Grauen, Wunder und Tod: ineinanderverwoben sind die Bereiche in der Geschichte des Lago di Bolsena. Es drängt das Auge, nach einem Punkt der Ruhe zu suchen und dort zu verweilen.
Westlich der Isola Martana erhebt sich die größere Isola Bisentina, heute Privatbesitz einer Herzogin. Im Motorboot fährt man eine Viertelstunde, im Ruderboot eine knappe Stunde von Capodimonte hinüber zur Insel der Rosen und Steineichen. Der einzige Berg der Insel heißt wie der Berg der Verklärung, Tabor, als hätten der See und seine Ufer die Geschichte tief in die Verklärung abendlicher Schönheit versenkt. Fünf Kapellen aus der Mitte des 15. Jahrhunderts begleiten in Abständen den Weg zur Höhe des Berges. In zweien dieser Kapellen sind Fresken aus der Schule Benozzo Gozzolis erhalten.
Von jeher galt die Insel als ein irdisches Paradies, und seit sie im 15. Jahrhundert Besitz der Farnese wurde, kamen die Päpste gern zu Besuch in das Schloß, das Antonio da Sangallo der Jüngere erbaut haben soll, so wie er im Auftrage Pauls III. die Kirche San

Giacomo e Cristofero erbaut hat, deren Kuppel Vignola hinzufügte. Auf der sogenannten Rocchina, wo der Fels steil zum See abfällt, schuf Sangallo, wie ein zartes Postludium seiner großen Bauten in Latium, einen kleinen Tempel, der Oktogon und Rund harmonisch kontrapunktieren läßt.

Auf der Isola Bisentina befanden sich die Familiengräber der Farnese, darunter auch das des Papstsohnes Pier-Luigi, der mit Wissen Kaiser Karls v., des Schwiegervaters seines eigenen Sohnes Ottavio, in Piacenza ermordet wurde, am gleichen Tag, an welchem der uralte Paul III. laut das unerhörte Glück seines Lebens gepriesen hatte. Heute steht in der Kirche auf der Bisentina nur noch das Grab des Ranuccio Farnese, der sein Haus aus dem Dunkel der Geschichte herausführte, ihm einen Namen schuf und Großvater des Papstes war.

Der naturtrunkene Enthusiast Pius II. liebte den See und schildert ihn in seinen Lebenserinnerungen farbig, poetisch, impressionistisch. Von allen hohen Besuchern hat er den größten Eindruck hinterlassen, als er 1462 Gast der Farnese in Capodimonte war. Nach seiner Gewohnheit hielt er auch hier Besprechungen, Empfänge und Konsistorium mit den davon wenig begeisterten Botschaftern und den zu unzeitgemäßen Wanderungen und Ausflügen gezwungenen Kardinälen im Freien ab, unmittelbar an der Straße unter Bäumen. So berichtet er, was er sieht: «Zwischen Mauern und Klippen liegt ein Weinberg, leicht zu begehen, schattenspendend im Sommer. Nie ist er ganz der Sonne ausgesetzt. Wo die Klippe weniger felsig ist, stehen Reben und Ölbäume. Ein Pfad aus Stufen führt hinunter zum See, wo zwischen den Blöcken viele immergrüne Ilexbäume wachsen. Sie bilden ein Gehölz, das die Drosseln lieben.»

Viel hat sich seither nicht geändert, am wenigsten die Drossel, die im Frühjahr zu Latium gehört wie Rebenlaub, Ginsterblüte und wild duftendes Geißblatt in allen Farben.

Heiter und zufrieden läßt Pius II., von sich selber in der dritten Person redend, die Nachwelt wissen: «Sobald er Zeit hatte, ritt er in die nächstgelegenen Haine, um die milde Brise zu genießen. Er durchforschte die Nachbarschaft von Capodimonte und unternahm Ausflüge zu Wasser und zu Land.»

Den Johannistag will er mit einer Messe auf der Bisentina feiern. «Er versprach dazu einen vollkommenen Ablaß allen, die zugegen waren. Gabriele Farnese, der Herr der Insel, setzte daher, um die Zahl der Besucher zu erhöhen, Preise für alle aus, die an einer Ruderregatta teilnehmen würden» – sicher der einzige Anlaß der Kirchengeschichte, der Übernatur und Sport unbekümmert vereint hat.

Mit Hof und Kardinälen am Ufer der Insel sitzend, schildert der Papst die festliche Regatta und erinnert sich dabei als gebildetster Humanist seiner Zeit daran, daß schon Vergil eine Regatta in dichterischem Lobpreis erhöht hat.

«Nach dem Mittagessen», so erzählt Pius II., «stellten die Bootsführer sich und die kräftigen jungen Ruderer vor. Aus vielen waren fünf Boote ausgewählt worden. Das erste hatten die Bolsener ausgerüstet, prahlerisch und selbstsicher, als ob gar kein Zweifel darüber herrsche, daß sie den Preis davontragen würden. Das zweite gehörte den Clarentanern, das dritte den Cornetanern, das vierte den Leuten aus San Lorenzo, das fünfte den Martanern. Alle waren außerordentlich zuversichtlich und überboten sich in Prahlereien. Jeder verachtete den andern und warf sich in die Brust. Je mehr sie tranken, desto lauter rühmten sie sich ihrer Heldentaten. Sie erörterten die Größe der Boote, die Zahl der Ruderer, die Länge der Ruder.

Der Start wurde in Capodimonte, das Ziel im Hafen der Bisentina gesteckt, wo man auch die Siegerpreise deponierte: feinstes Florentiner Purpurtuch für die Sieger, Trostpreise für die Nachzügler. Am Ufer von Capodimonte zogen sie das Los für die Startstellungen. Die Männer an der Ruderpinne banden sich weiße Leintücher, mit Pappelblättern besteckt, um den Kopf. Die Ruderer, bis auf die Lendenschurze nackt und von Öl glänzend, warteten, die Arme an den Rudern, auf das Startzeichen. Ihre Herzen schlugen schnell vor Erregung. Alle hatte der Ehrgeiz gepackt. Beim Trompetensignal schossen sie los. Rauhe Schreie zerrissen die Luft, das Wasser schäumte unter den Schlägen, der See gähnte bis in seine Tiefen unter den Rudern und Kielen. Dicht dahinter folgte eine Flottille kleinerer Boote mit schreienden und den verschiedenen Mannschaften applaudierenden, die Luft mit ihren Rufen erfüllenden Zuschauern. Wälder und Berge nahmen den Klang auf, Ufer und Hügel warfen das Echo zurück.

Obwohl der Papst an einer ruhigen Stelle in einiger Entfernung vom Hafen saß und mit den Kardinälen politische Probleme besprach, schaute er doch dem Bootsrennen belustigt zu. Als der Präfekt von Bolsena hörte, daß seine Leute zuvorderst lagen, rief er: ‹Hab' ich's nicht gesagt? Und ihr wolltet mir nicht glauben. Ich kenne die Stärke der Bolsener. Nirgends kräftigere Arme! Unsere Männer sind trainiert, weil sie keinen verwässerten Wein trinken. Ich pfeife auf die Cornetaner. Unser Boot ist Sieger. Schiedsrichter, sprecht uns den Preis zu! Der Sieg ist unser! Wir haben gewonnen! Uns kann der Preis nicht mehr durch die Finger schlüpfen!›

Gabriele Farnese entgegnete: ‹Wenn der Sieg massigen Trinkern gehört, leugne ich nicht, daß eure Leute dafür berühmt sind. Aber es ist schwerer, ein Ruder zu handhaben als die Becher zu leeren. Seit Jahren finden Regatten statt, aber ich habe noch nie gehört, daß die Bolsener gewonnen haben – die Martaner dagegen schon oft. Sie machen es hoffentlich auch heute, vorausgesetzt, ihr habt nicht dafür gesorgt, daß eure Leute jedesmal, wenn sie das Wasser mit den Rudern teilen, einen Trunk bekommen!›

Noch war es nicht möglich, die Boote zu erkennen und vorauszusagen, welches zuvorderst lag. Inzwischen rief der Steuermann der Martaner: ‹Was ist mit uns los, Jungens? Wir sind bereits an die dritte Stelle zurückgeworfen, wir, die wir nie anderes gewohnt sind, als die Ersten zu sein! Pfui! Wo bleibt die Kraft eurer Arme? Sollen wir, die wir noch nie besiegt worden sind, heute, vor den Augen des Papstes, schmählich besiegt werden? Los, Jungens! In die Riemen! Mit mehr Energie an die Ruder!›

Die temperamentvollen Burschen nahmen sich seine Worte zu Herzen. Alle Kräfte zusammenraffend, zerteilten sie die Fluten, wühlten den Grund unter den bebenden Booten auf und holten die Bolsener tatsächlich ein. Eine Zeitlang lagen sie mit ihnen Bug an Bug. Dann aber schossen die siegreichen Martaner den anderen voraus. Die Clarentaner überholten, ebenso wie die Cornetaner, ebenfalls die Bolsener, denn die trockenen Lippen der Säufer keuchten schon jetzt, die Männer troffen vor Schweiß, für den kein Wein sie entschädigte.

Die Martaner schossen weit vor den anderen als Sieger ins Ziel. Die Bolsener, die unter den Letzten waren und die Vorwürfe ihres Präfekten fürchteten, kamen gar nicht erst in den Hafen.

Nach dem Rennen lief alles fort, denn es hatte sich ein heftiger Wind erhoben, der den See aufwühlte, Vorbote eines Sturmes. Nachdem sich alle verzogen hatten, equipierten die Prälaten der Segnatura zwei Schiffe und imitierten realistisch eine Seeschlacht nach Art der Äthiopier, wobei sie mit Piken und Bögen kämpften. Die Schlacht wurde durch den Sturm unterbrochen, dem sie schließlich noch entrannen, nicht ohne daß sich die Wogen immer wieder über sie ergossen, die vor Kälte zitterten.»

Sturm auf dem Lago di Bolsena ist keine Übertreibung des in der Erinnerung schwelgenden Papstes.

XI

Land der Dea Feronia – Im Tibertal

An der Via Flaminia bei Primaporta beginnt die Via Tiberina, die östlich des Soracte in Ponzano endet, eine der stillsten Straßen Latiums, voller überraschender Perspektiven. Sie begleitet das westliche Tal des Tibers und seiner weit ausladenden Windungen.

«Welch eine wunderbare Stille hier! Schauend und nachzeichnend empfand ich so recht in tiefster Seele die unsägliche Schönheit dieser weiten, einsamen Gefilde, über welchen ein Hauch des tiefsten Friedens schwebt. Der Tiber zog in großen Windungen, von keinem Schiff oder Boot bedeckt, seinen Wasserspiegel durch die Matten, und in zart bewegten Linien hoben und senkten sich Hügelketten bis an den Fuß der steilen Sabinerberge, welche den Horizont begrenzten. Hie und da stand ein Turm aus dem Mittelalter, ein antikes Grabmal oder andere uralte Trümmer. Daß auf diesen weiten Gefilden eine mehr als zweitausendjährige Geschichte sich abgespielt hat, daß Geschlechter, Völker, Städte hier blühten und wieder verschwanden und nun nach langen, wechselvollen Kämpfen alles wieder in die Arme der Natur zurückgesunken, schlummernd und träumend vor uns liegt, gibt dieser Landschaft ihr historisches Gepräge. Über all ihre hohe Formenschönheit ist der Hauch einer sanften Melancholie ausgegossen und somit das schönste Material für künstlerische Gestaltung dargeboten.

Rom ist auch darin vielleicht einzig, daß, sobald man aus seinen Toren tritt, innerhalb welcher ein so großartiges Kulturleben alter und neuer Zeit uns umwogt, wir außerhalb derselben fast unmittelbar in eine Art Urzustand zurückversetzt werden.»

Wenn auch nicht mehr die Landschaft vor Rom bei Tor di Quinto und Due Ponti, die Poussin stets für seine Motive bevorzugte, oder beim großen Grabmal, dem Sepolcro dei Nasoni, das vielleicht der Familie Ovids gehört hat; auch nicht mehr bei den Saxa Rubra, den roten Felsen an der Via Flaminia, denen gegenüber am anderen Tiberufer das alte Fidenae aus der Zeit der Etruskerkriege liegt und von wo aus im Jahre 312 die Entscheidungsschlacht der Spätantike zwischen Konstantin und Maxentius bis zum Ponte Milvio sich hinzog: alles dies würde heute den beherrschenden Eindruck Ludwig Richters, als er zum erstenmal im Tibertal nach Motiven suchte, nicht mehr bestätigen. Aber die Via Tiberina hat ihre Physiognomie bewahrt, wie Richter sie in seiner römischen Zeit gesehen und in seinen Lebenserinnerungen so farbig geschildert hat.

Wo sich die Via Tiberina bei Scorano mit der Autostrada del Sole berührt, liegt in der Fülle wilder Malven der Lucus Feroniae – im Altertum eines der vier Heiligtümer der sabinischen Göttin Feronia in Latium. Die Ausgrabungen sind erst 1952 begonnen worden und noch lange nicht abgeschlossen. Die Colonia Julia Felix Lucus Feroniae wurde von Augustus zur Veteranenstadt bestimmt und besaß wirkungsreiche Heilquellen. Den erobernden Legionären, die das Imperium mit ebensoviel Heldentum wie Gewalttat und Grausamkeit geschaffen haben, ging es gut, wenn sie alt geworden waren. Die weitläufige Kolonie des Lucus Feroniae, die erst in christlicher Zeit verlassen wurde, mit dem 1961 entdeckten Amphitheater, mit einer großen Tempelanlage, Bädern, Forum, Läden und sehr vielen Weinlokalen war das größte staatliche Militäraltersheim, dem es an nichts fehlte, um die späten Jahre der ausgedienten Recken möglichst angenehm zu gestalten. Zahlreiche Inschriftenfunde und Porträtköpfe aus Kaiserfamilien beweisen, daß die Veteranenkolonie ein eigenes Priesterkolleg für den Imperatorenkult und einen großen «Frauenverein» zum Dienst der Dea Feronia außerhalb des eigentlichen Kultes unterhielt, die *mulieres feronenses.*

Feronia, der auch von den Etruskern geliebten und verehrten schützenden Göttin, wurden viele Eigenschaften zugeschrieben. Verehrte man sie bei Terracina mit dem Jupiter-Jüngling zusammen, so bei Scorano mit dem Apollo Soranus des Soracte. Die Reichtümer ihres Tempels waren so verlockend, daß Hannibal, der Rom nach jahrelangen Siegen fast ein Ende bereitet und Italien zur afrikanischen Kolonie gemacht hätte und der – «Hannibal ante portas» – im Jahre 211 v. Chr. sieben Kilometer vor der Stadt stand, die Schätze des Tempels für neue Unternehmungen raubte.

Langsam fahren wir weiter durch das alte Götterland nach Fiano Romano und genießen dabei die Verwandlungen des Tibertales. Keiner, der in Rom nur die trüben, lehmbraunen Fluten des Tibers sieht, glaubt, daß das üppige Buschwerk seiner Ufer sich hier in indigoblauer Klarheit spiegelt.

Auch der Soracte zur Linken wandelt sein Gesicht an jeder Biegung. Schafe bewegen sich an den Hängen wie helle, langsam rollende Kieselsteine. Hirtenhütten wie aus alten Christgeburtsbildern stehen an der Straße. Die Campagnadrosseln schwirren durch die Stille.

In Fiano steht ein Quattrocento-Schloß, heute ein Erziehungsinstitut, dessen Schüler sich in den Sälen der Orsini, der Sforza, der Ludovisi, der Ottoboni, denen Fiano nacheinander gehört hat, der Wissenschaft widmen. Fiano war eines der kleinen Territorien Latiums, die von den Päpsten für «legitimierte» Bastarde einflußreicher Kardinäle, in diesem Falle für einen Sforza, zum Herzogtum erhoben wurden. Die Geschichte zeigt, daß die entsprechenden lukrativen Forderungen der Lebemänner im Purpur aus geographischen Gründen nicht leicht zu befriedigen waren und ein solcher neugebackener Herzog zwar den ersehnten Titel, aber oft nur ein Bauernnest mit seiner näheren Umgebung als Herzogtum besaß. Der Besitzer von Fiano wußte wenigstens, wie begehrenswert Fruchtbarkeit und Naturschönheit seine Stadt machten.

Das Kastell von Civitella San Paolo heißt Palazzo Abbaziale, Abtpalast, weil es den reichen Äbten von San Paolo fuori le Mura in Rom gehörte. Auch hier bildet der Zusammenklang von Mittelalter und Natur auf einem alles überschauenden Hügel den größten Reiz.

Immer dichter werden die Olivenpflanzungen und Kornfelder, je weiter die Straße zum Tiber abfällt. Jenseits der Autostrada liegt Nazzano, von allen Orten der Via Tiberina der schönste. Das Schloß mit seinen mächtigen Quadern stammt noch aus dem 13. Jahrhundert. Wir steigen über rohe, flache Stufen auf den baumumstandenen Berggipfel zum Kloster Sant'Antimo.

Wer von den drei Heiligen namens Antimus aus frühchristlicher Zeit den großen Feroniatempel in eine Kirche verwandelt hat, ist kaum noch zu bestimmen. Antoniazzo da Romano, sonst nur mit großen Arbeiten in Rom und in Bracciano beschäftigt, schuf für die Apsis um 1500 eine seiner besten Freskoarbeiten, die thronende und die gekrönte Madonna. Die Kanzel stammt aus dem 10. Jahrhundert und ist somit die älteste in Latium. Die nicht hohen sechs Säulen sind das einzige, was vom Rundtempel der Feronia geblieben ist. Der römischen Göttin wie dem Gott der Christen sind in dem Heiligtum die Dankgebete für den Segen der Ernte dargebracht worden.

Ein steiniger Weg führt hinter Ponzano Romano hinunter in die nächste Nähe der Autostrada. Neben einem großen Gutshof liegt, von den Zeiten kaum berührt, Sant'Andrea in Flumine, umhüllt von Akazien, Holunder, Lavendel, Weinstöcken und Feigenbäumen, eine Klostergründung Karlmanns, als er im 8. Jahrhundert als Mönch auf dem Soracte lebte. Das Kloster besteht nicht mehr, ist in den Bauten des Gutes aufgegangen. Die Kirche soll viel älter sein, eine Gründung der heiligen Galla, der Tochter des von Theoderich im 6. Jahrhundert, gleich Boëthius, hingerichteten heidnischen Konsuls Symmachus. Karlmann hat die Kirche erweitert. Sein Bruder Pippin der Kurze und sein Neffe Karl d. Gr. haben Sant'Andrea besucht. Ganz nahe der nur wenige hundert Meter entfernten modernen Weltstraße, auf der heute die Autokolonnen von Norden nach Süden, von Süden nach Norden fahren, liegen die letzten Reste der ältesten Straße der Sabina, auf der vor über zweitausend Jahren die Sabiner zum Tempel des Apoll auf den Soracte pilgerten. Und endlich begegnet der Betrachtung hier zum letztenmal die Gestalt des Piccolominipapstes, nun nicht mehr auf der Wanderung durch Latium, nicht mehr unterwegs, um den Lobpreis des geliebten Landes niederzuschreiben, sondern todkrank, von Gichtschmerzen gequält, sterbend auf dem Wege nach Ancona, wo er einen aussichtslosen Kreuzzug gegen die Türken beginnen wollte, mehr mit dem Eifer des Gebetes und der Bekehrung als mit Waffen, die er gar nicht besaß. Bei Fiano hatte er das Tiberschiff verlassen und war nach Sant'Andrea getragen worden; am Tiber bei Ponzano hatte er sein Schiff wieder bestiegen, war bis nach Otricoli gefahren und hatte hier die Grenze von Latium überschritten. In Ancona ist er gestorben.

Während das Gegenwärtige sich wie in Dunst auflöst, zieht uns der Gedanke des Miteinander in der Geschichte, auch wenn es ein zeitliches Nacheinander war, völlig in seinen Bann.

Imperator Pontifex und Priesterkönig – Farfa und Cures

Die Straße von Ponzano Romano über Torrita Tiberina zur Tiberbrücke ist die landschaftliche Einleitung der Sabina, die an den Tiberlauf grenzt. Jenseits des Tibers steigt der Weg an. Die Ölbäume, mit Mandelbäumen abwechselnd, wachsen in den Kornfeldern wie metrische Akzente in einem Vers. Man kann diese Straße nicht langsam genug fahren. «Ein Ölbaum und ein Weizenfeld würde mir immer ein Heiligtum sein», schrieb Seume, als er von seinem *Spaziergang nach Syrakus* zurückkehrte und durch die Sabina nach Terni wanderte. Je näher wir der Abtei Farfa kommen, deren Campanile schon bald sichtbar wird, desto stärker wird der Eindruck des Olivenlandes. Die Bäume ziehen von Hügel zu Hügel hinauf, wie auf einem Gemälde des Pointillismus.

Hier ist das Reich der Vacuna, der mütterlichen Göttin der Fluren, die das Korn segnete und für die alten Sabiner mit der Ceres identisch war. Ihr Tempel stand an der Stelle der Abtei, und wie die Säulen der Feronia Sant'Antimo in Nazzano, so stützen Säulen der Vacuna die Kirche von Farfa. Der Name hat sich im sabinischen Bergland in den Dörfern Vacone nördlich von Farfa zwischen Poggio Mirteto und Rieti, sowie, Farfa nahe, in Bocchignano, dem sabinisch-römischen Vacunianum, bewahrt.

In Farfa sind vier Bauperioden zu unterscheiden, die erste, zwar Tatsache, doch stark von Legenden umwoben, bereits aus dem Ende des 4. oder dem Beginn des 5. Jahrhunderts. Es war eine Gründung des orientalischen Eremiten Laurentius des Syrers auf dem Monte Acuziano, die aber wieder verfiel. Im Jahre 680 fanden sich der baufreudige Langobardenherzog Faroald von Spoleto und der fränkische Benediktiner Thomas von Maurienne zusammen und bauten Farfa wieder auf. Thomas wurde der erste

Abt, der für sein Werk die Hilfe des griechischen Papstes Johann VII. gewann und nach jahrzehntelanger Herrschaft um 720 starb.
Karl d. Gr., der fromm, jedoch nicht unbedingt papstfromm war, brachte Farfa in seine unmittelbare Abhängigkeit und erhob es zur ersten Reichsabtei, mit einer Immunitätsurkunde vom Jahre 803. Ludwig der Fromme, sein Sohn und Nachfolger, erneuerte und erweiterte die Privilegien, mit denen die Abtei von Farfa von nun an gegen die Päpste, die nur noch das Recht der Abtweihe besaßen, auftreten konnte, wenn sie es für notwendig hielt. Die Kaiser kamen nach Farfa, hielten eigene Konzilien ab und präsidierten ihnen in Pontifikalgewändern.
Die Politik Farfas bestand bis in das 13. Jahrhundert hinein in einem latenten Kleinkrieg mit Rom um Rechte, Freiheiten und Privilegien, die greifbarer waren als christliche Forderungen. An kultureller Bedeutung kam Farfa Monte Cassino und Subiaco gleich, an Vorrechten überragte es beide. Farfas romanhafte Geschichte im Spannungsfeld zwischen Kaisern und Päpsten, in den Gefahren der Sarazeneneinfälle seit dem 9. Jahrhundert, seiner kulturellen Hochblüte und seinem inneren Zerfall ist noch nicht zusammenhängend geschrieben.
Die Hauptbasilika war einmal von fünf kleineren Basiliken umgeben, zu denen noch ein Kaiserpalast gehörte. Die Besitztümer des Klosters erinnerten mehr an ein mächtiges Herzogtum als an eine Klostergemeinschaft entsagungsvoller Benediktiner. Die Gefahren des Krieges brachten die Mönche bereits früh auf den Gedanken, vom Kloster aus unterirdische Gänge auf die Höhen und in benachbarte Ortschaften zu graben, um sich, je nach der Lage, selber in Sicherheit zu bringen oder aber Sicherheit gewähren zu können.
In der Basilika sind seit 1959 systematische Ausgrabungen und Restaurierungen im Gange, deren Ausmaß für die Erkenntnisse

der Kulturgeschichte Latiums heute noch nicht abzusehen ist. Allenthalben werden überbaute oder zugemauerte Teile des ältesten Baues freigelegt, vor allem der karolingischen Hauptbasilika, die Abt Sicard, dessen unbeschädigter Grabstein mit langer Inschrift wiedergefunden wurde, nach 830 erbauen ließ und die nach 890 der Zerstörung zum Opfer fiel.
Die dritte Basilika, 930 begonnen, doch erst 1060 vollendet, wurde 1496 von den Orsini, die über ein Jahrhundert, länger als andere Adelshäuser Latiums, die Abtei als Pfründe besaßen, zerstört oder überbaut. An ihrer Stelle entstand die heutige Basilika. Möglich ist, daß man eines Tages auch die kostbaren Onyxsäulen wiederfindet, die Abt Petrus vergraben ließ, als er das Kloster im Jahre 890 nach siebenjähriger Belagerung durch die Sarazenen mit allen Mönchen räumen mußte.
Man kann sich der leisen Ergriffenheit nicht entziehen, wenn man zusieht, wie jahrhundertelang Verborgenes plötzlich ans Licht kommt. Da steht ein römischer Sarkophag von unvergleichlicher Schönheit. Im Klostergarten blicken wir über ein weites Geviert, dessen uns entgegengesetzte niedrige Mauer der Entfernungen wegen nur undeutlich zu sehen ist. Es war einmal der Kreuzgang. Wie großartig beherrschend muß diese halb geistliche, halb weltliche Residenz ausgesehen haben! Aber nicht die Sarazenen, sondern christliches Raubgesindel hat Farfa nach dem Auszug des Abtes im Jahre 890 in Flammen aufgehen lassen. Erst als die Mönche etwa dreißig Jahre später zurückkehren konnten, begann eine neue Hochblüte, ebenso aber ein erschrekkender Verfall.
Roffred, der Abt, der Farfa 930 wieder aufbaute, wurde im Jahre 936 von zwei Mönchen ermordet, die sich selbst zu Äbten erhoben und zu denen noch ein dritter kam. In Farfa genoß Campo, ein geistlicher Mediziner, der das Gift für seinen Vorgänger kundig gemischt hatte, als Abt das Dasein mit seiner Geliebten Lin-

za, sieben Töchtern und drei Söhnen – ein fast unbestrittener Herrscher über das Sabinerland. Nach dem sachlichen, wenn auch unmißverständlich empörten Bericht des offenherzigen zeitgenössischen Chronisten von 1004 stattete Campo «alle seine Kinder mit Klostergut» aus. Die Mönche folgten willig dem Beispiel, das ihnen vorgelebt wurde, und wohnten in eigenen Villen wie die reichen Römer des Altertums. Erst zwanzig Jahre später gelang es dem Fürsten Alberich, der in Rom über das ebenso verrottete Papsttum herrschte, Campo zu vertreiben und in Farfa die Reform von Cluny einzuführen. Aber auch der Reformabt wurde nach wenigen Jahren ermordet, und das erprobte Lotterleben begann von neuem.

Nur für kurze Zeit wurde unter den Kaisern Otto I. d. Gr. und Otto III. in Farfa ein Ordensleben eingeführt, das als klösterlich bezeichnet werden konnte. Später waren die Äbte als größte Territorialherren der Sabina mehr mit der Festigung ihrer Besitztümer beschäftigt als mit der Pflege benediktinischen Geistes. Das wird uns besonders deutlich, sobald wir an die einstigen Eremitagen auf dem hohen waldigen Berg hinter dem Kloster denken, in die sich hin und wieder Mönche, denen der Geist ihres Ordensstifters noch eine Wirklichkeit bedeutete, zurückzogen, um ganz der Betrachtung und der Weltüberwindung zu leben.

Der letzte Kaiser, der nach Farfa kam, war Heinrich IV. auf seinem Eroberungszug 1081 nach Rom, um dort seinen Gegenpapst gegen Gregor VII. einzusetzen.

Als 1144 in Rom die Utopie alter republikanischer Freiheiten neu erwachte, die Römer die «Erneuerung des heiligen Senates» proklamierten, den Päpsten die weltliche Herrschaft bestritten wur-

367 Der Campanile der Abtei Farfa – Mönchisches Imperium

de und der Aufruhr tobte, mußte der neugewählte, heiligmäßige Eugen III., der Schüler Bernhards von Clairvaux, in den Schutz Farfas und damit des Kaisers fliehen, um gekrönt zu werden, was die rebellierenden Römer unmöglich gemacht hatten. Es war im Februar 1145. Vierzehn Jahre später zeigten Szenen von barbarischer Wildheit, daß es keinen kaiserlichen Schutz mehr für den rechtmäßigen Papst gab: am 7. September 1159 wurde die Papstwahl in der Peterskirche zur Schlacht. Kardinal Orlando Bandinelli – Alexander III., der uns in Latium häufig begegnet ist – war gewählt, Kardinal Ottaviano Monticelli riß ihm den Purpurmantel der neuen Würde herunter und legte ihn sich selber um. Auch ihm entriß man ihn wieder, worauf er sich einen vorsorglich mitgebrachten Mantel anlegen ließ, doch in der Hast von der falschen Seite und falsch geschlossen. So war er Gegenpapst schon von diesem Augenblick karikaturhafter Fügung an, und das war gefährlich in einer Epoche, für die solche Wirklichkeiten sogleich zu Symbolen wurden. Der Rechte wurde in Ninfa gekrönt, der Falsche ging nach Farfa und empfing hier Weihe und Tiara. Der eine floh zwei Jahrzehnte lang von Land zu Land, aber er blieb der Papst des Rechtes. Der andere saß in Rom, wo ihn Kaiser Barbarossa mühsam hielt. Doch in den Augen der Christenheit fehlte ihm das Stigma Gottes, vor dem Barbarossa achtzehn Jahre später sich doch beugen mußte. Im Altarraum der Abteikirche, wo der Thron des Falschen stand und die Weihe so falsch wie die Krone war, empfängt das zeichenschwere Geschehen der Papst- und Kaisergeschichte des 12. Jahrhunderts Farbe und Stimme.
Farfa kehrte sich 1225 unter Friedrich II. vom Kaiser ab und schloß sich der Kirche an, um dann im Laufe der späteren Jahrhunderte, je nach dem Papst, der seine Familie groß machte, ein Benefiz zu bilden, das von Fürstenhaus zu Fürstenhaus überging. Die Äbte dieses reichsten Grundbesitzes Latiums kümmerten sich um nichts anderes mehr als um ihre Vorrechte.

Vor uns öffnet sich ein Saal, der als Abstellraum für altes Mobiliar verwendet wird. In der Ecke steht eine zierliche Rokokosänfte, verstaubt und von Motten zerfressen; die Goldstukkaturen bröckeln herunter, aber die Formenschönheit ist geblieben. In dieser Sänfte ließen sich die behäbigen, genießerischen letzten Äbte von Farfa vor der napoleonischen Säkularisation im Jahre 1800 spazieren tragen – sorglos im Bewußtsein ihrer scheinbar gesicherten Reichtümer.
1870 verkaufte die italienische Regierung die Abtei an einen Privatmann. Erst seit 1919 leben wieder Benediktiner in Farfa.
Das Klosterarchiv wartet noch der Erforschung. Dann betreten wir die große Bibliothek. Mitten im weltfernen Tal der Sabina glauben wir uns in irgendeine Großstadtbibliothek versetzt. Der weite Raum ist modern eingerichtet, Werke in allen Sprachen füllen die Regale, vollständige Kartotheken stehen da, bequeme Tische, Sessel und Beleuchtungskörper: die Bibliothek des anderthalb Jahrtausende alten Klosters! Neue Mönche sollen kommen, und in nicht allzu ferner Zeit soll Farfa wieder zu einem Kulturzentrum ausgestaltet werden – aus benediktinischem Geiste in einer veränderten Welt. Man sucht finanzielle Hilfe, um weiterarbeiten zu können. Und man hat sich mit dem schweren Schlag abfinden müssen, daß Einbrecher 1972 vier Codices und unersetzliche Frühdrucke im Wert von über sieben Millionen Franken gestohlen haben.
Wir setzen den Weg fort nach dem hochgelegenen Fara Sabina, das den Ruf genießt, das sauberste Städtchen Latiums zu sein. Mittelalter, kleine Stadtpaläste des 15. und 16. Jahrhunderts und ein schöner Park auf dem runden Gipfel machen Fara Sabina zum Genuß. Der Rundblick vom Park aus über Latium ist fast ohne Vergleich. Nicht weniger als neunzig Ortschaften zeichnen sich auf den Hügeln ab, deren Linien sich im abendlichen Licht wie ein immer leiser werdendes *piano* verlieren.

Auf halbem Wege zwischen Fara Sabina und Passo Corese – wo die Straße auf die Via Salaria mündet – liegen, etwas abseits am Fosso Corese, die seltsamsten Mauerwerke von Latium. Es ist das alte Cures, die Hauptstadt der Sabiner, wo Titus Tatius als Priester-König herrschte und die schönen Sabinerinnen lebten, nach denen die frauenlosen Römer so lüstern waren, daß Romulus, der Gründer Roms, am Festtag des Consus, des Gottes der Fruchtbarkeit, jenes Fest veranstaltete, bei welchem die Römer den «Raub der Sabinerinnen» inszenierten. Die beleidigten Männer, Väter und Brüder zogen rachedürstend nach Hause. Titus Tatius bereitete den Krieg vor und eroberte das Kapitol mit Hilfe der verräterischen Tarpeja. Als die Sabiner jedoch bald darauf gegen die Römer unterlagen und niedergemacht werden sollten, stürzten die geraubten Frauen, die inzwischen zu sehr glücklichen Römerinnen geworden waren, herbei, retteten ihr Volk und vermittelten ein Bündnis der gemeinsamen Herrschaft von Romulus und Titus Tatius. Der Sabiner-König brachte den Römern die Heilgöttin Salus, den Gott der Grenzen, Terminus, aber auch Quirinus-Mars, den Gründer von Cures, nach dem die Römer sich fortan Quiriten nannten.
Die Mauern von Cures wecken philosophisch-trübe Überlegungen. Es gab einmal eine «sagenhafte» Zeit, als geraubte Frauen zufriedene Stifterinnen des Friedens, kluge Bereiterinnen des Bündnisses waren. Dieser Gedanke begleitet uns auf der Via Salaria bis nach Rom.

XII

Mitte der sabinischen Welt – Monteleone Sabino

Die Via Salaria ist die älteste der sieben von Rom ausgehenden Ur-Straßen. Sie führt in die Sabina und über Rieti nach Porto d'Ascoli an der Adria, wo Sabiner und Römer das Salz gewannen, das der Straße den Namen gegeben hat. In Porto d'Ascoli landete im Jahre 410 der dämonische Westgotenkönig Alarich und zog über die Via Salaria nach Rom, das durch ihn zum erstenmal in seiner Geschichte erobert wurde. Der 24. August 410 bezeichnet das Ende der römischen Antike, der römischen Macht, des römischen Glanzes.

Zwischen Rom und Rieti, fast in der Mitte dieses Stückes der Via Salaria, führt eine kleine Nebenstraße nach Monteleone Sabino hinauf, dem römischen Trebula Mutuesca, wo das größte Heiligtum der Dea Feronia stand und das innerste Wesen der Göttin am sinnfälligsten Ausdruck fand. Die Göttin der Blumen und der Erstlingsfrucht war zugleich die Göttin des Frühlings und des Todes, die Umbildung der Persephone in die Glaubenswelt der Sabiner, von denen die Römer den Kult später entgegennahmen. Die Sabiner kamen jedes Frühjahr zum Göttinnenfest nach Trebula Mutuesca, brachten ihre Opfer, verehrten das blumengeschmückte Bild der Feronia und veranstalteten dabei gleichzeitig die, wie wir annehmen müssen, größte «Handelsmesse» Italiens. Das Dorf Monteleone Sabino läßt von dieser hohen sakralen Vergangenheit lange vor der Herrschaft Roms einiges erahnen, sobald die Erforschung neuerer, bis in das 4. Jahrhundert v. Chr. zurückreichender Funde und Grabungen einmal zu folgerichtigen Stilresultaten gelangt sein wird.

Einer der «Nationalhelden» der Römer ist geborener Sabiner aus Monteleone Sabino, Lucius Mummius, der 146 v. Chr. mit der Zerstörung von Korinth, der reichsten Stadt Griechenlands, die römische Vorherrschaft endgültig festigte und die griechische Geschichte beendete.

Auf einer kleinen Piazza liegt, über zwei glatte Rundsäulen gelegt, eine dritte Säule mit Blattschuppenornamentik, an deren Schnittfläche ein stilisiertes Sonnengesicht erscheint. Es ist nicht römisch. Was aber ist es, hier in der einstigen Mitte der sabinischen Welt? Das gleiche Sonnengesicht, wenn auch nicht das einzige Sonnensymbol, erscheint nun noch einmal unter dem Giebel der kleinen Kirche Santa Vittoria am Monte Oliveto nahe bei Monteleone Sabino, wo die Schönheit sabinischer Landschaft in ganz anderer Weise als im Bereich des Tibers oder von Licenza das Auge überwältigt. Es muß die Stelle des Feroniatempels gewesen sein. Auf der Wiese vor der Kirche stehen und liegen große römische Kapitelle, Säulenschäfte, steinerne Löwen mit verwitterten Konturen aus allen Nekropolen der Umgegend. Auch diese Löwen könnten Reste sabinischer Kunst sein.

Die von Farn und Efeu umwachsene Kirche aus dem 12. Jahrhundert ist der jungen Sabinerin Viktoria geweiht, die in Monteleone und dem weiteren Land das Evangelium verkündete und unter Kaiser Diokletian zu Beginn des 4. Jahrhunderts den Märtyrertod erlitten hat. Die Säulen der Kirche stammen sehr wahrscheinlich noch aus dem Feroniatempel, der wohl ohne Übergang in ein christliches Heiligtum verwandelt worden ist. In die Außenwände sind überall römische Fragmente und Schrifttafeln aus der frühen Kaiserzeit eingebaut, was die Bedeutung der heidnischen Kultstätte noch betont. In einer Art Sakristei steht ein römischer Sarkophag, in welchem die ersten Christen der Sabina den – längst verschwundenen – Leib der Viktoria beigesetzt haben, das einzige, was außer Bekennen und Tod des gottbegeisterten Mädchens historisch gesichert ist. Vor dem Hauptaltar liegt ein tiefer Brunnen, dessen Wasser das Volk noch heute in frommer Hingabe und Erinnerung an seine fortlebende Heilige trinkt. Es ist kaum daran zu zweifeln, daß es «dein klarer Quell, Feronia» ist, der schon Horaz erquickt hat. Das Element ist geblieben, der Frühlingsgöttin wie der Heiligen zugehörig, nur Weihe und Wirkung sind von neuem Geist erfüllt.

Man kann von Monteleone Sabino aus den Umweg über die Via Salaria machen oder die schönere, abgelegene und nicht so bequeme Straße von Santa Vittoria nach Osten zum Lago di Turano fahren, dem schönsten der großen künstlichen Seen, der, längst zu vollkommener Natur geworden, sich buchtenreich zwischen den Bergen hindehnt. Auf dem Hügel, der den See im Norden begrenzt, liegt das kleine Dorf Rocca Sinibalda. Sein Name ist der des Kastells, des interessantesten Schlosses der Hochrenaissance in Latium. Baldassare Peruzzi, als Maler so wegweisend wie als Architekt, der letzte große Schüler Bramantes, hat die Rocca Sinibalda wenige Jahre vor seinem Tode 1536 im Auftrag des Kardinals Alessandro Sforza-Cesarini entworfen und begonnen. Das später vollendete Schloß weicht von der ersten Idee nur unwesentlich ab. Der Grundriß ist ein stilisierter Adler mit ausgebreiteten Flügeln, die Akzente bilden die Türme. Konzipiert nach außen noch als zinnengekrönte Burg der Verteidigung, ist das Innere die reiche Residenz der Sforza-Cesarini, die sich in die Verborgenheit dieser grünen Berge zurückzuziehen liebten, in das Land zwischen der Sabina und dem Cicolano, das, von einigen weitverstreuten Dörfern abgesehen, seine Einsamkeit bewahrt hat. Über dem Adlerschnabel der Front weht die Weltbürgerfahne. Nachdem Rocca Sinibalda lange Zeit im Besitz der Provinz Rieti gewesen war, erwarb es eine reiche Amerikanerin, deren Vorstellung ist, ein Europa-Center für geistige und künstlerische Jugend in ihrem Schloß zu errichten, ein Gedanke, den wir,

so lockend er ist, skeptisch beurteilen. Für hohe Summen läßt die Besitzerin in den Sälen allenthalben übermalte Fresken des 16. Jahrhunderts in den frischesten Farben freilegen und beschäftigt dazu begabte Restauratoren.
Die Straße am See berührt Colle di Tora, eine Brücke führt über die See-Enge nach Castel di Tora am Fuße einer mittelalterlichen Burgruine. Tora ist die alte sabinische Stadt Thiora, wo die heilige Anatolia geboren wurde, die wie Viktoria in jungen Jahren den Märtyrertod erlitten hat und in Subiaco begraben liegt. Kleine Kirchen in der Sabina und im Gebiet des Velino, nördlich von Avezzano auch ein Dorf, haben den Namen der Anatolia bewahrt.

Schuldlose Mörderin – Petrella Salto

Das Salto-Tal beginnt kurz vor der Einfahrt nach Rieti und erstreckt sich in südlicher Richtung, dem Fluß folgend bis in die Berge seines Ursprungs am Fucino von Avezzano. Die Straße, die von der Via Salaria mit dem Fluß, ihm ausweichend und ihn wieder eng berührend, in Hunderten bewegter Windungen bei Fiamignano bis zur Höhe von fast tausend Metern ansteigt, dann wieder fällt, dramatisch bewegt oder ruhevoll hinlaufend, bis sie zwischen Albe Fucens und Santa Maria della Vittoria am Grab des gefangenen Mazedonierkönigs Perseus in die Via Valeria mündet: diese Straße bildet die Ostgrenze Latiums nach Süden hin. In ihrem Bilde aber ist sie wie eine Reprise in der großen Symphonie der Landschaften Latiums.
Ein künstlicher See wie der Lago di Turano, doch größer als dieser, ist auch der Lago di Salto, den außer dem Salto noch andere Flüsse speisen. Er ist erst 1939 entstanden. Die Berge, die seine Westgrenze bilden, das Cicolano, sind das Land der vorrömischen Aequicoler. In weit verstreuten kleinen Dörfern zu leben,

haben die Cicolaner aus dieser Frühzeit von den Aequicolern übernommen.
Die Straße verläuft am gegenüberliegenden Ufer des Sees, von wo bald eine Nebenstraße nach Petrella Salto am Monte Moro hinaufführt. Hoch über dem Bergnest erhebt sich noch einmal ein Kegel mit den Ruinen eines ehemals großen Schlosses, wo am 8. September 1598 die einundzwanzigjährige Beatrice Cenci ihren Vater ermorden ließ.
Fällen auch die Historiker und Dichter aller Sprachen, die seither dieser Tragödie nachgegangen sind, über das Mädchen denkbar entgegengesetzte Urteile, so sind sie sich alle einig über die Figur des Ermordeten. Francesco Cenci aus altem, doch ganz heruntergekommenem römischem Adel, war von Natur ein Verbrecher aus niedersten Instinkten. Sein Haß gegen seine Söhne, die kaum besser waren als er, und seine Töchter war furchtbar, der Haß gegen Beatrice jedoch abgründig. Er hat das Kind, das heranwachsende Mädchen vom ersten Tage an körperlich und seelisch gepeinigt aus der Lust angeborener Bosheit.
Die Cenci bewohnten den düsteren Palazzo Cenci in Rom, der noch heute einen bedrückenden Eindruck hinterläßt. Francescos Betrügereien, Gewalttätigkeiten und Untaten, derentwegen er mehr als einmal im Gefängnis saß, zwangen ihn schließlich, mit seiner zweiten Frau Lucrezia, die er fast so barbarisch unterdrückte wie Beatrice, Rom zu verlassen. Ein Colonna überließ ihm das Schloß Petrella, wo die gequälte Beatrice in der Düsternis ihres Daseins wenigstens für eine flüchtige Zeit die Liebe des Olimpio Calvetti, des Kastellans der Colonna, fand, zugleich aber auch vom Vater eingekerkert und körperlich so mißhandelt wurde, daß sie, vor die Wahl gestellt, ihr entwürdigendes Leben weiterzuleben und daran zugrunde zu gehen oder sich für immer zu befreien, die zweite Möglichkeit wählte. Sie wurde zur Anstifterin des Vatermordes, die Stiefmutter und ihr Bruder

Bernardo wurden zu Mitwissern, Olimpio und ein Komplice zu Mördern.
Der Cenci-Prozeß, den Papst Klemens VIII. einleiten ließ, erregte allgemein das größte Aufsehen. Er wurde im Sinne der niemals nach Gründen, sondern nur nach Mitschuldigen fragenden Normen des 16. Jahrhunderts mit allen Torturen geführt und endete in teilweise barbarischen Todesurteilen der Mutter, des Bruders, Beatrices, während Olimpio entflohen war und schließlich umgebracht wurde.
Im Augenblick, als Beatrice ohne ein Zeichen des Entsetzens sich auf der Engelsbrücke dem Henker zur Enthauptung beugte, sprach das Volk sie heilig. Eine Prozession des Mitleids, dessen weder Papst noch Richter fähig gewesen waren, begleitete ihren Leib mit dem Haupt auf einer silbernen Schale nach San Pietro in Montorio auf dem Gianicolo, wo Beatrice noch heute unter dem Stein des Chorraumes liegt. Niemand kennt die Stelle. Während die Nepoten des Papstes, die Aldobrandini, «rechtmäßig» den Besitz der Cenci für sich einzogen und der völlig schuldlose jüngste Bruder Beatrices, ein erst Fünfzehnjähriger, auf die Galeeren geschickt wurde, wallfahrteten die Römer monatelang mit Kerzen und Blumen nach San Pietro in Montorio, ohne zu wissen, unter welchen Stein die barmherzigen Mönche Beatrice gebettet hatten.
Beatrice Cenci war kein Engel, sondern ein Mensch, dessen Leben ein einziges Inferno gewesen ist. Weil die Gesellschaft für Leiden wie die ihren keine rettenden Gesetze kannte, keine Möglichkeiten der Hilfe bot, hat sie in ihrer Verzweiflung den letzten Ausweg selber gesucht. Sie war nicht die Märtyrerin, zu der Shelley sie in seiner Tragödie erhoben hat, aber sie war ein Opfer, dessen Gedächtnis zu schade dafür war, noch der antipäpstlichen Propaganda des 19. Jahrhunderts vor dem Zusammenbruch des Kirchenstaates zu dienen.

Das Volk hat sie mit Legenden umhüllt. Bei Torrenova am Beginn der Via Casilina, das den Cencis gehört hatte, hat es ein altes Nymphäum mit Malereien und Graffitti aus dem 16. Jahrhundert «bagno della bella Cenci», Bad der schönen Cenci, genannt; einer Stalaktitengrotte bei einem ganz anderen Petrella einige Kilometer südlich von Tagliacozzo hat man ebenfalls ihren Namen gegeben.
Tragödien wie die der Beatrice Cenci bleiben im Gedächtnis der Menschen. Das Maß des Menschlichen und des Unmenschlichen erscheint anders verteilt; sie sind nicht mehr mit den Augen kalter, richtender Vereinfacher zu sehen. Wie bildhaft nahe ist die Gestalt Beatrices hier oben, wo wir auf einer Mauer zwischen Ginsterbüschen sitzen, vereinzelte Stimmen aus dem Dorf heraufhallen hören und große, nie gesehene Schmetterlinge, rückwärts fliegend, einander im Spiel jagen sehen.

Magier und Hirte – Die Gola del Velino

Wir verlassen Petrella und das Salto-Tal über die wie Schlängelungen eines Baches zur Via Salaria östlich von Cittaducale zurücklaufende Straße. Dort liegt die kleine Ebene der im Altertum vielbegehrten Thermen von Aquae Cutuliae, die heute zu dem kleinen Schwefelbad Cotolia reduziert sind.
Weil er in den Quellen Heilung fand, erbaute Kaiser Vespasian sich diese großen Thermen und eine Villa, in der er auch gestorben ist und deren Reste bei dem winzigen Lago di Paterno, dem Cutuliae Lacus, neben der Via Salaria angenommen werden.
Die drei Herrscher des flavischen Kaiserhauses, das nach dem Erlöschen des völlig degenerierten julischen Hauses siebenunddreißig Jahre lang den Thron des Weltreiches innehatte, stammen aus dem Land von Rieti: Vespasian, der Etrusker und Sohn

eines Zollbeamten, gab dem Imperium nach dem Ende Neros durch kluge, kaufmännisch orientierte Verwaltung wieder Halt und Macht. Sein Sohn Titus, das verklärte Vorbild aller – seltenen – Friedefürsten auf den Thronen der Welt, wurde in Aquae Cutuliae geboren und ist hier gestorben wie sein Vater. Er hat nur zwei Jahre regiert, ehe sein in Rieti geborener Bruder Domitian, in allem sein Gegenteil und wohl sein Mörder – ein neuer Nero, der sich selber zum Gott erhob –, länger als Vater und Bruder zusammen sein Schreckensregiment ausüben konnte. Beider Schwester Domitilla erkannte den wahren Gott, war die erste Christin aus kaiserlichem Hause und wurde zur Strafe dafür von Domitian verbannt. Ihre Tochter ist die heilige Flavia Domitilla, Frau des Märtyrers Flavius Klemens. Sie hat den römischen Domitilla-Katakomben den Namen gegeben. Welche Kontraste, welche Charaktere in dieser Familie aus den Reatiner Bergen!

Noch einmal suchen wir nur das Ausruhen in der Landschaft dort, wo die Via Salaria von Antrodoco durch die Gola del Velino bis nach Amatrice an der Nordgrenze Latiums verläuft und das weite Massiv der Monti della Laga sich zwischen Latium und die nördlichen Provinzen legt.

Die Gola, die Schlucht des Velino, erstreckt sich zwischen Waldbergen bis nach Posta. Wenige Kilometer nach der Brücke über den Velino nach Antrodoco steht der die genaue Hälfte der Via Salaria zwischen Rom und Porto d'Ascoli bezeichnende Meilenstein aus der Zeit des Augustus. Kurz vor Posta werden links von der Straße die Vene rosse, die roten Adern, sichtbar, eine fast über zweihundert Meter lange Spaltung im roten Stein, an die sich eine sonderbare Legende knüpft. Ein Zauberwort des geheimnisvollen Arztes und Magiers Cecco d'Ascoli, der eigentlich Francesco Stabili aus Ascoli Piceno hieß, soll den Felsen gespalten haben. Ceccos ganzer Haß galt Dante, seinem größten Zeitgenossen, dessen offenbarender Schau er magische Deduktionen über

Christus gegenüberstellte. Er leugnete alle übernatürlichen Geheimnisse, betete die Hirschkuh an als Symboltier menschlich-begrenzter Intelligenz und Wissenschaft, entsetzte durch sein Wesen die Gläubigen und wurde 1327 in Florenz verbrannt.

Nach Posta weitet sich das Land zu einem Pappeltal. Farbige winzige Dörfer liegen in farbiger Fruchtbarkeit.

Amatrice war einmal ein Mittelpunkt monastischer Gelehrsamkeit und mußte in tausend Jahren zehnmal die Herrschaft verschiedener Mächte wechseln. Hier wurde im 16. Jahrhundert der größte Künstler der Abruzzen geboren, Cola dell'Amatrice, der als Maler wie als Architekt und Städtebauer einen ganz eigenen Stil entwickelt hat.

Die romanisch-gotische Kirche San Francesco, das schönste Bauwerk der schönen kleinen Stadt, ist ausgezeichnet restauriert worden. Sie besitzt ein Reliquiar, gotisch noch im Zeitalter der Frührenaissance, das zu den großen Werken seiner Art gehört – und sie besitzt Fresken aus dem 15. Jahrhundert, darunter den selten dargestellten Baum Jesse, mit denen die Kunst der Marken die Grenzen Latiums erreicht. Der Name des Schöpfers ist unbekannt.

Oberhalb des kleinen, künstlichen Lago di Scandarella im Angesicht der Monti della Laga, rundet sich das Bild der Landschaft im Bilde eines Schafhirten. Er wandert mit seiner Herde heran, stellt sich mitten in die Wiese, stützt sich auf seinen langen Stab, läßt seinen um die Schafe kreisenden Abruzzenhund hüten und wartet, bis der Augenblick des Weiterziehens, den er genau kennt, gekommen ist; einer dieser Nomaden Latiums, die immer schweigen und, wie außerhalb der Welt stehend, hüten, warten, weiterziehen – die Ältesten der Menschheit, sogar des Wortes der Dichtung, die Vergil an ihren Anfang stellt: «Unsrer Muse Beginn sind Hirtenlieder gewesen.»

Vergessene Götter, lebendiger Heiliger – Rieti und das Velino-Tal

Rieti, das sich selbstbewußt den «umbelicus Italiae», den Nabel Italiens, nannte, war in vorrömischer Zeit die Hauptstadt der Sabiner, und die heutige Ebene nördlich der Stadt ein See, weit größer als der Lago di Bolsena. Es ist das wasserreichste Gebiet Latiums. Cicero verglich seinen Zauber mit dem Tempetal Thessaliens.

Die aus den Abruzzen von Amiternum, dem heutigen L'Aquila, nach Rieti, dem antiken Reate, kamen, verehrten als ihren Göttervater Sabinus, den ersten Winzer, der den Menschen mit der Rebe auch die Kultur geschenkt hat.

> «... Vater Sabinus,
> Der die Rebe gepflanzt, sein Bild noch zeigte die Sichel.»

So sieht Vergil diesen Gott.

Als erster König galt den Sabinern Herakles, den sie Pater Reatinus nannten und der seine so farbige, geradezu dramatische mythologische Existenz in Latium in Rieti krönte. Neben ihm thronte die Dea Vacuna als zweite Göttermutter der Sabiner mit der Dea Feronia. Ihr Tempel erhob sich am Lago di Piediluco am Nordende der Ebene. Nicht ein Philologe unserer Zeit, sondern Marcus Terentius Varro, der allwissende Leibniz der vorchristlichen Antike und gebürtige Reatiner, erklärt den Namen der Vacuna mit dem Ausleeren, dem Ableiten des Wasserreichtums, von dem die unzähligen Flüßchen und kleinen übriggebliebenen Seen der Ebene noch eine ungefähre Vorstellung geben.

Brachte Sabinus als Gott der Rebe die Anfänge geistiger Kultur, so machte Vacuna, die das Wasser in Grenzen wies, die Kultur des Bodens möglich. Noch eine dritte Göttin, die Hirtengöttin

Pales, besaß bei Rieti einen großen Tempel, das Palatium, dessen Wort- und Sinnverbindung mit Latium von der Wissenschaft erkannt ist.
Die völlige Austrocknung des Sees ist erst im 16. Jahrhundert gelungen. Heute zieht der Velino ruhig hindurch, um nach den Wasserfällen von Terni, der von fast allen deutschen Romwanderern und Dichtern bewunderten und besungenen, heute wirtschaftlich-prosaisch der Elektrizität nutzbar gemachten Cascata delle Marmore, in die Nera zu münden.
Daß Rieti aus seiner bewegten Vergangenheit nur noch verhältnismäßig wenige Monumente besitzt, ist die Folge vieler schwerer Erdbeben in den vergangenen Jahrhunderten, deren letztes 1898 die Stadt verwüstete. Der Bau des Mariendomes ist 1109 begonnen worden, doch erst 1225 konnte Papst Honorius III. die Weihe vollziehen. Das Barock hat sich leider der Romanik auch dieses Domes bemächtigt; wie er einmal ausgesehen hat, lassen Fassade und Campanile nur vermuten. Es bleibt die Hoffnung, diese stillosen späten Zutaten eines Tages, wie in vielen Kirchen Latiums, verschwinden und das unversehrte romanische Werk herausgeschält zu sehen.
Unberührt geblieben ist die 1157 geweihte Krypta, die während des Dombaues ein halbes Jahrhundert lang Bischofskirche gewesen ist. In den Mauern der Krypta kommen wir zum erstenmal mit der Erinnerung an Franz von Assisi in Berührung. Seine Spuren in der Stadt, in den Wäldern und Bergen des Rieti-Tales sind bewegend. Legende und Erzählung leben weiter in ihrer Schlichtheit, Weltabgeschiedenheit und Ursprünglichkeit.
Neben dem Dom steht der bischöfliche Palast, noch fast vollständig der ursprüngliche Bau von 1288, der auf den sogenannten Volte de Vescovado, den «Gewölben des Bischofspalastes» steht, einer monumentalen, kirchenartigen zweischiffigen gotischen Halle, deren Front nach der Piazza hin die Papstloggia bildet,

denn Rieti mußte nicht selten flüchtigen Päpsten zum Aufenthalt dienen. Wie die Halle gehört der von ihr aus zugängliche Hof des Palastes mit der alten Außentreppe zu den erlesenen Werken gotischer Architektur in Latium. In diesem Hof hat Franziskus, der sich in Rieti als Gast des Bischofs von seiner Augenoperation erholte, seinen Gastgeber und den Podestà der Stadt, die sich tödlich haßten, versöhnt. Der neue Friede beglückte ihn so tief, daß er seinem Sonnengesang die jubelnden Verse der Verzeihung und des Friedens als höchste Gaben Gottes hinzufügte.

Die alten Götter der Sabina sind untergegangen. Epilog unserer Fahrt ist der weltverwandelnde Heilige, sind seine Einsamkeiten an den Hängen rings um Rieti. Franziskus liebte versteckte Stellen auf halben Anhöhen in dichtem Wald. Das fast Unzugängliche sollte ihm den Zugang zu Gott und von ihm aus zu den Menschen erleichtern. Legende und Wirklichkeit seines Lebens im Rieti-Tal sind verbunden in der höheren Wahrheit, die sein Leben und Reden verkündet hat.

Südlich von Rieti liegt das Kloster Fonte Colombo. Der Maultierpfad, über den Franziskus 1217 zur Berghöhe zog, läuft noch neben der Fahrstraße her oder kreuzt sie. Franziskus fand eine Quelle, die er Fons columbarum, Taubenquelle, nannte. Die Einsiedelei unter den alten Steineichen, die er mit seinen ersten Mitbrüdern bewohnte und wo er noch an seiner schweren Augenkrankheit litt, die beinahe zur Erblindung geführt hätte, konnte nach dem Zweiten Weltkrieg in ihrer ursprünglichen Form wiederhergestellt werden. Sie liegt neben der späteren Kirche, die Kardinal Nikolaus Cusanus im Jahre 1450 geweiht und nach dem Heiligen benannt hat. Die Mönche warten darauf, daß die Pinakothek von Rieti ihnen das Triptychon von Zanin di Pietro aus dem 15. Jahrhundert zurückgibt, das einmal auf dem Altar stand. Ein Schnitzer des 17. Jahrhunderts, Giovanni da Pisa, hat aus dem Holz einer Steineiche neben der Grotte unterhalb der

Magdalenenkapelle, an der nach der Überlieferung Christus dem nach vierzigtägigem Fasten seine endgültige Ordensregel niederschreibenden Poverello erschienen ist, eine lebhaft bewegte Gruppe geschaffen, die das Ereignis festhält und rechts vom Altar steht. Der nüchterne Frate Leone, der ständige Begleiter des Heiligen, hat den Bericht über die Erscheinung so sachlich wie möglich dargestellt. Die Franziskaner nannten Fonte Colombo, das ihnen die Ordensregel geschenkt hat, später den franziskanischen Sinai.

Die Taubenquelle liegt wenige Minuten vom Kloster entfernt an dem alten Maultierpfad. Alle Mythen der Wassergöttin vom Velinotal sind aufgelöst in dem einen Lobpreis des Heiligen aus dem Sonnengesang: «Sei gepriesen, du mein Gott, um unserer Schwester Wasser willen, die so nutzbringend, so kostbar, so keusch ist», eine dichterische Sanktifikation des Wesens, das, in der Taufe mitgeteilt, das Leben begleitet.

Nördlich von Rieti endet eine kleine Straße am Heiligtum La Foresta, das, nach drei Seiten von Waldungen umgeben, nach dem Bergland des Terminillo hin offen ist. In den Frieden der Foresta, nahe dem seit nun siebenhundert Jahren heiliggehaltenen Weinberg, dem Ort der wunderbaren Vermehrung der Trauben, wurden im Zweiten Weltkrieg fünf Bomben abgeworfen, die vermutlich Rieti galten. Der kleine Konvent wurde stark beschädigt, ist jedoch wieder errichtet worden. Die älteste Kirche, die Franziskus vorfand, San Fabiano, wurde erst 1947 wiederentdeckt. Die Domus, das kleine Haus, wo Franziskus und seine vier Brüder Platz fanden, ist heute ein Pilgerhaus. Daneben liegt der Weinberg: die Reatiner suchten in Scharen den Heiligen auf, ließen sich segnen und fanden es – hinterher – durchaus angemessen, die Trauben zu verzehren, körbeweise abzuernten, die Reben leichtfertig zu zerstören und dann, ohne deswegen von Gewissensbissen heimgesucht zu werden, zufrieden nach Rieti zurückzu-

kehren. Franziskus ließ sie laufen und gab, wie Frate Leone berichtet, durch Gebet und Segen dem Weinberg seine Früchte zurück.
Während der beginnenden Kälte und der täglich schmerzvolleren Augenkrankheit, die ihn in La Foresta überfiel, entstand in der Grotte bei der Domus sein Cantico, der Sonnengesang, den man ebenso häufig und unbegründet in San Damiano in Assisi gedichtet wissen will. «Er floh gern die Gesellschaft der Menschen, zog sich gern an entlegene Örtlichkeiten zurück, so daß ihn nur noch die Hülle des Leibes von seinem Gott trennte», schreibt Frate Leone. Aus dieser vollkommenen Einheit mit Gott wurde, in der unpolierten Sprache eines «romanischen» Italienisch, das vollkommenste Lob der Schöpfung geboren, das die Literatur kennt und mit dem die christliche Dichtung begonnen hat – das Hohelied, in welchem alles Erschaffene zu Bruder und Schwester wird.
Weiter fahren wir, zwischen dem Lago di Ripa Sottile und dem Lago Lungo, den letzten Seen des Velinobeckens, zu dem achthundert Meter hoch gelegenen Kloster San Giacomo bei dem kleinen, noch ganz mittelalterlichen Poggio Bustone.
Franziskus kam 1209 zum erstenmal hierher und begrüßte alle ihm Begegnenden mit dem gleichen freundlichen Gruß «Guten Tag, liebe Leute». An dem schlichten Gruß des Heiligen hat sich der Brauch entwickelt, an jedem 4. Oktober einen Mann durch die engen Straßen des Dorfes gehen zu lassen, der eine kleine Trommel schlägt und jeder Familie den alten Gruß entbietet.
Es gefiel ihm am Hang der Monti Reatini. Er kehrte wieder und liebte es, sich auf die Cima d'Arme zu Betrachtung und Anbetung zurückzuziehen. Hier steht in der Nähe einer schönen Pinienpflanzung eine Kapelle, und hinter ihr liegt die Höhle der Betrachtung, wo Franziskus nach seiner Gewohnheit zuerst ein rohgefügtes Holzkreuz aufstellte. Die Legende erzählt, hier sei

ihm der Engel erschienen und habe ihn wissen lassen, er sei vor Gott ohne Sünde. Das übernatürliche Geschehen wird jeden Ostermontag als Engelfest mit einer großen Prozession nach der Einsiedelei gefeiert.
Das Kloster San Giacomo ist erst im Jahrzehnt nach Franziskus' Tode, von 1235 bis 1237, entstanden. Alte und neuere Teile bilden ein klangvolles Ganzes.
In der Kirche San Giovanni Battista in Poggio Bustone, deren älteste Teile in die neue Kirche verbaut sind, hielt Franziskus seine Predigt gegen die Heuchelei.
Um von Poggio Bustone nach Greccio zu gelangen, sind zwei Wege möglich. Der eine ist ein Umweg durch umbrisches Gebiet und führt auf der Hauptstraße nach Terni um den Lago di Piediluco, den Lacus Velinus der Römer, der in seinen bizarren, buchtigen Formen mitten in grünem Hügelland zu den schönsten Seen Mittelitaliens gehört. Der heilige Bonaventura und Thomas von Celano, die frühen Biographen des Heiligen, überliefern die einfachen, ganz kreatürlichen Geschichten von den Fischern, die Franziskus einen Wasservogel und eine Schleie bringen – noch heute der begehrteste der Fische des Piediluco –, denen der Heilige die Freiheit schenkte.
Die Straße wendet sich bei der Cascata delle Marmore wieder südwärts. Der kürzere Weg von Poggio Bustone nach Greccio führt bis kurz vor Rieti, durchschneidet dann die Ebene, biegt nach Norden und steigt den Berghang von San Francesco di Greccio hinauf, zu der Stätte, an der sich im Jahre 1223 das Wunder der Weihnachtskrippe ereignet hat. In vielen Quellen überliefert, in den Lauden des 14. Jahrhunderts besungen, Ursprung des Sakraltheaters in Italien, von den frühen Meistern bis zu Giotto gemalt, von Clemens Brentano gedichtet, ist diese erste Weihnachtsfeier in unserem Sinne geblieben, auch wenn ihre Ursprünge vergessen sind.

An einen Steilhang gebaut, umschließt das nicht große Kloster den uralten Kern aus der Zeit des Heiligen. Steineichenwälder ziehen sich zur Bergeshöhe hinauf. Von der kleinen Terrasse vor dem Sanktuarium bietet sich ein majestätisches Panorama. Auch hier endete der über die Herrlichkeiten hineilende Blick des Heiligen in einem Lobpreis der Gottesschönheit.

Eine winzige Tür öffnet sich in das Sanktuarium – eine Grotte mit einem Altärchen auf dem nackten Fels. Darüber das Fresko mit dem Wunder, das hier geschehen ist, das Werk eines Ergriffenen, dem das Nacherleben noch nach hundert Jahren die Hand führte, um das Ereignis auf den unregelmäßig sich wölbenden Stein zu bannen.

Thomas von Celano hat das Weihnachtsfest in bewegender Weise geschildert: «Es kommt der Tag der Freude, die Zeit des Jubels. Die Brüder sind von verschiedenen Orten zusammengerufen. Männer und Frauen der Gegend bringen, feierlich gestimmt, jeder, was er vermag: Kerzen und Fackeln, um jene Nacht zu erhellen, die mit ihrem strahlenden Stern alle unsere Tage und Jahre erleuchtet hat. Endlich kommt der Heilige Gottes hinzu, sieht alles wohlvorbereitet und freut sich daran. Er verlangt eine Krippe, Heu wird herbeigetragen, Ochs und Esel werden herangeführt. Hier soll die Einfachheit geehrt, die Armut gepriesen, die Demut gelobt werden. Greccio verwandelt sich in ein neues Bethlehem. – Es scheint heller Tag zu sein in dieser für Mensch und Tier gleichermaßen wonnereichen Nacht. Die herandrängende Menge ist angesichts des erneuerten Geheimnisses von neuer Freude erfüllt. Der Wald hallt von Stimmen, die Felswände tönen das Echo der jubelnden Hymnen wider. Die Brüder singen das Lob des Herrn, und die ganze Nacht ist wie ein Fest. Der Heilige Gottes steht vor der Krippe, seufzend, durchdrungen von Mitgefühl, übergossen von unaussprechlicher Freude. Auf der Krippe wird das heilige Meßopfer gefeiert, der Priester spürt

einen ganz ungewohnten Trost. Der Heilige singt das Evangelium mit volltönender Stimme, lädt alle ein, den höchsten Lohn zu empfangen. Dann predigt er dem Volk und sagt die zartesten Dinge über die Geburt des armen Königs und über das kleine Bethlehem. – Oft, wenn er ‹Jesus Christus› sagt, entflammt ihn eine unermeßliche Liebe, und nennt er das Kind von Bethlehem – und sagt er ‹Bethlehem›, so ist sein Mund von der Süße innerer Bewegtheit erfüllt. Und sagt er ‹Jesus›, so streift seine Zunge die Lippen, als koste er auch mit dem Gaumen die ganze Süße dieser Worte.
Überall mehren sich die Gaben des Allmächtigen. Da auf einmal hat der Ritter Giovanni Velita eine wunderbare Vision: Er sieht in der Krippe ein lebloses Kind – und sieht, wie der Heilige hinzutritt und es wie aus tiefem Schlaf aufweckt. Diese Vision bildet keineswegs einen Mißklang zu den Geschehnissen, denn der Jesusknabe war in den Herzen vieler, die ihn vergessen hatten, durch seine Gnade von seinem heiligen Diener Franziskus wieder erweckt und die Erinnerung an ihn tief in aller Gedächtnis eingeprägt worden.
Endlich ist die feierliche Vigil zu Ende, und alle kehren, von Freude durchdrungen, nach Hause zurück.
Heute ist der Ort dem Herrn geweiht, und man hat dem heiligen Franziskus zu Ehren einen Altar errichtet. Dort, wo einst die Tiere ihr Heu gefressen haben, können heute die Menschen zum Heile ihrer Seelen und Körper das unbefleckte, makellose Fleisch des Lammes, unseres Herrn Jesus Christus, essen, der sich uns mit unsäglicher, unbegrenzter Liebe geschenkt hat; der mit dem Vater und dem Heiligen Geist lebt und regiert, der ewig glorreiche Gott, von Ewigkeit zu Ewigkeit, Amen. Halleluja, Halleluja!»
Thomas von Celano beschreibt viel stärker ein inneres als ein äußeres Wunder. – Im Jahre 1947 wurde in Greccio unvermutet die Krippe dieser Christnacht wiedergefunden. Die Brüder des

Poverello haben stets gut, oft allzugut versteckt, was an ihren Heiligen erinnerte. Weniger als einen Monat vor dem Weihnachtswunder von Greccio hatte Papst Honorius III. die Ordensregel des Heiligen bestätigt. Und vor der Feier hatte Franziskus den Papst gebeten, die bildhafte Darstellung der Weihnachtskrippe zu erlauben, damit, wie der franziskanische Kirchenlehrer Bonaventura schreibt, das Fest nicht nur ein Gerede bleibe, sondern zum Gedanken, zur geistigen Wirklichkeit werde.

In Greccio hat der Minnesänger Gottes mit dem Jubel seines Herzens die Mißklänge der Erde übertönt und der Menschheit auf seine Weise die Krippe geschenkt – die Weltbühne, auf der das ewige Heil Gestalt annehmen und allen sichtbar berührlich, im ganzen Sinn begreiflich sein sollte. Loszulösen aus der Geschichte der Zeit aber ist die Nacht von Greccio nicht. Erst als gewaltigen Gegensatz vermögen wir das Bild der ersten Krippe über dem Tal von Rieti zu verstehen: in Italien hörten die Bürgerkriege nicht auf, in denen sogar der Heilige selber auf einmal Mittler zu sein versuchte. Kaiser Friedrich II. schickte sich gerade an, sein Imperium gegen das Papsttum zu errichten; in Frankreich wütete der Albigenserkreuzzug, wurden Hekatomben von Menschen im Mißbrauch des Namens Christi und der Kirche geopfert. Macht und Mächtige bildeten den weltgeschichtlichen Hintergrund zu dem, was wir die Lehre des Heiligen von Assisi nennen können, obwohl er mit Lehre nichts, mit Beispiel alles zu tun hat. Geschichtlich-politisch gesehen war die damalige Welt der Tiefpunkt des Hochmittelalters, die heraufkommende apokalyptische Nacht. Doch in dieser Nacht zogen die Armen, die Hirten und Bauern mit ihren Lichtern aus dem Tal hinauf, von den Bergen herunter nach Greccio, wo der große Bruder der Armut auf sie wartete, um seinen Reichtum an sie zu verschwenden. Die Lichter wurden zum Licht. Die Vision des Ritters Giovanni Velita vom erwachenden Kinde weitete sich aus zu einer Vision für alle Unglücklichen der Welt, die einmal, wie Thomas von Celano geschrieben hat, «von Freude erfüllt nach Hause zurückkehren» würden – alle, auch jene, die damals im Namen dieses Erlöser-Kindes untergingen und über die dieses gleiche Kind das späte Urteil der Barmherzigkeit und der Liebe sprechen würde, denn nur aus diesen beiden Begriffen setzte sich die Verkündigung des Heiligen zusammen, konnte er die Kirche aus den Schalen irdischer Verstrickung zu ihrem höheren, eigentlichen Sein erwekken, damit die Menschen sie neu verstanden.

Auf dem Fresko an der Grottenwand kniet Franziskus vor dem Kinde, mit einem Lächeln über dem Gesicht, einem Blick aus übergroßen Augen, deren Ausdruck alles in sich zu fassen scheint, was das Wunder, das in dieser Felsgrotte geschehen ist, zur Wirklichkeit erhebt.

Hier oben, im Schatten der alten Steineichen von Greccio, hat er das Bild der Bilder gezeigt, hat er den göttlichen Knaben erweckt, damit er wach bleibe über Zeiten und Menschen, Schöpfer und Geschöpf, Wort und Bild zugleich. Wer es nachvollziehend sich zu vergegenwärtigen vermag, dem bleibt das Bewußtsein der über dem Vorübergehenden, Vorübereilenden verharrenden Wahrheit der Fleischwerdung aus dem Novum Mysterium.

Südlich von Greccio, bei Contigliano, verlassen wir das Land des Franziskus, um nach Westen über die Sabinerberge an den Tiber zurückzukehren. Doch wir sehen ihn noch einmal in Cottanello, wo er um der Brüder und der Armut willen darauf verzichtete, seine Kutte zu flicken, und wo die Wölfe der Sabina ihn und den ängstlichen Hirten, der ihn begleiten sollte, wie Haushunde umspielten, was den Zeitgenossen als ein Wunder Gottes erscheinen mußte und doch nichts anderes war als die Gabe, dem Tier furchtlos vertrauend und damit bändigend aus dem Geist des Schöpfers entgegenzutreten.

Die Straße steigt an, fällt wieder, steigt erneut an. Salvien, wilde

Iris, ein Meer kleiner roter Winden, duftendes Geißblatt, Ginster und Heckenrosen begleiten den Weg in ständigem Wechsel. In der Ferne staffeln sich schon die Höhenzüge des Tibertales. Dann senkt sich die Straße langsam nach Magliano Sabino und zur Autostrada.

Über Montebuono, zwischen der Kirche und den vier ragenden schwarzen Zypressen, hält die strahlenlose rote Kugel der untergehenden Sonne am Himmel still – unsterblicher Anfang des Cantico, der den Abschied von der Sabina begleitet: «Sei gepriesen, du mein Herr, um aller deiner Kreaturen willen, besonders um des Bruders Sonne willen, der von dir, Allerhöchster, sein Wesen empfängt.»

XIII

Redende Vergänglichkeit – Tarquinia und Vulci

Bei Palidoro, wo man die älteste Siedlung Latiums aus dem 15. Jahrhundert v. Chr. ausgegraben hat, ist das Meer, die alte Tyrrhenis, wieder da – Mare Nostrum, Unser Meer –, dem Tyrrhenos, der Sohn des Herakles und der Omphale und mythische Ahn der Etrusker, den Namen gegeben hat. Am Meer haben wir Latium betreten, am Meer soll der Kreis sich schließen. Wir wissen kaum noch, wann der Zirkel der Zeiten den ersten Punkt gesetzt hat, um den Kreis zu ziehen – gestern oder vor dreitausend Jahren.

Die Via Aurelia, nach der Via Salaria die älteste der Römerstraßen und die längste, endete in Arles. Wer Aurelius gewesen ist, der sie gebaut und mitten durch die etruskischen Stadtstaaten, zunächst bis nach Ansedonia gegenüber der Halbinsel Monte Argentario, geführt hat, weiß man sowenig wie das Jahrhundert ihres Entstehens.

Civitavecchia, die einstige Hafenstadt des Kirchenstaates, auf dessen Galeeren noch vor hundert Jahren die Sträflinge der päpstlichen Justiz vegetierten, bewahrt aus seiner Vergangenheit – Kaiser Trajan hat den Hafen im Jahre 106 mit dem Namen Centumcellae gegründet – nur noch die modernisierten Festungsbauten Michelangelos auf den Grundmauern der antiken Hafenbauten. Eine Marmortafel unter dem Torbogen der Festung verkündet voller Pathos, was hier alles an Heroischem sich abgespielt hat, ehe 1849 «der Wind der Tyrrhenis zum erstenmal die Trikolore auf dem Festungsturm Michelangelos küßte».

Trajan erbaute nahe der Hafenstadt die grandiosen Thermae

Taurinae über Bädern vorchristlicher Zeit. Sein Nachfolger Hadrian vollendete sie, heute heißen sie Bagni di Traiano. Die radioaktive warme Heilquelle verschiedener Zusammensetzung in dieser vollständigsten Thermenanlage Latiums, die nach 1945 weiter ausgegraben worden ist, fließt noch immer. Die Gewölbe sind in erstaunlich gutem Zustand, und die Räume lassen sich im einzelnen genau bestimmen. Sie könnten ohne Schwierigkeit rekonstruiert werden.

Tarquinia, das früher Corneto hieß und seit 1922 wieder den ersten Namen trägt, wird als Gründung Tarchons bezeichnet, des Sohnes des Tyrrhenos. Tarchon hat für die Etrusker eine analoge Bedeutung gehabt wie Romulus für die Römer. Die Zwölf-Städte sollen alle von diesem Ur-Gründer errichtet worden sein. Die zweite Gründungssage rankt sich um den der Erde entstiegenen Knaben Tages, der den Etruskern ihre religiösen Riten gebracht hat. Die Namen sind nur Zeichen unbestimmbaren Alters.

Die Königsstadt, deren Anfänge in das 9. Jahrhundert v. Chr. zurückreichen, hieß Tarchuna oder Tarchna. Aus der frühesten Epoche stammen auch die ersten Funde. Die Vorherrschaft Tarquinias über die anderen Etruskerstädte währte jedoch nur zweihundert Jahre lang, bis Caere-Cerveteri die Nachfolge antrat.

Tarquinia ist auch mit der römischen Königszeit und ihrem Sagenkreis verbunden: der Korinther Demaratos hatte eine Tarquinierin geheiratet, beider Sohn Lucumus heiratete die sagenhafte weise Etrusker-Prinzessin Tanaquil, zog mit ihr, von glückhaften Zeichen dazu bestimmt, nach Rom, wo er als Tarquinius Priscus fünfter König wurde, aber auch Feind der Etrusker, die er besiegte, worauf sie ihn als Haupt des Zwölf-Städte-Bundes anerkannten. Mit seinem Sohn Tarquinius Superbus endete die römische Königsherrschaft.

Über die Malereien der in der Erde liegenden Grabkammern auf der Hochfläche über der Stadt sind Bände geschrieben worden.

Wir können in Tarquinia Männern begegnen, die ohne jeden Akademismus, aber mit einer angeborenen Begabung für die Deutung von Stil und Schönheit, einer besessenen Liebe zur Vergangenheit ihrer Stadt, einer lebendigen Fähigkeit, Mythisches zu begreifen, die Welt der Etrusker sich angeeignet haben. Kammer nach Kammer der etwa vierzig Gräber der Nekropole öffnen sich, und wir steigen tief hinunter in die großen «Kapellen», von Farbwunder zu Farbwunder, zur bewegten Sphäre der Götter und Menschen. Wir vergessen alle sich widersprechenden Hypothesen, um allein das Schöne im Rätselhaften, das Rätselhafte im Schönen aufzunehmen.

Noch einmal stoßen wir in Tarquinia auf den Namen des Kardinals Vitelleschi, der Latium als päpstlicher Legat so systematisch wie möglich zu verwüsten hatte. Seine Geburtsstadt jedoch hat er verschönert und um den herrlichen gotischen Familienpalast bereichert, in den Formen der Frührenaissance eingebaut sind. Im Palazzo Vitelleschi ist das reiche etruskische Nationalmuseum untergebracht.

Kurz nach Montalto di Castro fahren wir landeinwärts in das nördlichste Etruskerreich Latiums, nach Vulci. Aus dem flachen, eintönigen Land kurz vor der Brücke über die Fiora hebt sich aus der etruskischen Campagna überraschend der alte Ponte dell'Abbadia wie eine sich bäumende, sich wölbende Riesenschlange. Schwarz liegt neben ihm die aus Tuffstein gebaute einstige Abtei. Diese Abtei aus dem 9. Jahrhundert, deren Kirche verschwunden ist, bildete seit dem 11. Jahrhundert eine Grenzfestung des Kirchenstaates nach der Toscana. Aus ihrem noch stehenden Rundturm wächst ein großer Ölbaum. Sie ist zu einem der interessan-

394/395 Der Ponte dell'Abbadia von Vulci – Brücke zurück in die Etruskerwelt

testen etruskischen Museen ausgebaut. Da stehen Amphoren, Gefäße mit Darstellungen des stierköpfigen Flußgottes Acheloos, Sarkophage mit Inschriften, Votivgaben; und zum erstenmal sehen wir, aus neuaufgefundenen Stiergräbern, unvergleichlich stilisierte monumentale steinerne Stierhäupter, die jeweils auf einem leeren Sarkophag über den Stierknochen lagen und die der Etruskologie neue Aufgaben der Deutung stellen werden.

Wir gehen über die Brücke aus dem 6. Jahrhundert v. Chr., die über die tiefe, riffige, von sattgrünem Buschwerk durchzogene Schlucht der Fiora hinüberschwingt, steigend, gipfelnd und wieder absinkend, Zweck und Schönheit ohne Mißklang miteinander verbindend – gehen, ohne uns dessen bewußt zu werden, hinüber und wieder zurück, wieder hinüber und noch einmal zurück, nicht anders, als wir in Latium über die Brücken der Epochen gegangen sind. Ponte dell'Abbadia ist nur das letzte Bild, dessen wir innewerden.

Auf Feldwegen wandern wir dorthin, wo Vulci lag, die geheimnisvollste Etruskerstadt. Das flache Land wird noch flacher und heißt Piana del Diavolo, Teufelsebene. Nicht erst Lucien Bonaparte, Fürst des nahen Canino, hat hier mit Grabungen begonnen. Schon im 18. Jahrhundert wurden Vulci und seine sechs Nekropolen, die reicher als die aller anderen Etruskerstädte waren, geplündert, wurde Unschätzbares vernichtet, sobald es ohne materiellen Wert war. Und doch hat es den Anschein, als stünden die hauptsächlichen Entdeckungen noch bevor, seit die Grabungen mit wissenschaftlicher Methodik vor sich gehen. Die Kenntnisse des Reiches von Vulci sind trotz aller Funde – wie der Fresken der Tomba François, die heute im Museo Torlonia in Rom, das die meisten Funde aus Vulci besitzt, zu sehen sind – bis jetzt noch verhältnismäßig gering.

Die Cuccumella von Vulci, ein großes Hügelgrab, zu deren Eingang wir durch meterhohes Gestrüpp vordringen, ist von allen etruskischen Anlagen eine der mysteriösesten. Labyrinthische Gänge ziehen sich von einem runden Mittelsaal aus durch den Hügel. Waren hier Gräber, oder war die Cuccumella reiner Kultraum? Zu wem betete, wem opferte das Volk, der König von Vulci? Herrschte hier Tod oder Leben?

Straße des ewigen Schlafes – Cerveteri

Wir gehen durch Höfe des Meer-Kastells Santa Severa zu den Normannentürmen unmittelbar über dem Wasser. Das Meer schäumt aufgewühlt und grauweiß an die Mauern und über den Strand, an dem in frühchristlicher Zeit die junge Christin Severa zu Tode gemartert worden sein soll. Mädchen müssen unter den heiligen Bekennern Latiums eine besondere Rolle gespielt haben. Später errichteten die sehr unheiligen Grafen von Tusculum, welche die ganze Küste Latiums beherrschten, das erste Kastell. Ihnen folgten die Normannen, erbauten die beiden Rundtürme und verteidigten die tyrrhenischen Küsten gegen die dauernden Invasionen sarazenischer Korsaren. Die Legende hat sich dieser Zeit des 11. und 12. Jahrhunderts bemächtigt und die geschichtliche Wirklichkeit mit Fabelbildern überdeckt: Kaiser und Papst versprachen dem Töter eines Drachen in der Malagrotta – einer kleinen Örtlichkeit an der Via Aurelia vor Rom – als Lohn das gesamte Land, das er zu diesem Kampfe durchschreiten werde. Ein Graf von Anguillara am Lago die Bracciano wurde Sieger. Der historische Kern der Legende ist, daß die Anguillara, die eine drachenartige Schlange im Wappen führten, normannischer Herkunft waren. Die Normannen pflegten besonders den Kult des Drachentöters Georg, befreiten als Territorialherren des Gebietes der Via Aurelia das Land von Raubgesindel, bauten Festungen und brachten der Provinz Sicherheit.

Von der großen Werkstatt neben dem Kastell, wo Archäologen ihre Funde katalogisieren und restaurieren, führt der Weg hinüber zu den beiden Tempeln von Pyrgi. Sie waren der Astarte geweiht, der Göttermutter der karthagischen Punier, der etruskischen Uni-Astarte. Viele Einzelheiten scheinen zu beweisen, daß Tempel hier schon zu pelasgisch-mykenischer Zeit standen. Die Mauerwerke, die man jetzt ausgräbt, stammen aus dem 6. und dem 5. Jahrhundert v. Chr. und dürften die ältesten Tempel Latiums sein. Pyrgi war der Hafen von Caere-Cerveteri und bereits im 7. Jahrhundert v. Chr. der größte Hafen aller Etruskerreiche. In den Tempeln häuften sich die Schätze. Der berüchtigte Tyrann Dionysios I. von Syrakus fand es lohnend, im Jahre 384 v. Chr. mit sechzig Schiffen in Pyrgi zu erscheinen – Aristoteles berichtet es mit Entsetzen! –, die Schätze zu rauben und damit ein Heer gegen Karthago zu finanzieren. Was heute Bankraub ist, war ehedem Tempelraub.

Am 9. Juli 1964 wurden in einer Mauerecke des Astartetempels die drei aufsehenerregenden Goldtafeln gefunden, zwei in etruskischer, eine in punischer Sprache. Damit konnte die bisherige Ansicht widerlegt werden, die Tempel seien der Meergöttin Leukothea, der Schützerin der Häfen und rettenden Helferin des Odysseus, geweiht. Es ist sogar noch mehr bewiesen: ein König von Cerveteri namens Thefarie Velianas verriet die traditionelle Freundschaft Cerveteris mit Rom und räumte Roms Hauptfeind in Pyrgi anscheinend auch einen militärischen Stützpunkt ein, weil Karthago für die weltumspannenden Handelsbeziehungen Cerveteris wichtiger war als Allianzen. Die anfänglich große Hoffnung, die Entzifferung der Etruskerschrift werde nun endgültig möglich sein, ist inzwischen wieder enttäuscht worden, um jetzt der neuen Hoffnung Raum zu geben, es werde bei der Bleitafel gelingen, die im Oktober 1966 bei Civitavecchia in etruskischen Tempelruinen gefunden wurde.

Grabhügel der Etrusker in Cerveteri – Schlaf der Jahrtausende

Was Pyrgi an staunenswerten Funden bis heute preisgegeben hat, ist im Museum von Santa Severa und – der weit bedeutsamere Teil – in der Villa Giulia in Rom zu sehen. Es sind nicht nur kunstgeschichtliche Rätsel, die hier ausgesprochen werden. Es drängt sich vielmehr der Gedanke auf, als habe Pyrgi das geistig-seelische Alphabet der von Rom ausgelöschten Kultur der Etrusker um neue noch zu deutende Buchstaben bereichert.

Auch zwischen den Monti della Tolfa, wo Cerveteri seine reichsten Erzgruben besaß, und Rom ist Land der Schlangenmythik, wie in Lanuvio. Eine kleine Straße verbindet die Via Aurelia zwischen Santa Severa und Cerveteri mit dem auf mäßiger Höhe in völliger Einsamkeit liegenden winzigen Dorf Sasso. Im Hinauffahren berührt man zur Linken den Monte Sassone, der aus zwei Felsen besteht mit Ruinen, die Grotta albergo di serpi, Höhlengasthaus der Schlangen, heißen. Es ist wahrscheinlich ein archaisches Heiligtum des Äskulap, in das man Kranke legte, die gesund wurden, sobald die Heilschlangen sie leckten. – In vorchristlicher Zeit entsprangen dort die Aquae Caeretanae, Quellen, die sich nach den Berichten von Livius und Strabo mit Blut färbten, als der für die Römer zur Katastrophe sich wendende Zweite Punische Krieg begann.

Cerveteri – Caere Vetus, Altes Caere, wie die Römer es nannten – ist bereits eine pelasgisch-griechische Gründung und hieß in ferner Frühzeit Agylla, auf etruskisch Cisra. Sein Reichtum war das Ergebnis einer besonders geschickten Verbindung von Handel und Piraterie, eine vielversprechende Zusammensetzung, deren sich alle Etrusker-Staaten bedienten, wenn auch nicht so erfolgreich wie Cerveteri. Mit Ausnahme des wilden Königs Mezentius, der gegen Äneas kämpfte, unterstützten die Könige von Cerveteri in politischer Weitsicht das aufsteigende Rom, ohne damit ihre Handelsinteressen in Reichen zu gefährden, die Gegner Roms waren. Cerveteri, langsam zu einer der volksreichsten Städte des ganzen Mittelmeergebietes aufgestiegen, mit Kultur- und Kunstbeziehungen in der hellenischen Welt, besaß eine «Universität», auf die der römische Adel seine Söhne schickte, um die – für immer verlorene – etruskische Literatur zu studieren und «Examina» abzulegen.

Nach der Urkatastrophe Roms, der Niederlage durch die Gallier am 18. Juni 387 an der Allia am Tiber nördlich von Rom, flohen die Vestalinnen mit den Penaten-Gottheiten und den Sakralgeräten der Tempel schutzsuchend nach Caere-Cerveteri. Doch Rom vergaß diese schicksalhafte Gastlichkeit und die bleibende Treue der Etrusker bald. Als es im 3. Jahrhundert die erste Höhe seiner

Macht erreicht hatte, nahm es den Staat von Cerveteri stückweise ohne Krieg und ohne Skrupel in Besitz, erst den Hafen von Pyrgi, dann die beiden anderen Häfen Alsio und Punico, die heutigen modernen Seebäder Palo-Ladispoli und Santa Marinella; dann das Erzgebirge der Tolfa, dann das restliche Land. Die herrliche Stadt verschwand so unbemerkt wie der Staat aus der Geschichte. Nur die Kunstschätze in den Museen der Welt, ein Bruchteil verlorener Reichtümer, geben noch eine kleine Vorstellung von der raffinierten Cerveteri-Kultur vor zweieinhalbtausend Jahren.

Keine Kultur ist heute so konstant in den Fahndungslisten des internationalen Kunstdiebstahls und des illegalen Kunsthandels zu finden wie die Cerveteri-Kultur. Die hier tätige Unterwelt der Archäologie unter dem Sammelnamen der Tombarali, der Grabräuber, reicht vom nicht unbedingt um des Gewinnes willen bei Nacht grabenden Kenner mit dem Wissen von Universitätsprofessoren über den zielbewußten Handelsgräber mit hoher Kundschaft in der ganzen Welt bis zum Bauern, der durch den Verkauf seiner heimlichen Funde der Misere seines Alltags begegnen will. Selbst Dynamit verwenden die Grabräuber von Cerveteri zum Aufsprengen von Grabkammern.

Der jüngste und größte der zahllosen Skandale ist mit der zweieinhalb Jahrtausende alten Keramik-Vase des Euphronius verbunden, die schließlich vom Metropolitan-Museum in New York für eine Million Dollar angekauft wurde, jetzt jedoch wahrscheinlich zurückgegeben werden muß.

Ein besonders findiger Plünderer ließ über einem von ihm entdeckten Grab bei Cerveteri erst ein vierstöckiges Miethaus bauen, ehe er in Muße seine gründliche Ausräumung beendete und den sachkundigen Verkauf aller Schätze durchführte, so daß die endlich alarmierte Staatsanwaltschaft vor kurzem zu spät kam und das Grab leer fand.

Selbst Rituale kennt die Mafia der Plünderer: vom Geschäft sich zurückziehende erfolgreiche Tombolari erhalten von ihren begabten Nachfolgern den Klopfstab, mit dem das Gestein geprüft wird, in Gold überreicht – und zu Allerseelen brennen auf etruskischen Grabhügeln unzählige Kerzen, mit denen die Plünderer sich bei den alten Etruskern für die Schätze bedanken, die sie ihnen in so gewinnbringender Fülle hinterlassen haben. Der Staat ist weitgehend machtlos und zu Gegenmaßnahmen unfähig.
Im 13. Jahrhundert vertrieben Malaria und Sarazenen die Bewohner von Cerveteri. Sie gründeten auf einem Berg aus Wald und rotem Stein mitten in der Ebene etwas weiter südöstlich ihrer versunkenen Metropole Ceri, heute ein Dorf in weltferner Stille mit einem kleinen Palast der Torlonia und nicht einmal zweihundertfünfzig Einwohnern, die sich gleichfalls aus Grabungen in halb verschütteten, im Dickicht um das Dorf versteckten Etruskergräbern zusätzliche Einnahmen verschaffen; die Preise für den Schwarzhandel bestimmt ein seine «Untertanen» beherrschender stattlich-signoriler Erpresser.
Die 1834 entdeckte Nekropole von Cerveteri liegt auf dem Hügel der Banditaccia außerhalb der Stadt. Kurze Stunden der Einsamkeit sind uns geschenkt. Kein Tourist stört die Stille, und das Schweigen ist so tief, wie die Etrusker, die einmal hier geschlafen haben, es ersehnt haben mochten. Wie riesige Göttervögel der Technik steigen Flugzeuge vom nahen Flugplatz Fiumicino auf, andere senken sich zum Landen herab – in alle Richtungen, aus allen Richtungen. Aber ihr Dröhnen wirkt so eigentümlich zeitenfern, daß es die Ruhe über den mächtigen Kuppelgräbern, den Blüten, den Pinien und Zypressen nicht zu durchbrechen vermag. Ein kaum merklicher Wind bewegt die Bäumchen auf den Grabkuppeln, über die wilder Wein rankt. Die gleichmäßig waldigen Berge im Norden nach Sasso und der Tolfa zu wölben sich faltig wie von Götterhänden lässig ausgebreitete Gewänder.

Pfauenaugen paaren sich wie Amor und Psyche, wie die Seelen derer, die sich in der Welt vor zweieinhalbtausend Jahren geliebt haben.
Die mächtigen Eingänge zu den Gewölben aus Tuff sind Pforten in ein Jenseits, von dem wir nicht wissen, wie die Etrusker es sich gedacht haben. In den Grabkammern wurden ganze Familien auf Lagern aus Tuff vereint; Mann und Frau lagen stets so, daß das Herz des Mannes der Frau zugewandt war; vor ihnen gruppierten sich die Steinlager der Kinder und Diener. Der Tod hat in einer patriarchalischen Weise zusammengefügt, was auch auf Erden zusammengehört hatte – ein Frieden ausströmender Gedanke.
Kaum ein Bruchteil des Rätsels etruskischer Grabkultur ist bis heute gelöst. Warum lebten die Etrusker bei aller Diesseitigkeit eigentlich nur für das Über-Leben im Tode und nach dem Tode – eine Vorstellung, die sich schon beinahe mit christlichem Jenseitsdenken berührt? Andere Völker der vorchristlichen Zeit – Ägypter, Perser, Römer – schufen ihre Grabmonumente zum Ruhm von Namen, als Denkmäler des Ich, das fortdauern sollte in Stein und Inschrift. Doch gerade Name und Inschrift spielten bei den Etruskern nicht die geringste Rolle an der letzten Grenze des Überganges in das Licht oder das Dunkel. Oft gewinnt man den Eindruck, sie könnten etwas ganz anderes als Elysium und Hades erwartet, erhofft, gefürchtet haben.
Tiefe Furchen haben die Räder etruskischer Wagen in die Tuffstraße gezogen, auf der ein milder Charon die Menschen wie über einen Lethe aus Stein in das Schweigen geleitet hat, wo alles Getrennte sich wiederfindet. Wir vermeinen das Dichterwort aus den Farben und dem Licht des Nachmittags zu hören – den Farben Latiums, dem Licht Latiums, das über das Gewesene dahinfließt.

Wenn je an Latium, in Latium etwas zu Ende gehen kann, dann soll Cerveteri uns der Abschied sein. Die Flugzeuge ziehen unaufhörlich ihre weiten Kreise und Spiralen – südlich über den Altären des Äneas in Pratica di Mare, nördlich über den Weihestätten des Jenseits, wie es die Etrusker geglaubt haben. Dort galten die Opfer dem Aufgang in ein neues Licht, hier dem Niedergang zu den Schatten. Beide Sphären überglänzt die Sonne Latiums, die seine Küsten wärmt, sein Öl, seinen Wein reifen läßt, seine unermeßliche Geschichte überstrahlt und aufhellt.
Zögernd verlassen wir die Banditaccia. Auf einem Wiesenhang steht ein weißer Stier, königlich wie die Götterstiere Kretas, die verkörperte Schönheit des Tieres mit der ragenden Lyra seiner Hörner, zum Opfer bestimmt und zugleich zeugungsmächtiges Leben. Er steht regungslos wie ein Denkmal, dann wendet er sein Haupt vor dem unendlichen rotblauen Abendhimmel ganz langsam der Gräberstadt zu, die Lyra dreht sich, als nehme ein antiker Kitharöde sie von einer Hand in die andere.
Statt auf der Via Aurelia fahren wir landeinwärts nach Bracciano, um noch einmal den abendlichen See zu umfahren. Auf einer Wiese weidet eine Schafherde mit zahllosen, oft kaum zwei Tage alten Lämmern, die ungeachtet der Klagerufe der Muttertiere unermüdlich einen sanften Hang hinauf und hinunter stürmen. Ein zauberisches Spiel, dem wir ebenso aufmerksam zuschauen wie auf der anderen Seite der zottige Abruzzenhund. Die beiden Hirten in Schnürschuhen aus Fell, mit schöngeformten und geschnitzten Stäben kommen bedächtig heran. Anscheinend hat noch nie jemand ihren Lämmern zugesehen. «Sie spielen wie Kinder», sagt der eine freundlich; «in zehn Tagen töten wir sie alle», sagt der andere ebenso freundlich. Beide stehen der Kreatur anders gegenüber als wir; sie leben vom Verkauf der Lämmer, wir

aber erleben in jedem einzelnen plötzlich die Verkörperung des Christuslammes, die uralte lebendige Ostersequenz: «Das Lamm erlöste die Schafe. Mit dem Vater versöhnte Christus, der Reine, alle die Sünder. Tod und Leben da kämpften seltsamen Zweikampf: der Fürst des Lebens, dem Tode erliegend, herrscht als König und lebt.»

Was ist Abschied von Latium? Wir haben ihn hundertmal genommen und werden ihn doch niemals nehmen. Wieviel erste, wie viele letzte Stunden liegen hinter uns. An wie vielen sinkenden Abenden haben wir, in Orvieto Umbrien verlassend, das Tor der ersten Berge Latiums durchfahren; haben wir auf den Augenblick gewartet, bis der Monte Gennaro, bis Palombara und Sant'Angelo Romano sichtbar wurden; bis wir den Frieden von San Giovanni in Argentella uns nahe wußten, und der Turm von Sant'Andrea in Flumine neben dem großen Feigenbaum erschien.

«Da sind sie, die Berge der alten Sabiner, die Ebenen des alten Latium. Erde des Saturn und der Rhea, Wiege des von allen Dichtern besungenen goldenen Zeitalters, lachende Hügel des Lucretilis, die auf den Pinsel eines Poussin, eines Claude Lorrain warten, um ihren Zauber wiederzugeben.» Chateaubriands Worte sind uns immer wie eine Litanei nachgeklungen, eine Verheißung der Wiederkehr, nicht anders als Byrons Verse, wenn – endlich – die steinerne Woge des Soracte zur Rechten sich aufbäumte.

In Latium sind Gestern und Morgen nie etwas anderes als Heute, ein bleibendes

FINIS INITIUM

Register

Kursiv gesetzte Zahlen verweisen auf Bildseiten

LAZIO
Nördlicher Teil
Autobahnen
Schnellstraßen
und Staatsstraßen
km 6 12
Mare
Tirreno
AUTOSTRADA DEL SOLE
F. Tevere
F. Fiora
Acquapendente
Orvieto
Bolsena
Bagnoregio
Lago di Bolsena
I. Bisentina
Mangiana
Capodimonte
Montefiascone
Bomarzo
ORTE
Vulci
TUSCANIA
VITERBO
Villa Lante
Soriano
Gallese
Montalto di Castro
Caprarola
F. Marta
Vetralla
Lago di Vico
Ronciglione
TARQUINIA
F. Vicano
Capranica
Sutri
Nepi
F. Mignone
Tolfa
Lago di Bracciano
Bracciano
CIVITAVECCHIA
Sasso
S.Marinella
S.Severa
Galeria
Cerveteri
Ceri
F. Arrone
Ladispoli
Palidoro
Palo
VIA AURELIA
Fregene